必携英語表現集

Essential English Expressions

竹岡広信 [著]

David James・Stephen Richmond 英文校閲

CHART INSTITUTE

はしがき

●「英語表現集」という名前へのこだわり

　日本の英語教育はますます「4技能(読む、書く、聞く、話す)」に向かって進んでいます。ようやく「日本の英語教育の夜明け」がやってきそうで、私にとってもうれしい限りです。

　本書は、このような英語教育の流れを考慮して、発信のための「英語表現集」という名前をつけることにしました。従来の「熟語集」や「文法問題集」の枠組みを超えて「発信のために重要な英語表現集」を目指したわけです。従来の熟語集にはさまざまな問題があるように思えます。詳細は後述することにして、たとえば、take the wrong bus「(間違ったバスに乗る→)バスを乗り間違える」(→ *p*.184 **364**)や know a lot about ～「～について詳しい」(→**352**)などは、「熟語」ではないため掲載されていません。しかし、このような「簡単そうだがなかなか言えない」表現も、英語を発信する際には重要です。そうした表現を網羅するために「英語表現集」という名前にしました。

●「どのように使うか」に重点を置く

　英語を発信するためには、それぞれの表現を「どのように使うか」が重要になります。本書の解説は表現の「正しい使い方」を学習できるものになっており、また、表現の「誤った使い方」を防ぐために、「多くの場合に言い換え可能」な場合に限り、その言い換え表現を掲載しています。

　生徒の中には「respect = look up to」や「take after = resemble」と暗記している人がいます。確かに、一昔前の「受験英語」ならそれで事足りるのかもしれません。つまり、空所補充問題で look ( ) ( ) = respect のような「イコールでつなぐ問題」にはそれで十分です。しかし、「発信のための英語」ではそれでは不十分です。たとえば、respect は、respect the customs of the country they live in「彼らの住んでいる国の習慣を重んじる」というような respect + (物・事)でも使えますが、look up to は、普通、look up to + (人)の形でしか使用できません。つまり、respect = look up to と覚えていては、使い方を間違えてしまう可能性が高いのです。take after(→**381**)は「(遺伝的につながりのある家族のだれか)に似ている」という意味です。よって、He takes ( ) a monkey. = He resembles a monkey. という設問は「解なし」が正解です。

　take part in ～ を「～に参加する」とだけ暗記するのも危険です(→**264**)。この表現は part「役割」という単語が入っていることからもわかるとおり「(何かの役割を持って)参加する」という意味です。よって、単に「式典に参加する」「会議に

参加する」という意味では使えない可能性があります。

本書では、各英語表現の使用される状況などを詳細に解説し、「どのように使うか」を理解できるようにすることに重点を置きました。

●基本事項でも『表現』に必要と思われるものは掲載

「私はよく頑固だと言われる（正解：I am often told that I am obstinate.）」を生徒に英作文させると、I am often said that I am obstinate. や I am often told to be obstinate. などの迷解答が多数出てきます。「彼が言っていたレストラン（正解：the restaurant he told me about）」では、about が書けない生徒が90％を上回ります。このような tell の用法（→ 398 ）などの基本事項は、従来の熟語集では「簡単すぎて(?)」扱われていません。

しかし、超難関大学を含めて、このような基本事項を含む「英語表現」を解答に必要とする大学は非常に多いのです。そして、英語を発信する際にも当然、重要になってきます。

次の問題を見てみましょう。

> ジョージから便りをもらってうれしいです。
> (delighted / hear / George)をこの順序で用いて上の文を英語にせよ。

I am delighted to hear from George. が正解なのですが、これを正しく解ける生徒はかなり少ないです。hear from ～「～から連絡(手紙・電話・メール)がある」（→ 84 ）は、「基本」的な表現ですが、「口について出てくるかどうか」となれば「基本」とは言えないのかもしれません。

●「実用頻度」に基づいて編集

従来の参考書の表示で「頻出」といえば、おそらく「過去の入試問題によく出てきた」という意味でしょう。参考書の目的からすれば、それはそれで意義があるのでしょうが、「入試問題での頻出事項」＝「実際の英語での頻出事項」という訳ではありません。

たとえば、That's good value.「それはお買い得だ」（→ 97 ）や eat out「外食する」（→ 7 ）は、実際の英語では「頻出」ですが、入試問題では「頻出」ではありません。

つまり、入試問題をベースとした「頻出」だけでは、実際に英語を発信(表現)する際に困ったことになる可能性があるわけです。よって、本書では、まず実用頻度を重視したうえで、「英語表現(英作文、スピーキング)をする際に必要な表現」を多数掲載しました。

大学入試センター試験の英語を見ていると、「実際の英語で使用頻度の高いもの」が数多く出題されていることがわかります。「重箱の隅をつつく」ようなものではなく、実際の英語でよく目(耳)にするものが出題されているのです。国公立大学の

二次試験でも同様です。「実際の英語で使わない」=「試験に出ない」という流れが着実に出てきています。

●「なぜその意味になるのか」を簡潔に解説

　for all ~ を「~にもかかわらず」(→688)と暗記するのは困難です。ここでのfor は「交換」から発展した「~の割には」という意味です。よって、直訳すると「あれほどの(all)~の割には(for)」→「~にもかかわらず」となります。

　このように、表現を「丸暗記」するのではなく「理解」してから覚えることで、定着率が大幅にアップします。本書の解説を読めば、今までの「なぜこのような意味になるのかわからない」が「そうだったのか！」に変わると思います。表現を「理解」する過程をぜひ楽しんで欲しいと思います。

●設問文へのこだわり

　従来の熟語集は「大学入試問題からの出題」という暗黙の制限があるため、大学入試問題をそのまま掲載しているものが多いです。中には不自然な英文も多数見受けられます。本書は、そのような大学入試問題からの引用はせず、設問文の作成には複数のネイティブスピーカーに協力をお願いすることで、生徒が、その表現を覚えるのに最適であると考えられる英文を掲載することができました。また、英文のイメージが浮かびやすいように、主語には he や she, they を用いないように注意しました。

　設問文の1つ1つが「英語表現」として使えるものになっており、暗唱する価値のある英文だとおわかりいただけると自負しています。

●なぜ、空所が1つしか空いていないのか

　「英語表現」の習得を目的とする本書の設問形式として、何が最適かを考えました。まず排除したのは、四者択一式です。この設問形式は、大量に採点をする必要がある試験の設問形式としては優れているかもしれませんが、「英語表現」とは無関係でしょう。たとえば、次のようなものです。

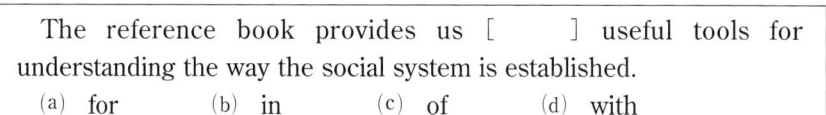

> The reference book provides us [　　] useful tools for understanding the way the social system is established.
> 　(a) for　　　(b) in　　　(c) of　　　(d) with

　この設問は provide (人) with ~「(人)に~を供給する」(→122)を問うものですが(答えは(d))、記号を選ぶこと自体、受動的で「英語表現」とは無関係です。また、「不正解の選択肢」=「雑音」が入ることにより、余計な注意が必要となります。これよりも次の設問形式のほうがすっきりしますし、能動的な活動になります。

> The reference book provides us [　　] useful tools for understanding the way the social system is established.
> その参考書は、社会システムが確立される過程を理解するための有用な道具を我々に提供してくれる。

よって、本書ではこの「空所補充」という設問形式に統一しました。ただし、この設問形式にする際の一番の問題点は、複数解答の可能性があることです。そのため、空所の空け方を工夫したり、入れるべき単語の最初の一文字を指定するなどして、できるだけ複数解答が出ないようにしました。

空所を2つ以上にすることも可能ですが、「サクサクと繰り返しやって欲しい」という気持ちから1つにしました。空所が1つならば、それほど思考する必要もなく、「気軽に取り組みやすい」と考えたのです。本書を手にとる生徒に「まずはやってみようかな」という気持ちになってもらうことが何よりも大切だと考えました。

● 「表現集以前」の基本にも気をつける！

次の英作文の問題を見てみましょう。

> 1. 私はよく頑固だと言われる。
> 2. 私はそのことについて真剣に考えた。
> 3. 彼らはお互いを見た。

1. については p.3 でも扱いましたが、答えとして I am often said that I am obstinate. とすると不正解です。せっかく obstinate という難しい単語を覚えているのに、本当にもったいない間違いです。

I am often said to be obstinate. も、「私」がよほどの話題の人でなければ不自然に感じられます(→**374**)。答えは I am often told that I am obstinate. や Some people tell me that I am obstinate. です(→**398**)。

2. の答えとして I thought seriously that matter. とすると不正解です。think は自動詞ですから I thought seriously about[of] that matter. とする必要があります(→**373**)。

3. の答えとして They looked each other. は不正解です。look は「～を見る」ではなく、「見る、視線を向ける」という意味なので、「～を見る」という意味にするためには look at ～ としなければなりません。また、each other は「お互い」の意味で、「お互いに」ではありません(→**284**)。よって、They looked at each other. とする必要があります。

このような「中学で習う基本中の基本」にかかわるミスは、英語を得意とする生徒にも数多く見られます。常に基本動詞の用法を辞書で確認する習慣を身につけましょう。せっかく、本書で「使える表現」を数多く覚えたとしても、基本動詞の用法で間違えていたのでは台無しです。

●覚え方の解説について

　私、竹岡広信は、大学で英語学を学び、英語語源学の厳密な研究も経験しておりますが、本書は、そのような研究とは一線を画し、みなさんが英語表現を容易に理解できるような解説に努めています。学問的に「厳密な」表記は時には学習者にただ混乱をもたらすだけの場合があるからです。また、すべての英語表現のルーツがはっきりしているわけではありません。

　よって、本書の解説中に「〜と考えるのがいいでしょう」といった記述がなされている場合には、「厳密さ」より「覚えやすさ」を考慮した解説になっていると理解してください。

●願い

　本書は、「生徒のみなさんに writing や speaking が得意になってもらいたい」という気持ちで執筆しました。長年、高校生諸君の英作文を採点してきましたが、毎年、同じようなミスが見られます。「意見を述べる」を、[×]say one's opinion（[○]express one's opinion(→560)）としたり、「彼に直接（自ら）会う」を、[×]meet him directly（[○]meet him in person(→656)）としたりといったものです。「このようなミスをなくさせるにはどうしたらよいのか」と自問自答してきた結果、本書が生まれました。皆さんが本書で「英語表現」をしっかり学び、「使える英語」への第一歩となることを心より祈っています。

●最後に

　本書『必携英語表現集 Essential English Expressions』を作成するにあたり、さまざまな方にお世話になりました。設問文作成の段階では、David James 先生、Stephen Richmond 先生にずいぶんお世話になりました。川原正敏先生には教育現場でのご経験を活かしたご助言をちょうだいし、ほかにも優秀で博学な先生方から数々の貴重なご意見を賜りました。また、編集担当の池藤裕士氏、中原栄太氏には、英語表現の選定作業をはじめ、何から何まで微に入り細に入り本当にしっかりチェックをしていただきました。このような皆様のお力添えをいただき、この本を世に出す運びとなりました。皆様本当にありがとうございました。

2015 年 7 月
竹岡広信

本書の構成と使い方

●本書の構成

本書は「設問編」と「解答・解説編」の **2 パート構成**になっています。
前半部（設問編）には英語表現に関する空所補充形式の設問が、後半部（解答・解説編）には設問編の解答とその解説が掲載されています。（設問編のページ下欄にも、設問の解答を掲載）
また、巻末には、本書掲載の英語表現（800 問＋各解説中の表現）の和訳をもとにした**[日本語→英語]の索引**が掲載されています。

●本書の使い方

本書は 800 問を各英語表現の特性から 10 項目（「言えそうで言えない表現」etc.）に分類した**全 40 レッスン構成**です。もちろん Lesson 1 から順に学習を進めても構いませんが、まずは気軽に自分の興味に合わせて**好きなレッスンから始めて**みてもよいでしょう。
英作文や英語でのスピーキングなどの際に、適切な英語表現が思いつかないときは、本書の[日本語→英語]の索引を使ってみましょう。

〈本書で使用するかっこと記号について〉

(　)	省略可能
[　]	直前の語と入れ替え可能
例	例文
類例	似かよった例
反	反意語、反意表現
参	関連して覚えておくとよい内容
(→25)	設問番号 25 を参照

〈難易度について〉

本書では、〈**大学入試のコーパス＋日常英語における使用頻度**（ネイティブスピーカー 3 名による判断）〉を基準に各英語表現の難易度を 基本 標準 やや難 難 の 4 段階に分類しており、「解答・解説編」の解答欄に難易度を示すマークを掲載しています。

7

目　次

- はしがき ……………………………………………………………………… 2
- 本書の構成と使い方 ………………………………………………………… 7
- 目次 …………………………………………………………………………… 8

設問編

Lesson 1 ～ 5
言えそうで言えない表現 (1)～(5) ………………………………………… 10

Lesson 6 ～ 9
動詞の意味をよく知ろう (1)～(4) ………………………………………… 20

Lesson 10 ～ 13
前置詞を用いた表現を理解しよう (1)～(4) ……………………………… 28

Lesson 14 ～ 17
名詞・代名詞の意味に注目しよう (1)～(4) ……………………………… 36

Lesson 18 ～ 21
英語の感覚と使い分けを学ぼう (1)～(3) 定型表現 ……………………… 44

Lesson 22
疑問の表現を学ぼう ………………………………………………………… 52

Lesson 23 ～ 27
副詞を中心とした表現を学ぼう (1)～(5) ………………………………… 54

Lesson 28 ～ 29
動詞の意味をよく知ろう (5)～(6) ………………………………………… 64

Lesson 30 ～ 31
形容詞を中心とした表現を学ぼう (1)～(2) ……………………………… 68

Lesson 32 ～ 35
前置詞を用いた表現を理解しよう (5)～(8) ……………………………… 72

Lesson 36 ～ 38
名詞・代名詞の意味に注目しよう (5)～(7) ……………………………… 80

Lesson 39
論理展開を示す表現 ………………………………………………………… 86

Lesson 40
ことわざ・格言 ……………………………………………………………… 88

解答・解説編

Lesson 1 ～ 5
言えそうで言えない表現 (1)～(5) ・・・ 90

コラム① 基本的な動詞を使った熟語の注意点 ・・・・・・・・・・・・・・・ 115

Lesson 6 ～ 9
動詞の意味をよく知ろう (1)～(4) ・・・・・・・・・・・・・・・・・・・・・・・・・・・・・・・・ 116

コラム② 前置詞 from, at, in の語感 ・・・・・・・・・・・・・・・・・・・・・・・・ 136

Lesson 10 ～ 13
前置詞を用いた表現を理解しよう (1)～(4) ・・・・・・・・・・・・・・・・・・・・ 137

コラム③ 冠詞、名詞、前置詞が省略されてできた熟語 ・・・・・・・・・ 157

Lesson 14 ～ 17
名詞・代名詞の意味に注目しよう (1)～(4) ・・・・・・・・・・・・・・・・・・・・ 158

コラム④ 「oneself の省略」という考え方 ・・・・・・・・・・・・・・・・・・・ 178

Lesson 18 ～ 21
英語の感覚と使い分けを学ぼう (1)～(3) 定型表現 ・・・・・・・・・・・ 179

Lesson 22
疑問の表現を学ぼう ・・・ 199

コラム⑤ 副詞 up, out の語感 ・・・・・・・・・・・・・・・・・・・・・・・・・・・・・・ 204

Lesson 23 ～ 27
副詞を中心とした表現を学ぼう (1)～(5) ・・・・・・・・・・・・・・・・・・・・・・ 205

コラム⑥ 「主語に(人)が割り込む」という感覚 ・・・・・・・・・・・・・・・ 230

Lesson 28 ～ 29
動詞の意味をよく知ろう (5)～(6) ・・・・・・・・・・・・・・・・・・・・・・・・・・・・・・・・ 231

Lesson 30 ～ 31
形容詞を中心とした表現を学ぼう (1)～(2) ・・・・・・・・・・・・・・・・・・・・ 241

コラム⑦ take part in は「参加する」？ ・・・・・・・・・・・・・・・・・・・・・ 251

Lesson 32 ～ 35
前置詞を用いた表現を理解しよう (5)～(8) ・・・・・・・・・・・・・・・・・・・・ 252

コラム⑧ 昔のなごりがある熟語 ・・・・・・・・・・・・・・・・・・・・・・・・・・・・・ 272

Lesson 36 ～ 38
名詞・代名詞の意味に注目しよう (5)～(7) ・・・・・・・・・・・・・・・・・・・・ 273

Lesson 39
論理展開を示す表現 ・・・ 288

Lesson 40
ことわざ・格言 ・・・ 293

索引 ・・ 298

Lesson 1　言えそうで言えない表現 (1)

1. The _____ **time for** tomorrow's meeting is 10:00 a.m.
   明日の会議**の開始時刻**は午前 10 時です。

2. _____ **yourself** when you visit Grandma.
   おばあちゃんの所へ行ったら**お行儀よくし**なさいよ。

3. I go to **stay** _____ my grandparents in Australia every summer.
   毎年夏にはオーストラリアの祖父母**の家に泊まり**に行く。

4. _____ **the time** we reached the top of the mountain, we were all exhausted.
   山頂に着くころ**までには**、私たちはみんなへとへとになっていた。

5. We worked hard **all day** _____, but we did not finish the job.
   1 日中頑張ったけど、その仕事は終わらなかった。

6. I **stayed** _____ **late at night** watching videos on YouTube.
   夜遅くまで起きてユーチューブの動画を見てしまった。

7. Since I started working, I've been **eating** _____ more often.
   就職してから**外食**が増えた（←働き始めてからより多く外食をしている）。

8. Yesterday I woke up late, so I had to run **all the** _____ to school.
   昨日は寝坊してしまい、学校まで**ずっと**走らなければならなかった。

9. Charlie **is** _____ right now. He'll be back by noon.
   チャーリーは今**外出中**です。昼までには戻ります。

10. I _____ a scary **dream** last night.
    昨晩怖い**夢を見た**。

答	1 starting	2 Behave	3 with	4 By	5 long
	6 up	7 out	8 way	9 out	10 had

11. I want to **study** _____ after graduating from high school.
高校を卒業したら**留学**したい。

12. My sister is going to _____ **a baby** on March 3.
姉は3月3日が**出産**予定日です。

13. **Good** _____ in your game tomorrow!
明日の試合**頑張**って！

14. Last night I fell asleep _____ study**ing** at my desk.
昨夜机で勉強**しながら**寝てしまった。

15. The climbers _____ **their way** in the dark.
登山者たちは暗闇の中で**道に迷った**。

16. Before the bus came, I had been looking at CDs in Tower Records to _____ **time**.
バスが来るまで、**時間つぶし**にタワーレコードでCDを見ていた。

17. On my way home, I _____ **to** be on the same train as my father.
家に帰る途中、**偶然**父と同じ電車に乗り合わせた。

18. Mr. Smith is a quiet gentleman, but **there is something** childlike _____ him.
スミスさんは物静かな紳士だが、**どこか子どものようなところがある**。

19. Go out through the emergency exit _____ **the left**.
左の非常口から出てください。

20. The city hall **is** _____ **from** the big bookstore.
市役所は大きな本屋の向かい側にあります。

答	11 abroad	12 have	13 luck	14 while	15 lost
	16 kill	17 happened	18 about	19 on	20 across

Lesson 2　言えそうで言えない表現 (2)

21 I have no idea **what Roger's new girlfriend is** _____.
ロジャーの新しいガールフレンド**がどんな人か**がさっぱりわからない。

22 **Will** this tie _____ for the interview?
面接にはこのネクタイ**でいいかな**？

23 Thank you for coming today. **Please** _____ **me to** your mother.
今日は来ていただいてありがとう。お母様**によろしくお伝えください**。

24 I went back to my hometown **for the first time** _____ **ten years**.
10年ぶりに故郷に戻った。

25 When you are ill, **it is** _____ **to** get a lot of rest.
病気のときには休養を十分にとるの**が1番だ**。

26 If that book is not in stock, we can **order** it _____ Tokyo.
その本の在庫がない場合には、東京**から取り寄せる**ことができます。

27 Jeff is **second to** _____ when it comes to leadership.
指導力ということにかけてはジェフ**の右に出る者はいない**。

28 Finishing this job by 10 o'clock will be _____ **to** impossible.
この仕事を10時までに終わらせるのは**ほとんど不可能だ**。

29 The chairperson's speech was short and _____ **the point**.
議長のスピーチは短く**的を射た**ものであった。

30 Our school plans to include foreign languages **other** _____ English in the curriculum.
我が校ではカリキュラムに英語**以外の**外国語を含める予定である。

答	21 like	22 do	23 remember	24 in	25 best
	26 from	27 none	28 next	29 to	30 than

Lesson 2

31 When you wash sweaters, it is better to turn them ☐ **out** first.
セーターを洗うときには、まず**裏返し**たほうがよい。

32 The picture was hung ☐ **down**. I don't know why.
その絵は**逆さま**に掛かっていた。なぜかはわからない。

33 These two flower pots should be placed **the** ☐ **way round**.
この２つの花の鉢は**左右逆**に置いたほうがいいよ。

34 My fringe is getting longer and **is in the** ☐. ＊fringe「前髪」
前髪が伸びてきて**邪魔**になってきた。

35 We protected the interests of the group **as a** ☐.
私たちは集団**全体**の利益を守った。

36 The teacher **calls** all his students ☐ **their first names**.
その教師は、彼の生徒のことを全員ファーストネームで呼ぶ。

37 In the city, everything you need **is just around the** ☐.
都会では、必要なものはすべて**すぐそこ**(←近く)にある。

38 A lot of passengers **on** ☐ the ship were feeling seasick.
その船**に乗っていた**多くの乗客が船酔いしていた。

39 Children under five must be accompanied by someone **aged 17 or** ☐.
５歳未満のお子様には**17歳以上の**人の付き添いが必要です。

40 A few students could be seen **here and** ☐ on campus.
キャンパスには学生が**ちらほら**いた。

答				
31 inside	32 upside	33 other	34 way	35 whole
36 by	37 corner	38 board	39 older	40 there

Lesson 3　言えそうで言えない表現(3)

41 I'm not **done** _____ my physics homework yet.
物理の宿題がまだ**終わっていない**。

42 While walking, I _____ **up with** a good idea.
散歩しているときにいい考え**を思いついた**。

43 Genes may **have something to** _____ **with** human behavior.
遺伝子は人間の行動と**なんらかの関係がある**かもしれない。

44 Sarah wrote to her mother **every three** _____.
サラは**3日に1度**母親に手紙を書いた。

45 I sometimes feel like crying. **At such** _____, I go to the nearby beach.
泣きたくなるときがある。**そのようなときには**近くの浜辺へ行く。

46 Clocks in Switzerland always _____ **correct time**.
スイスの時計はいつも**正確だ**。

47 My mother goes to church every week **without** _____.
母は教会へ毎週**欠かさず**出かけます。

48 Ben **is** _____ **of** a musician. You should listen to his piano.
ベンは、**ちょっとした**音楽家だよ。彼のピアノは聴くべきだよ。

49 Be careful not to **let** _____ **of** the rope. The sea is rough.
ロープを**放さ**ないように注意して。海が荒れているから。

50 The doctor told me that my leg was healing well, and was _____ very **good shape**.
先生の話によると、私の脚は完治に向かっていて、非常に**状態がよい**とのことだった。

答	41 with	42 came	43 do	44 days	45 times
	46 keep	47 fail	48 something	49 go	50 in

Lesson 3

解 pp.100〜104

51 I heard Stewart **came** [____] in the race.
スチュワートがレースで**優勝した**らしいよ。

52 Melanie is not [____] **she used to be**. She is always complaining about her job.
メラニーは**以前の彼女**とは違うね。いつも仕事の文句ばっかりだ。

53 There's no hurry. **Take your** [____].
急ぐことはありません。**ゆっくりやってください**。

54 Jim **feels at** [____] **with** Japanese customs.
ジムは日本の習慣に**慣れ親しんでいる**。

55 Newspapers are a good source of information about **what is going** [____] in the world.
新聞は世界の**出来事**に関する優れた情報源である。

56 I used to **hang** [____] **with** Tom and Jerry when I was in college.
大学のときはトムとジェリーとよく一緒に**ぶらついた**ものだ。

57 The old man **next** [____] is very fond of children.
お隣の老人はたいへんな子ども好きだ。

58 Jean's eyelids began to droop and **before** [____] she was fast asleep.
ジーンはまぶたが重くなり始めて、**まもなく**ぐっすり寝てしまった。

59 The baby can't sit up yet, **let** [____] walk.
その赤ん坊は座ることができない。**まして**歩くなんてできるわけが**ない**。

60 We have **had** [____] **thoughts about** the whole project.
我々はその計画全体**を見直した**。

答	51 first	52 what	53 time	54 home	55 on
	56 out	57 door	58 long	59 alone	60 second

Lesson 4 　言えそうで言えない表現 (4)

61 Jacob **cleared his** [　　　] to get our attention.
ジェイコブは私たちの注意を引くために**せき払いをした**。

62 I have learned about the job **by** [　　　] **of mouth**.
その仕事のことは**口コミ**で知ったんだ。

63 This supermarket is open **around the** [　　　].
このスーパーマーケットは **24 時間**営業だ。

64 I don't think Cathy dislikes you. She's just a very shy girl [　　　] **nature**.
キャシーは君のことが嫌いではないと思うよ。**生まれつき**とても内気なだけだ。

65 Dale always [　　　] really good **jokes**.
デイルはいつも本当に気の利いた**冗談を言う**。

66 Paul talks as if he knew **what** life **is all** [　　　].
ポールは人生の**本質**がわかったような口ぶりだ。

67 Fortunately, Jessie and I **were in time** [　　　] the last train.
幸いジェシーと私は終電**に間に合った**。

68 This year's harvest will [　　　] **short of** the average.
今年の収穫は平年の収穫**に及ばない**だろう。

69 If you leave your homework **until the** [　　　] **minute**, you will definitely panic.
宿題を**ぎりぎり**まで放置すると、間違いなく慌てふためくことになるよ。

70 Antony isn't the man we**'re** [　　　].
アントニーは我々が**追っている**男ではない。

答	61 throat	62 word	63 clock	64 by	65 tells
	66 about	67 for	68 fall	69 last	70 after

Lesson 4

pp.105～109

71 Mr. Smith **called in** _____ this morning. He said he had a high fever.
スミスさんから、今朝、**病気で休むと電話があった**。高熱らしい。

72 If you **feel** _____, it is best to get more sleep.
ストレスを感じたら、睡眠時間を増やすのが1番だ。

73 We **lay on our** _____ and looked up at the starry sky.
私たちは**仰向けになって**星空を見上げた。

74 When I visited an old friend from college **the** _____ **day**, he gave me a warm welcome.
先日大学時代からの友人を訪ねたら、温かく出迎えてくれた。

75 If there is an earthquake, **get** _____ a table.
地震の際には、テーブル**の下に**もぐりなさい。

76 **It goes** _____ **saying** that honesty is the best policy.
正直は最善の策であることは**言うまでもありません**。

77 **As** _____ January first, the population of our city is about one hundred thousand.
1月1日**現在**で、我が市の人口はおよそ10万人です。

78 It's a _____ you couldn't come to the concert yesterday.
昨日コンサートにあなたが来られなかった**のは残念だ**。

79 **Ten to** _____ Jimmy will have forgotten about it tomorrow.
きっと(十中八九)ジミーは明日になったらそのことを忘れているよ。

80 Hang in there! Only another mile **to** _____!
頑張れ！**あと**たったの1マイルだ！

答	71 sick	72 stressed	73 backs	74 other	75 under
	76 without	77 of	78 pity	79 one	80 go

Lesson 5 　言えそうで言えない表現 (5)

81 The teacher counted the students to **make** _____ **that** everyone was there.
先生は生徒がみんないるか**を確認する**ために生徒を数えた。

82 Please **help yourself** _____ some cake.
どうぞケーキ**を自由にお召し上がり**ください。

83 I'll look up that book in the database to _____ **if** we have it.
その本があるか**どうか**、データベースで調べてみます。

84 I have not _____ **from** Jean lately.
最近ジーン**から連絡**がない。

85 **When it** _____ **to** Russian literature, I don't know anything.
ロシア文学の**こととなると**私は何も知らない。

86 I'm not good at German, but I can **make myself** _____.
ドイツ語は得意ではありませんが、**意思を伝える**ことはできます。

87 The bus is coming in five minutes. I don't think we can **make** _____.
バスはあと5分で来る。**間に合う**とは思わない。

88 **Something has gone wrong** _____ the motorbike.
バイク**の具合がどこかおかしくなった**。

89 Watching TV _____ **us** more **harm** than good.
テレビを見るのは益になるより**害になる**。

90 **As far as I'm** _____, that's a bad idea.
私に関する限り、それは悪い考えだね。

答	81 sure	82 to	83 see	84 heard	85 comes
	86 understood	87 it	88 with	89 does	90 concerned

Lesson 5

pp.110〜114

91 Henry will be back by Friday **at the** _____.
ヘンリーは**遅くとも**金曜日には戻って来るよ。

92 I respect **what is** _____ "a self-made person."
私は**いわゆる**「たたき上げの人(←自分で成功を収めた人)」を尊敬します。

93 Let's **make** _____ that we are pirates!
海賊ごっこをしよう(=海賊**のふりをしよう**)。

94 They should **know** _____ **than to** shout in the classroom.
彼らは教室でわめいたり**しないだけの分別を持つ**べきだ。

95 With a firm handshake, we **made** _____.
固い握手をして**仲直りした**。

96 Playing video games too much will **get you** _____ in life.
テレビゲームのしすぎは人生において**なんの役にも立たない**。

97 You should buy fruit here. It's always **good** _____.
果物はここで買えばいいよ。いつも**お買い得だ**よ。

98 They **see** _____ **it that** their guests are fully satisfied.
彼らは客が十分に満足**できるように目を配っている**。

99 The one-child policy in China is successful _____ **some extent**.
中国の一人っ子政策は**ある程度**成果を収めている。

100 I got a hole in my pants, so **for the** _____ **being**, I covered it with a handkerchief.
ズボンに穴があいたので、**とりあえず**ハンカチを当てておいた。

答	91 latest	92 called	93 believe	94 better	95 up
	96 nowhere	97 value	98 to	99 to	100 time

Lesson 6 動詞の意味をよく知ろう(1)

101 His neighbors _____ **about** Ted's noisy motorbike.
近隣の人たちは、テッドの大きな音を立てるバイク**について文句を言っている**。

102 Don't _____ **to** turn off the lights.
電気を消すの**を忘れて**はだめだよ。

103 Club activities _____ us **to** have experiences we can't get in the classroom.
クラブ活動**によって**、教室では得られない体験をすることが**できる**。

104 Next year I will _____ **from** high school.
来年、高校**を卒業します**。

105 We _____ all the afternoon walk**ing** about town.
私たちは午後はずっと街をぶらぶら**して過ごした**。

106 Computerization has _____ **in** the gradual disappearance of manual jobs.
コンピュータ化が進んだ**結果**、手仕事が徐々に減少**している**。

107 Judy _____ **to** sign the document.
ジュディーはその書類にサインをする**のを拒んだ**。

108 Shawn _____ greatly **to** their winning the championship.
ショーンの活躍で優勝できた(←ショーンが優勝**に貢献した**)。

109 The survey showed that 52 percent of British people _____ **in** UFOs.
その調査でイギリス人のうち52％がUFO**を信じている**とわかった。

110 The scientist's research eventually _____ **to** the development of a vaccine.
その科学者の研究が最終的にワクチンの開発(**につながった→**)をもたらした。

答	101 complain	102 forget	103 enable	104 graduate	105 spent
	106 resulted	107 refused	108 contributed	109 believe	110 led

Lesson 6

pp.116～120

111 Sherry ▢ **to** the diet, and she's lost a lot of weight.
シェリーは食事制限に**適応し**、かなり体重を減らした。

112 People ▢ **with** others in many ways.
人々はいろいろな形で他人**と関わり合っている**。

113 We stayed late at school every day to ▢ **for** the school festival.
私たちは毎日学校に遅くまで残って、学園祭**の準備をした**。

114 I wish we **could** ▢ **to** hire a housekeeper.
お手伝いさんを雇**える余裕があれば**いいのに。

115 If you have a pet at the apartment, it'll ▢ fifty dollars extra a month.
そのアパートでペットを飼う場合、1か月あたり50ドル余分にお金**がかかる**。

116 I couldn't get the results I had ▢ **for** on the test.
その試験では思わしい(←**希望していた**)成果が得られなかった。

117 Making the hotel reservation online ▢ me 3,000 yen.
インターネットで予約したのでホテル代が3,000円**浮いた**。

118 The batteries are dead. You have to ▢ them **with** new ones.
電池が切れている。新しいの**と交換**しないといけない。

119 After shaking hands, we ▢ a few words.
握手をした後、私たちは言葉を少し**交わした**。

120 When we saw some egg on his face, we **could not** ▢ laugh**ing**.
彼の顔に卵がついているのを見て、私たちは**思わず笑ってしまった**。

答									
	111	adapted	112	interact	113	prepare	114	afford	115 cost
	116	hoped	117	saved	118	replace	119	exchanged	120 help

Lesson 7 動詞の意味をよく知ろう (2)

121 I'll _____ **you know** when I get more information.
もっと情報が入ったら**教えるよ**。

122 The charity _____ children in Africa **with** food and clothing.
その慈善団体はアフリカの子どもたちに食料や衣服**を供給している**。

123 I'**m** not _____ **with** my apartment. I'm looking for a better one.
私は今のアパート**に満足して**いない。もっとよい所を探している。

124 Stanley **was deeply** _____ **by** the painting.
スタンリーはその絵**に感銘を受けた**。

125 The building now _____ **as** a hostel for foreign tourists.
その建物は現在、外国人旅行者のための簡易宿泊所**として役立っている**。

126 These English words _____ **from** Latin.
これらの英単語はラテン語**に由来する**。

127 The hijackers refused to _____ **to** the demands. （y- で始まる）
ハイジャック犯はその要求**を受け入れる**ことを拒否した。

128 This teddy bear _____ me **of** my happy childhood.
このテディーベア（クマのぬいぐるみ）は私の幸せな子どものころ**を思い出させる**。

129 The color purple used to **be** _____ **as** a symbol of power.
紫色はかつては権力の象徴**とみなされて**いた。

130 Jean strongly _____ **to be**ing told what to do.
ジーンは何かを指図される**のをとても嫌がる**。

答	121 let	122 provides	123 satisfied	124 impressed	125 serves
	126 derive	127 yield	128 reminds	129 regarded	130 objects

Lesson 7

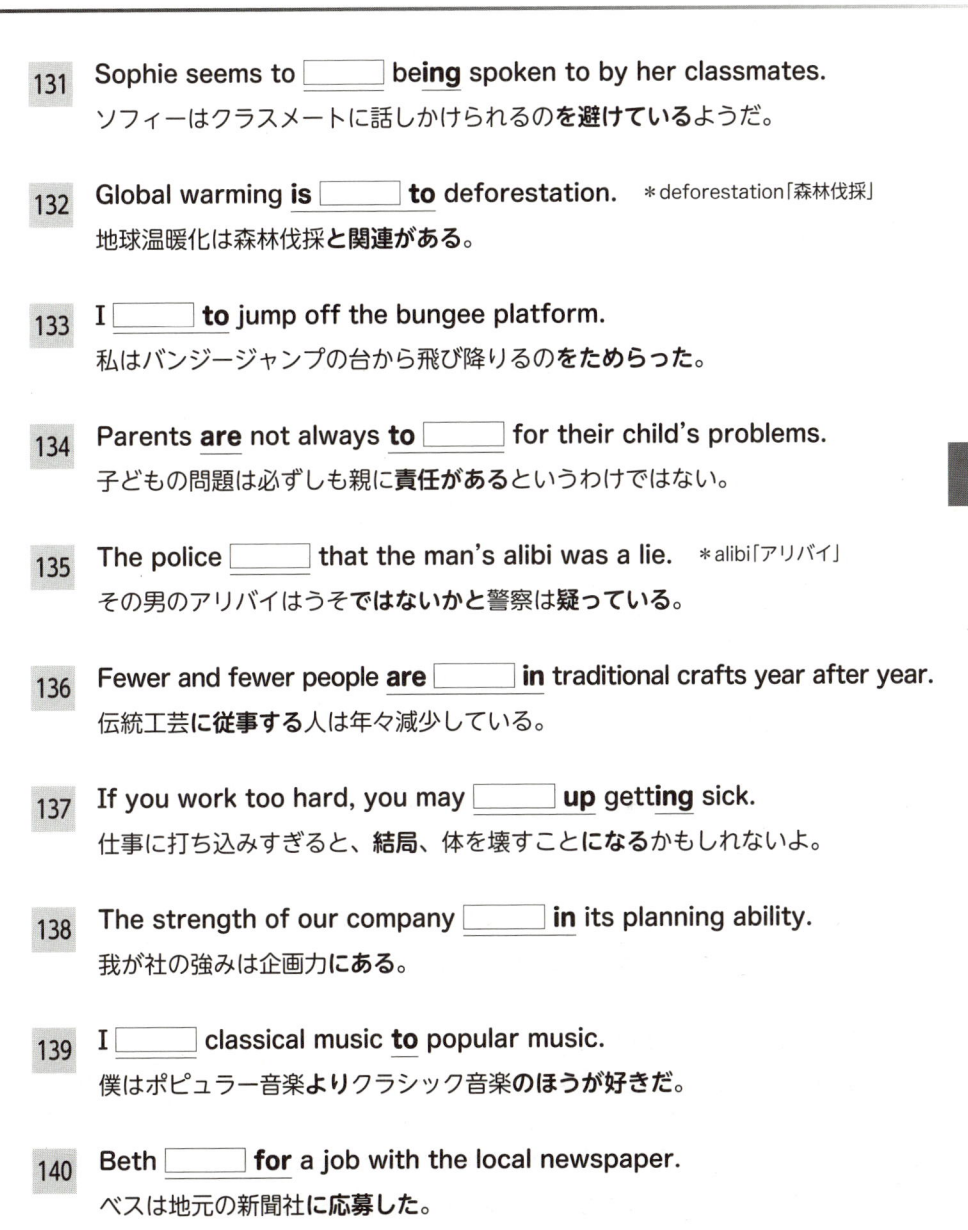

pp.121〜125

131 Sophie seems to _____ be**ing** spoken to by her classmates.
ソフィーはクラスメートに話しかけられるの**を避けている**ようだ。

132 Global warming **is** _____ **to** deforestation.　＊deforestation「森林伐採」
地球温暖化は森林伐採**と関連がある**。

133 I _____ **to** jump off the bungee platform.
私はバンジージャンプの台から飛び降りるの**をためらった**。

134 Parents **are** not always **to** _____ for their child's problems.
子どもの問題は必ずしも親に**責任がある**というわけではない。

135 The police _____ that the man's alibi was a lie.　＊alibi「アリバイ」
その男のアリバイはうそ**ではないかと**警察は**疑っている**。

136 Fewer and fewer people **are** _____ **in** traditional crafts year after year.
伝統工芸**に従事する**人は年々減少している。

137 If you work too hard, you may _____ **up** get**ting** sick.
仕事に打ち込みすぎると、**結局**、体を壊すこと**になる**かもしれないよ。

138 The strength of our company _____ **in** its planning ability.
我が社の強みは企画力**にある**。

139 I _____ classical music **to** popular music.
僕はポピュラー音楽**より**クラシック音楽**のほうが好きだ**。

140 Beth _____ **for** a job with the local newspaper.
ベスは地元の新聞社**に応募した**。

答								
	131	avoid	132	related	133	hesitated	134	blame	135	suspect
	136	engaged	137	end	138	lies	139	prefer	140	applied

Lesson 8 動詞の意味をよく知ろう (3)

141 **Can** you ____ the difference between beans and peas?
インゲン豆とエンドウ豆の違い**がわかります**か。

142 I would like to say how much I have ____ **myself** today.
私が今日どれほど**楽しんだ**かをお伝えしたいのです。

143 A lot of politicians **are** more ____ **with** power than with welfare.
多くの政治家が福祉より権力に**関心を持っている**。

144 I'm sorry. I didn't ____ **to** step on your toe.
ごめん。足を踏む**つもり**なんてなかったんです。

145 Carrie ____ **for** the cake, even though she was on a diet.
キャリーはダイエット中なのにケーキ**を取ろうと手を伸ばした**。

146 Four years of tuition ____ **to** a large sum of money.
4年間の学費はかなり大きな金額**になる**。

147 The President **is** fully ____ **to** rebuilding the nation.
大統領は国家の再建にすべての**力を注いでいる**。

148 The flavor of *ramen* ____ **from place to place**.
ラーメンの味は**地域によってさまざまだ**。

149 Regrettably, the rumor ____ **to be** true after all.
残念ながら、そのうわさは結局本当だ**とわかった**。

150 We were ____ items **from** a truck when there was an earthquake.
地震が起きたとき、私たちはトラック**から荷物を降ろしていた**。

答	141 tell	142 enjoyed	143 concerned	144 mean	145 reached
	146 amounts	147 committed	148 varies	149 proved	150 removing

Lesson 8

pp.126〜130

151 Tim's manager was angry with him for _____ to arrive on time.
ティムの上司は、彼が時間どおりに来**なかった**ことに怒った。

152 The restaurant _____ **me** by email **that** they have opened a new branch.
そのレストランからメールで支店開店**の案内があった**。

153 I've _____ a lot of **weight** recently, so I'm afraid of stepping on the scale.
最近とても**太った**ので、体重計に乗るのが怖い。

154 Please _____ **from** feeding the monkeys.
サルにえさを（やるの**を控えてください→**）やらないでください。

155 Kay has not yet _____ **from** jet lag.　＊jet lag「時差ぼけ」
ケイは時差ぼけ**から**まだ**回復**していない。

156 The term "economic growth" _____ **to** an increase in wealth over a certain period of time.
「経済成長」という語はある一定期間における富の増加**を指す**。

157 We have to **get** _____ **of** this old washing machine.
この古い洗濯機**を処分**しないといけない。

158 On dry winter days, clothes _____ **to** your body because of static electricity.　＊static electricity「静電気」
冬の乾燥した日には、静電気のため服が体**にまとわりつく**。

159 The company **is** now _____ **to** improve its sales.　（s- で始まる）
その会社は今、販売を強化しよう**と努めている**。

160 How much do I _____ you?
いくら**借りてたっけ？**

| 答 | 151 failing | 152 informed | 153 gained | 154 refrain | 155 recovered |
| | 156 refers | 157 rid | 158 cling | 159 seeking | 160 owe |

Lesson 9 動詞の意味をよく知ろう (4)

161 My great-grandparents **got** [____] just after World War Ⅱ.
うちの曽祖父母は第二次世界大戦の直後に**結婚した**。

162 After working in Japan for a year, Jack started to [____] **for** his mother's cooking.
ジャックは日本で1年働いて、母の料理**が恋しくなった**。

163 I [____] **to** Mary **that** she **collect** empty cans on the street with me.
私といっしょに街の空き缶を集めないかとメアリー**に提案した**。

164 We [____] **that** the compensation **be** paid immediately.
賠償金を即刻支払うように我々は**要求した**。

165 We [____] a lot **from** scientific advances.
我々は科学の進歩**から**多く**の恩恵を受けている**。

166 The photo book of the pop idol **is** [____] **very well**.
そのアイドル歌手の写真集は**とてもよく売れている**。

167 Sam **was** [____] **by** dinosaurs when he was a little boy.
サムは小さいころ、恐竜**に魅了された**。

168 Blake **was** [____] **to** the Tokyo branch last month.
ブレイクは先月、東京支店**に転勤した**。

169 [____] **from** his accent, he is probably from Scotland.
彼のなまり**から判断すると**、きっとスコットランド出身だろう。

170 [____] **down** when you go around the corner.
角を曲がるときには**スピードを落としなさい**。

答	161 married	162 long	163 suggested	164 demanded	165 benefit
	166 selling	167 fascinated	168 transferred	169 Judging	170 Slow

Lesson 9

pp.131〜135

171 You look so tired. How about _____ **down** for a few minutes?
疲れているみたいだね。ちょっとの間**横になったら**どう？

172 Citizens **were** _____ **of** their basic human rights then.
当時、市民は基本的な人権**を剥奪されていた**。

173 Last week, I visited my aunt in the hospital to _____ her **up**.
先週、おばさん**を元気づける**ために病院までお見舞いに行った。

174 I **am** _____ **up with** her complaints.
彼女のぐちにはもう**うんざりだ**。

175 Sexual discrimination still **remains** deeply _____ **in** this society.
この社会**には**男女差別がまだ**根強く残っている**。

176 Ann _____ the boy **of** copying another student's homework.
アンはその少年がほかの生徒の宿題を写した**と非難した**。

177 When Bruce was young, he _____ **in** luxuries.
ブルースは若いとき、ぜいたく**にふけっていた**。

178 Kate **was** _____ **at** the actor with a dreamy look.
ケイトはうっとりとした目つきでその役者**をじっと見つめていた**。

179 Mrs. Clarence _____ us **not to** go near the oven.
クラレンス先生は私たちにオーブンに近づか**ないように注意した**。

180 Andy _____ **in** this morning.
アンディが今朝**ひょっこりやって来た**。

答					
171 lying	172 deprived	173 cheer	174 fed	175 rooted
176 accused	177 indulged	178 gazing	179 warned	180 dropped

Lesson 10 前置詞を用いた表現を理解しよう (1)

181 _____ arriv**ing** in the country, I called my cousin.
その国に到着する**とすぐに**私はいとこに電話した。

182 I had to clean the kitchen **all** _____ **myself**.
私は**たったひとりで**台所を掃除しなければならなかった。

183 Ken planned to study abroad, but _____ **the end**, decided to stay with his mother.
ケンは留学する計画だったが、**最後には**母親と暮らすことに決めた。

184 Jeff **is** very **proud** _____ his work.
ジェフは自分の作品にとても**誇りを持っている**。

185 After trying for several hours, I **succeeded** _____ catching a fish.
私は、何時間も格闘した後、魚を釣ること**に成功した**。

186 It is often said that Japanese tourists travel _____ **groups**.
日本人旅行者は**団体**で動くとよく言われている。

187 The teacher was counting the children as they **got** _____ the bus.
子どもたちがバス**に乗る**とき、先生は人数を数えていた。

188 Dave is so big that it is hard for him to **get** _____ a taxi.
デイブは体がとても大きいので、タクシー**に乗り込む**のは大変だ。

189 If you buy one T-shirt, you can get another _____ **free**.
Tシャツを1枚買えば2枚目は**ただ**でもらえます。

190 Ron's collection of stamps **is** _____ hundreds of thousands of pounds.
ロンの切手のコレクションは何十万ポンド**の価値がある**。

答	181 On	182 by	183 in	184 of	185 in
	186 in	187 on	188 into	189 for	190 worth

Lesson 10

191 Ben **insisted** [____] paying the money.
ベンはどうしてもお金を払う**と言い張った**。

192 At the airport, I met an old friend from college [____] **chance**.
私は空港で**偶然**大学時代の古い友だちと出会った。

193 Roger **is** financially **independent** [____] his parents.
ロジャーは経済的に親**から独立している**。

194 As a child, I **belonged** [____] the local hockey team.
子どものころ、私は地元のホッケーチームに**所属していた**。

195 I travel abroad [____] **business** several times a year.
私は年に数回**仕事で**海外へ行きます。

196 It is cheaper [____] **the long run** to buy a house than to rent one.
家を買うほうが、借りるより**長い目で見れば**安い。

197 The noise on the street **prevented** me [____] gett**ing** to sleep.
通りの騒音**のせいで**眠れ**なかった**。

198 I'm [____] **my way to** the station.
駅に**向かっているところ**です。

199 As I did not know the password, I tried pressing buttons [____] **random**.
パスワードがわからなかったので、**でたらめに**ボタンを押してみた。

200 I totally **agree** [____] you on this matter.
この件に関しては君**に**完全に**同意する**。

答	191 **on**	192 **by**	193 **of**	194 **to**	195 **on**
	196 **in**	197 **from**	198 **on**	199 **at**	200 **with**

Lesson 11 前置詞を用いた表現を理解しよう (2)

201 Our train arrived at Sapporo Station _____ **time**.
私たちの列車は**時間どおりに**札幌駅に到着した。

202 Please **excuse** me _____ being so late today.
今日は遅れて申し訳ございません（＝遅れたこと**を許してください**）。

203 _____ **weekdays** I study at college, and on weekends I work part-time at a restaurant.
平日は大学で勉強して、土日はレストランでアルバイトをしています。

204 I'm afraid that Dave is not _____ **his desk**.
あいにくデイブは**席に**おりません。

205 I hope this information will be _____ **some use**.
この情報が**少しはお役に立てれば**いいのですが。

206 Kevin has a strong constitution. He'll recover _____ **no time**.
ケビンはじょうぶだから、**すぐに**回復するよ。　＊constitution「体質」

207 Rob lives in Canada, so we only see him _____ **occasion**.
ロブはカナダに住んでいるので、**たまにしか**彼には会わない。

208 Charlie didn't describe what happened _____ **detail**.
チャーリーは起きたことを**詳細に**説明しなかった。

209 Sharon **looked** me straight _____ **the eye** and smiled.
シャロンは私**の目をじっと見て**ほほ笑んだ。

210 Cases of food poisoning are _____ **the increase**.
食中毒の事例が**増加している**。

| 答 | 201 on | 202 for | 203 On | 204 at | 205 of |
| | 206 in | 207 on | 208 in | 209 in | 210 on |

Lesson 11

解 pp.142〜146

211. Firefighters _____ **duty** wait inside the fire station.
勤務中の消防士たちは消防署の中で待機している。

212. A new road is currently _____ **construction** in the north of the city.
市の北部に新しい道路が現在建設中です。

213. Becky **paid** $1,000 _____ this brand-name bag.
ベッキーはこのブランドのかばんに1000ドルを支払った。

214. My grandfather loves snowboarding. He is quite young _____ **heart**.
私の祖父はスノーボードが大好きだ。本当に気が若い。

215. Since these glasses can break easily, you must handle them _____ **care**.
このグラスは割れやすいから、注意して扱ってください。

216. The Italian restaurant **is famous** _____ its pizza.
そのイタリアンレストランはピザを看板にしている(←で有名だ)。

217. Virginia **is famous** _____ the birthplace of several US presidents.
バージニア州は何人かの合衆国大統領の生誕地として有名だ。

218. Ron **does nothing** _____ complain all the time.
ロンは四六時中文句ばかりだ。

219. Mike still **depends** _____ his parents **for** food, clothing, and shelter.
マイクはいまだに衣食住を親に依存している。

220. My brother often **helps** me _____ my homework.
兄は宿題をよく手伝ってくれます。

答				
211 on	212 under	213 for	214 at	215 with
216 for	217 as	218 but	219 on	220 with

Lesson 12 前置詞を用いた表現を理解しよう (3)

221 The researcher **compared** human children _____ those of chimps.
研究者は人間の子どもを**チンパンジーの子どもと比較した**。　＊chimp「チンパンジー」

222 This brand-name bag was _____ **sale** yesterday. It was good value.
このブランドのかばん、昨日**バーゲンだったの**。お買い得だったわ。

223 The Japanese alphabet **consists** _____ 47 characters.
日本語のひらがなは 47 文字**で構成されている**。

224 I don't **feel** _____ eat**ing** at home. Let's go out for dinner.
家でごはんを食べる**気分**ではないね。夕食を外に食べに行こうよ。

225 Emma was **scolded** _____ getting poor marks in the exam.
エマは試験の成績が悪かった**のでしかられた**。

226 Billy retired from professional football _____ **the age of** thirty-eight.
ビリーは 38 **歳で**プロサッカーを引退した。

227 The wedding ceremony was conducted _____ quite a formal **manner**.
その結婚式は、とても形式的な**やり方で**執り行われた。

228 _____ **a child**, I had a terrible memory.
子どものころ、私は記憶力がとても悪かった。

229 The signs of the disease **are familiar** _____ most doctors.
その病気の兆候は、たいていの医者が知っている[**に知られている**]。

230 My Dad used to listen to the Beatles, so I **am familiar** _____ their music.
父がビートルズをよく聴いていたので、私はその音楽**をよく知っている**。

答	221 with	222 on	223 of	224 like	225 for
	226 at	227 in	228 As	229 to	230 with

Lesson 12

231. The children **were divided** [into] several groups.
その子どもたちはいくつかのグループ**に分けられ**た。

232. GDP is expected to **grow** [by] 2% this year.
今年の GDP は 2%（の差で）**増加する**と考えられている。

233. Our company's new policy **is focused** [on] the environment.
我が社の新しい方針は環境**に重点を置いている**。

234. The police **are looking** [into] the murder case.
警察はその殺人事件**を調査している**。

235. The hunter **aimed** [at] his target and fired the gun.
ハンターはねらい**を定めて**銃を撃った。

236. We're **running** [out] **of** coffee again.
またコーヒー**を切らし**そうだ。

237. I **came** [across] this picture when I was cleaning the attic.
屋根裏部屋を掃除していると、この写真**を偶然見つけた**。　＊attic「屋根裏部屋」

238. I **ran** [into] Kenji at the station this morning.
今朝、駅でケンジに**偶然会いました**。

239. My grandfather **died** [of] old age when he was 101 years old.
祖父は 101 歳のときに老衰で**亡くなった**。

240. We **go** [around] the campus picking up garbage every Saturday morning.
毎週土曜日の朝に、キャンパス**を回って**ゴミを拾っています。

答				
231 **into**	232 **by**	233 **on**	234 **into**	235 **at**
236 **out**	237 **across**	238 **into**	239 **of**	240 **around**

Lesson 13 前置詞を用いた表現を理解しよう (4)

241 Bruce soon **got** [ ] the shock of losing the game.
ブルースは試合に負けたショック**から**すぐに**立ち直った**。

242 U.N. **stands** [ ] the United Nations.
U.N. は the United Nations（国際連合）**を略した**ものだ。

243 There were a lot of people **standing** [ ] **line** for tickets.
チケットを求めて多くの人が**列を作っていた**。

244 When you have a problem, you should **ask** Mr. Jones [ ] advice.
困ったことがあるときには、ジョーンズ先生にアドバイス**を求めたら**いいよ。

245 Someone **broke** [ ] Mrs. Brown's house and stole her jewelry.
だれかがブラウンさんの家**に押し入り**、彼女の宝石を盗んだ。

246 Whenever you need help, you can **count** [ ] me.
助けが必要なときはいつも、私**を当てにして**いいよ。

247 I have decided to **major** [ ] mathematics at college.
私は大学で数学**を専攻する**ことに決めています。

248 **Allowing** [ ] his youth, Nick did very well.
若さ**を考慮すれば**、ニックはとてもよくやった。

249 On the way, I **stopped** [ ] the post office and bought stamps.
途中で郵便局**に立ち寄って**切手を買った。

250 When it is very cold, water **changes** [ ] ice.
とても寒いときには、水は氷**に変わる**。

答				
241 over	242 for	243 in	244 for	245 into
246 on	247 in	248 for	249 by	250 into

Lesson 13

251. We **acted** _____ your advice and saved money.
私たちは君の忠告に従って（←**基づいて行動し**）、貯金をした。

252. Look at the cars. They are all **heading** _____ the beach!
あの車を見て。みんな海岸**に向かっている**よ！

253. The novel **was translated** _____ twenty languages and made into a movie.
その小説は20か国語**に翻訳され**、映画化された。

254. This morning, I hit a rock and **fell** _____ my bike.
今朝、石にぶつかって自転車**から落ちた**。

255. You should **apologize to** Mr. Brown _____ the delay in the reply.
返事が遅れたこと**に対して**ブラウンさん**に謝罪**すべきです。

256. We celebrate March 3rd to **wish** _____ the happiness of girls.
私たちは女の子の幸せ**を祈って**3月3日を祝います。

257. Tracy always **stands** _____ her friends when they need help.
トレーシーは友だちに助けが必要なときにはいつでも友だち**の力になってやる**。

258. My poodle **was** nearly **run** _____ by a car while I was walking her.
散歩中、うちのプードルがもう少しで車に**ひかれる**ところだった。

259. When Stephanie **looked** _____ **of** the train window, she saw the ocean.
ステファニーが列車の窓**の外を見る**と、海が見えた。

260. I **named** my cat Stevie _____ my favorite singer, Stevie Wonder.
私は大好きな歌手のスティービー・ワンダー**にちなんで**、猫をスティービー**と名づけた**。

答	251 **on**	252 **for**	253 **into**	254 **off**	255 **for**
	256 **for**	257 **by**	258 **over**	259 **out**	260 **after**

Lesson 14 名詞・代名詞の意味に注目しよう (1)

261 My husband **takes** ☐ **of** our kid on weekends.
週末は夫が子どもの**世話をしてくれる**。

262 Bill and Tom are always arguing. They don't like **one** ☐.
ビルとトムはいつも口論ばかりしている。**お互い**を嫌っているんだ。

263 We should **pay** ☐ **to** the teacher's instructions.
我々は先生の指示**に注意を払わ**なくてはならない。

264 A lot of college students from abroad **took** ☐ **in** the discussion.
多くの海外からの大学生がその討論**に参加した**。

265 Every newspaper gave **a great** ☐ **of** space to the case.
各新聞はその事件に**多くの**紙面を割いた。

266 Soon after I moved here, I **made** ☐ **with** my neighbors.
ここに引っ越してきてまもなく、近所の人**と親しくなった**。

267 Wilson said, "**Mind your own** ☐".
ウイルソンは「**人のことに口出しするな**」と言った。

268 George **lost his** ☐ and went out of the room.
ジョージは**怒り出し**、部屋から出て行った。

269 Asian countries are **making** remarkable ☐ **in** science and technology.
科学技術**において**アジアの国々は著しい**進歩を遂げている**。

270 **From a** commercial **point of** ☐, this film is a failure.
商業上の**観点**から見ると、この映画は失敗作だ。

答	261 care	262 another	263 attention	264 part	265 deal
	266 friends	267 business	268 temper	269 progress	270 view

Lesson 14

271 I **did my** _____, so I have nothing to regret.
全力を尽くしたので、悔いはない。

272 Don't worry too much if you **make a** _____.
間違ってもそれほど気にしてはいけない。

273 I **made a** great _____ **to** finish the task by the end of the month.
月末までに仕事を終える**ように**ずいぶんと**努力した**。

274 Exercise **plays an** essential _____ **in** a healthy lifestyle.
運動は健康的な生活において不可欠な**役割を果たしている**。

275 I'm sorry to bother you, but could you **give me a** _____?
すみませんが、ちょっと**手を貸して**もらえませんか。

276 I overslept and went to school **in a** _____.
寝過ごしたので**急いで**学校へ行った。

277 Don't shout at me like that. I didn't break it **on** _____.
どなりつけないで。**わざと**壊したわけではないよ。

278 I **have no** _____ what you are talking about.
あなたが何を話しているのか**さっぱりわからない**。

279 If it stops raining soon, shall we **go out for a** _____?
雨があと少しで止んだら、**散歩に出かけ**ませんか。

280 Kevin played very well, and it **is not his** _____ that we lost.
ケビンはとてもいい活躍をした。私たちが負けたのは**彼の責任ではない**。

答	271 best	272 mistake	273 effort	274 role	275 hand
	276 hurry	277 purpose	278 idea	279 walk	280 fault

Lesson 15 名詞・代名詞の意味に注目しよう (2)

281 I always carry my camera with me **in** _____ I see something beautiful.
私は美しいものに出会った**場合に備えて**常にカメラを持っている。

282 Can you call the restaurant and **make a** _____ for us?
レストランに**予約**の電話を入れてくれる？

283 I'd like to **make an** _____ to have my hair cut this afternoon.
今日の午後にカットの**予約を入れ**たいのですが。

284 We argued with **each** _____ about the best place for a holiday.
休日にどこに行くのが1番よいかについて、私たちは**お互い**に言い争いをした。

285 Morning or afternoon — it **makes no** _____ to me.
午前でも午後でも。私は**どちらでも構いません**。

286 The workers could not complain **for** _____ **of** los**ing** their jobs.
その労働者たちは失業**を恐れて**文句を言えなかった。

287 You **have** _____ get**ting** a taxi on rainy days.
雨の日はタクシーをつかまえるの**に苦労する**。

288 I love most classical music, **in** _____ Beethoven and Bach.
私はクラシックはたいてい好きだが、**特に**ベートーベンとバッハが好きだ。

289 It would be good for you to send your baggage **in** _____.
荷物は**あらかじめ**送っておくほうがいいよ。

290 The ancient Romans **made** _____ **of** volcanic ash to produce concrete.   *volcanic ash「火山灰」
古代ローマの人々はコンクリートを作るために火山灰**を利用した**。

答	281 case	282 reservation	283 appointment	284 other	285 difference
	286 fear	287 difficulty	288 particular	289 advance	290 use

Lesson 15

pp.163〜167

291. We **had** great _____ at the class reunion yesterday.   *reunion「同窓会」
昨日の同窓会はおおいに**楽しみました**。

292. Tom and Ken **have** little **in** _____, but they get along really well.
トムとケンは**共通点が**ほとんどないが、本当に仲がよい。

293. We **shook** _____ and parted at the end of our journey.
私たちは旅の終わりに**握手をして**別れた。

294. The boss seems to **have a good** _____ **of** our work.
上司は私たちの仕事**を高く評価している**ようである。

295. **Drop me a** _____ or give me a call sometime.
いつか**手紙**(をくださいね。)または電話をくださいね。

296. A great jockey is able to **make the** _____ **of** a horse's ability.
名騎手は馬の能力**を最大限に引き出せる**。

297. I only have two days in London, but I'll **make the** _____ **of** my time.
ロンドンでの時間は2日しかないが、(残っている)時間**を最大限に活用する**つもりだ。

298. Who is **in** _____ **of** the ticket sales?
どなたがチケットの販売**を担当している**のですか。

299. The test was **a piece of** _____ because I had studied for it for weeks.
何週間も勉強していたので、そのテストは**簡単**だった。

300. The two used to **be on good** _____, but have become rivals lately.
昔はその2人は**仲がよかった**が、最近では競い合うようになった。

答								
	291	fun	292	common	293	hands	294	opinion	295	line
	296	most	297	best	298	charge	299	cake	300	terms

Lesson 16 名詞・代名詞の意味に注目しよう (3)

301 The thief ran away **at the ▭ of** a police officer.
そのどろぼうは、警官が**目に入る**と、走って逃げた。

302 **On catching ▭ of** the police, the pickpocket ran off.
そのスリは警察**の姿が見えた**とたん逃げ出した。

303 What Jack says always **gets ▭ my nerves**.
ジャックの言うことはいちいち**神経に障る**。

304 Please take a number, and **wait for your ▭**.
番号札をお取りの上、**順番をお待ち**ください。

305 I **was at a ▭** about what to do with the difficult problems.
それらの難しい問題をどうしてよいか**途方に暮れた**。

306 The population of Tokyo is larger than ▭ **of** Osaka.
東京の人口は大阪**の人口**より多い。

307 We saw a flash of lightning **in the ▭**.
遠くに稲妻が光るのが見えた。

308 I bought Karen lunch **in ▭ for** the chocolate she gave me.
カレンがくれたチョコレート**のお返しに**ランチをごちそうした。

309 **It is no ▭ to say that** Miller earns more than anyone else.
ミラーがだれよりも稼いでいる**と言っても過言ではない**。

310 It would be convenient to arrange these books **in** alphabetical ▭.
これらの本は ABC 順に整理したほうが便利だよ。

答					
301 sight	302 sight	303 on	304 turn	305 loss
306 that	307 distance	308 return	309 exaggeration	310 order

Lesson 16

pp.168～172

311 Hundreds of men were thrown **out of** _____ when the mine closed down.
その炭鉱が閉鎖されたとき、何百人もの男たちが**失業**に追いやられた。　＊mine「炭鉱」

312 The woman next to me sometimes **gave** me **a** meaningful _____.
私の隣の女性は、時折意味ありげに私のほう**をちらっと見た**。

313 **In the** _____ **of** economic difficulties, Brad continued to help the poor people.
経済的に苦しかった**にもかかわらず**、ブラッドは貧しい人々を助け続けた。

314 The President and the First Lady held a banquet **in** _____ **of** the queen.
大統領夫妻は、女王**に敬意を表して**晩餐会を催した。　＊banquet「晩餐会」

315 **There is a** _____ **for** young people **to** move from the country to big cities.
若者は田舎から大都市に引っ越す**傾向がある**。

316 You should not **lose** _____ **of** your goal of swimming in the Olympic Games.
オリンピックで泳ぐという君の目標**を見失う**べきでない。

317 Our small fishing boat was **at the** _____ **of** the storm.
我々の小型の漁船は嵐にほんろうされた（←嵐の**なすがままであった**）。

318 Tom said something **to the** _____ **that** he didn't remember you.
トムは君のことを覚えていない**という趣旨**のことを言っていたよ。

319 I think we should not **put** too much _____ **on** the individual gain.
個人の利益**を強調し**すぎるべきではないと思います。

320 **By** _____, an overcoat is a long warm coat worn in cold weather.
オーバーとは、**当然ながら**寒い日に着る長く暖かいコートのことだ。

答	311 work	312 glance	313 face	314 honor	315 tendency
	316 sight	317 mercy	318 effect	319 emphasis	320 definition

Lesson 17 名詞・代名詞の意味に注目しよう (4)

321 In Ireland, the big art festival **takes** _____ in July.
アイルランドでは、7月に大きな芸術祭が**開催されます**。

322 **On** _____ **of** everyone here, I'd like to wish Mr. Lee a happy retirement.
お集まりの皆様**を代表して**、リー氏の幸福な引退後の生活を祈りたいと思います。

323 We are visiting Seoul **in an** _____ **to** develop ties between the two countries.
我々は2国間のきずなを強化**する目的で**ソウルを訪問する予定だ。

324 You often think of these books as unworthy, but **that is not the** _____.
あなたはこれらの本のことを価値がないと思いがちだが、**それは正しくない**。

325 Am I **making** _____ to you?
私の言うことが**わかり**ますか。

326 In developing countries, many people do not **have** _____ **to** drinking water.
発展途上国では、多くの人が飲み水**を手に入れる**ことができずにいる。

327 Oliver found it difficult to **make a** _____ as a musician.
オリバーはミュージシャンとして**生計を立てる**のが難しいとわかった。

328 Emily's behavior may **give** _____ **to** misunderstanding.
エミリーの行動は誤解**を生む**かもしれない。

329 When you **have a** _____, you should do your best to solve it.
困難にぶつかったときには、解決に向けて最善を尽くすべきだ。

330 His brother **made** _____ **of** Joey because he wore such a strange hat.
ジョーイがとても変な帽子をかぶっていたので彼の兄は彼**をからかった**。

答	321 place	322 behalf	323 attempt	324 case	325 sense
	326 access	327 living	328 rise	329 problem	330 fun

Lesson 17

331. It is the responsibility of parents to **teach** their children **good** ☐.
子どもに**作法を教える**のは親の責任だ。

332. This may be cheaper, but **in** ☐ **of** quality, that one would be a better choice.
これのほうが安いかもしれないけれど、**質という観点からは**あれのほうがよい選択だ。

333. **Under no** ☐ should you accept such a ridiculous offer.
どんな**状況でも**そのようなばかげた申し出を受け入れるべきでは**ない**。

334. Radio **gave** ☐ **to** television.
ラジオはテレビに**取って代わられた**。

335. Our teacher says computers will never **take the** ☐ **of** books.
私たちの先生は、決してコンピュータが本に**取って代わる**ことはないと言う。

336. Rob gave up smoking **for the** ☐ **of** his health.
ロブは健康**のため**禁煙した。

337. The worst situation must be avoided **at all** ☐.
最悪の事態は**どんな犠牲を払っても**阻止しなければならない。

338. My brother and I **take** ☐ mow**ing** the lawn.
芝刈りは兄と私で**交代で**やっている。

339. Zack didn't **take any** ☐ **of** my warning.
ザックは私の警告を無視した（←**注意を払わ**なかった）。

340. The outbreak of war **put an** ☐ **to** their romance.
戦争の勃発によって彼らの恋愛**は終わった**。

答	331 manners	332 terms	333 circumstances	334 way	335 place
	336 sake	337 costs	338 turns	339 notice	340 end

Lesson 18 英語の感覚と使い分けを学ぼう (1)

341 I cannot start cooking ☐ Mom gets home.
お母さんが戻って来る**まで**料理を始めることはできない。

342 Tomorrow is ☐ day.
明日は明日の風が吹く(←明日は**また別の**日だ)。

343 I have two cars. One is old, but ☐ **other** is brand-new.
私は車を2台持っています。1台は古いですが、**もう1台**は新品です。

344 There are ☐ many people waiting outside.
(とても)たくさんの人が外で待っていますね。

345 There is **a** ☐ **of** furniture in my grandmother's house.
祖母の家には**たくさんの**家具がある。

346 Gabrielle ☐ **about** her kids all the time.
ガブリエルは四六時中自分の子ども**の話をしている**。

347 Fred and I were talking ☐ **coffee** in the cafeteria.
フレッドと私は食堂で**コーヒーを飲みながら**話していた。

348 Karen was sad to **find** ☐ **that** Kim was going to move to Japan.
カレンはキムが日本に引っ越す**と知って**悲しかった。

349 Sophie danced **in** ☐ **of** the mirror.
ソフィーは鏡**の前で**踊った。

350 I have to return the books I ☐ **from** the library last week.
先週図書館**から借りた**本を返さないといけない。

答	341 until	342 another	343 the	344 so	345 lot
	346 talks	347 over	348 out	349 front	350 borrowed

Lesson 18

pp.179〜183

351 Our neighbors let us use their garage, but we need one **of our** _____.
近所の人たちが駐車場を使わせてくれているが、**自分たちの**ガレージが必要だ。

352 Evan is a computer geek and **knows a lot** _____ computers.
＊geek「マニア、オタク」
エヴァンはコンピュータオタクだから、コンピュータ**には詳しい**よ。

353 Tracy is working hard to **carry** _____ her duties more effectively.
トレーシーは義務をもっと効果的に**実行できる**よう努力している。

354 I would like to marry someone I can really **rely** _____.
結婚するなら頼りがいのある(←本当に**信頼できる**)人がいい。

355 When you enter a Japanese house, you **are** _____ **to** take off your shoes.
日本の家に入るときには靴を脱ぐ**ことになっています**。

356 I'm _____ I can't.
残念だけどできないな。

357 Anne worked hard on a paper and _____ **to** get it done on time.
アンはレポートに懸命に取り組み、時間どおりに**なんとか**終えた。

358 Working and bringing up kids _____ **your own** is quite an achievement.
仕事と育児の両立を**自分だけの力**でやり遂げるなんてたいしたものだよ。

359 I got a lot of advice from Ken, but _____ **of it** was of much help.
ケンから多くの忠告を受けたが、**そのうちどれも**たいして役に立た**なかった**。

360 I only have **a** _____ **of** dollars with me right now.
今は**数**ドルの持ち合わせしかありません。

答					
	351 own	352 about	353 out	354 on	355 supposed
	356 afraid	357 managed	358 on	359 none	360 couple

Lesson 19 英語の感覚と使い分けを学ぼう (2)

361 All boxers **are** well _____ **of** the dangers they face in the ring.
すべてのボクサーはリングで直面する危険をよく知っている。

362 _____ **days**, newspapers and magazines are often recycled after they are read.
最近では、新聞や雑誌は読まれた後リサイクルされることが多い。

363 **The population** of Japan is _____ than that of Brazil.
日本の人口はブラジルよりも少ない。

364 I got off at **the** _____ station.
駅を間違えて降りてしまった。

365 I _____ **up** at seven, but I went back to sleep again.
7時に目が覚めたが、二度寝してしまった。

366 I go jogging every morning and **work** _____ in the gym twice a week.
私は毎朝ジョギングをし、週に2回はジムで運動しています。

367 Suddenly two men _____ me **of** my bag and ran away.
突然2人組の男が私からかばんを奪って逃走した。

368 David **looks** _____ my goldfish whenever I go on vacation.
私が休暇で留守にするときはいつも、デイビッドが金魚の世話をする。

369 I learned this shortcut from a _____ resident.
この近道は地元の住人から教わった。

370 Jake is from _____ **country**, but now he lives in the city.
ジェイクは田舎出身だが、今では都会に住んでいる。

答	361 aware	362 These	363 smaller	364 wrong	365 woke
	366 out	367 robbed	368 after	369 local	370 the

Lesson 19

pp.184～188

371 Jill [fell] **asleep** in class and started snoring. ＊snore「いびきをかく」
ジルは授業中に**寝入って**しまい、いびきをかき始めた。

372 The tennis court **was** [covered] **with** plastic sheets.
テニスコートはビニールシート**で覆われていた**。

373 We must **think** [seriously] **about** whether it is right or not to build nuclear power plants.
原子力発電所建設の是非**について真剣に考える**べきだ。

374 Aloha shirts **are** [said] **to** have been first used as simple work clothes.
アロハシャツは簡素な作業着として使われたのがその始まりだ**と言われている**。

375 Could you send me the latest catalogue **right** [away]?
最新のカタログを**すぐに**送ってもらえませんか。

376 It [matters] **little to me** whether Mike agrees or not.
マイクが同意するかどうかなど**私にはどうでもいいことだ**。

377 A good idea [occurred] **to** me at that time.
その時**私に**いい考え**が浮かんだ**。

378 We were all tired out, but we had no choice but to [keep] **on walking**.
私たちは疲れ切っていたが、**歩き続ける**しかなかった。

379 I couldn't get up early this morning, so I had to **do** [without] breakfast.
今朝、早く起きられなかったので、朝食**なしで済まさ**なければならなかった。

380 The actor had been in the hospital for some time and [passed] **away** last month.
その俳優はしばらくの間入院していて、先月**亡くなった**。

答	371 fell	372 covered	373 seriously	374 said	375 away
	376 matters	377 occurred	378 keep	379 without	380 passed

Lesson 20 英語の感覚と使い分けを学ぼう (3)

381 Jimmy really **takes** [ ] his elder brother. They look like twins.
ジミーはお兄さん**に**本当に**似ている**。双子に見える。

382 I **felt** [ ] **of** what I had said to Jimmy.
私はジミーに言ったこと**を恥ずかしく感じた**。

383 The elevator is not **out of** [ ], but it is being serviced.
エレベーターは**故障**ではありませんが点検中です。

384 Gail **is** so **anxious** [ ] the interview this afternoon.
ゲールは午後の面接**のことを**心配している。

385 Could you [ ] **me how to get to** the city hall?
市役所**までの道を教えて**いただけませんか。

386 Mr. Smith **is angry** [ ] never being invited to parties.
スミスさんは１度もパーティーに招待されないこと**に関して怒っている**。

387 We have to [ ] **up to** the problem.
我々はその問題**に立ち向かわ**なければならない。

388 Noel has left the team [ ] **good**.
ノエルは**永久に**チームを去った。

389 At [ ] the little boy succeeded in reaching the biscuits on the shelf.
ついにその小さな少年は手を伸ばして棚のビスケットを取ることに成功した。

390 The kids [ ] **on** their rubber boots and went out in the rain.
子どもたちはゴムの長靴**を履いて**、雨の中を出て行った。

答	381 after	382 ashamed	383 order	384 about	385 tell
	386 about	387 face	388 for	389 last	390 put

Lesson 20

解 pp.189～193

391 I will never _____ Oliver **for** what he said to me at the party.
私はオリバーがパーティーで私にした発言を絶対に**許さ**ない。

392 Graham's summer vacation starts next month. He plans to go hiking **in the** _____.
グラハムの夏休みは来月から始まる。彼は**山**(の中)**を**ハイキングする予定だ。

393 I _____ **up the idea of** studying in the U.K. because I didn't have the money.
金銭的な問題のために、イギリス留学**を断念した**。

394 We are going to _____ Judith **a** surprise **party** at a local restaurant.
近所のレストランでジュディス**のために**サプライズ**パーティーを開く**つもりだ。

395 Children in this school are required to **learn** these poems **by** _____.
この学校の子どもたちはこれらの詩**を暗記する**ことになっています。

396 In _____ **countries** the tap water is not safe enough to drink.
水道水が飲用に適さない**国もある**。

397 The principal presented a graduation certificate to _____ student.
校長が卒業証書を生徒**ひとりひとり**に渡した。

398 I was _____ **to** come here to take an English test.
ここへ来て英語のテストを受けるよう**に言われました**。

399 My mother **is** really _____ Korean movies.
私の母は韓国映画**にはまっている**。

400 Don't believe her. She's just **pulling your** _____.
あの子の言うことを信じてはだめだよ。**からかっている**だけだよ。

答								
	391	forgive	392	mountains	393	gave	394	give	395	heart
	396	some	397	each	398	told	399	into	400	leg

Lesson 21 英語の感覚と使い分けを学ぼう（定型表現）

401 **Come _____!** This puppy won't hurt you.
おいおい。この子犬は何もしないよ。

402 **What's the _____?** Have you forgotten your password?
どうしたの？ パスワードを忘れたの？

403 **_____ are you doing?**
元気？

404 **Don't _____ it.** Please let me know if you need my help.
どういたしまして。助けが必要ならいつでも教えてくださいね。

405 **No _____!**
絶対だめ。

406 Turn left at the corner and walk two blocks. **You can't _____ it.**
角を左に曲がって2筋目です。きっと見つかりますよ。

407 You have a Mercedes? **No _____!**
ベンツ持っているって？ 冗談でしょう。

408 **Do you _____ the time?**
時間をお聞きしてもいいですか？

409 **_____ you.**
さよなら。

410 **_____ you go.**
はい、どうぞ。

答	401 on	402 matter	403 How	404 mention	405 way
	406 miss	407 kidding	408 have	409 See	410 Here

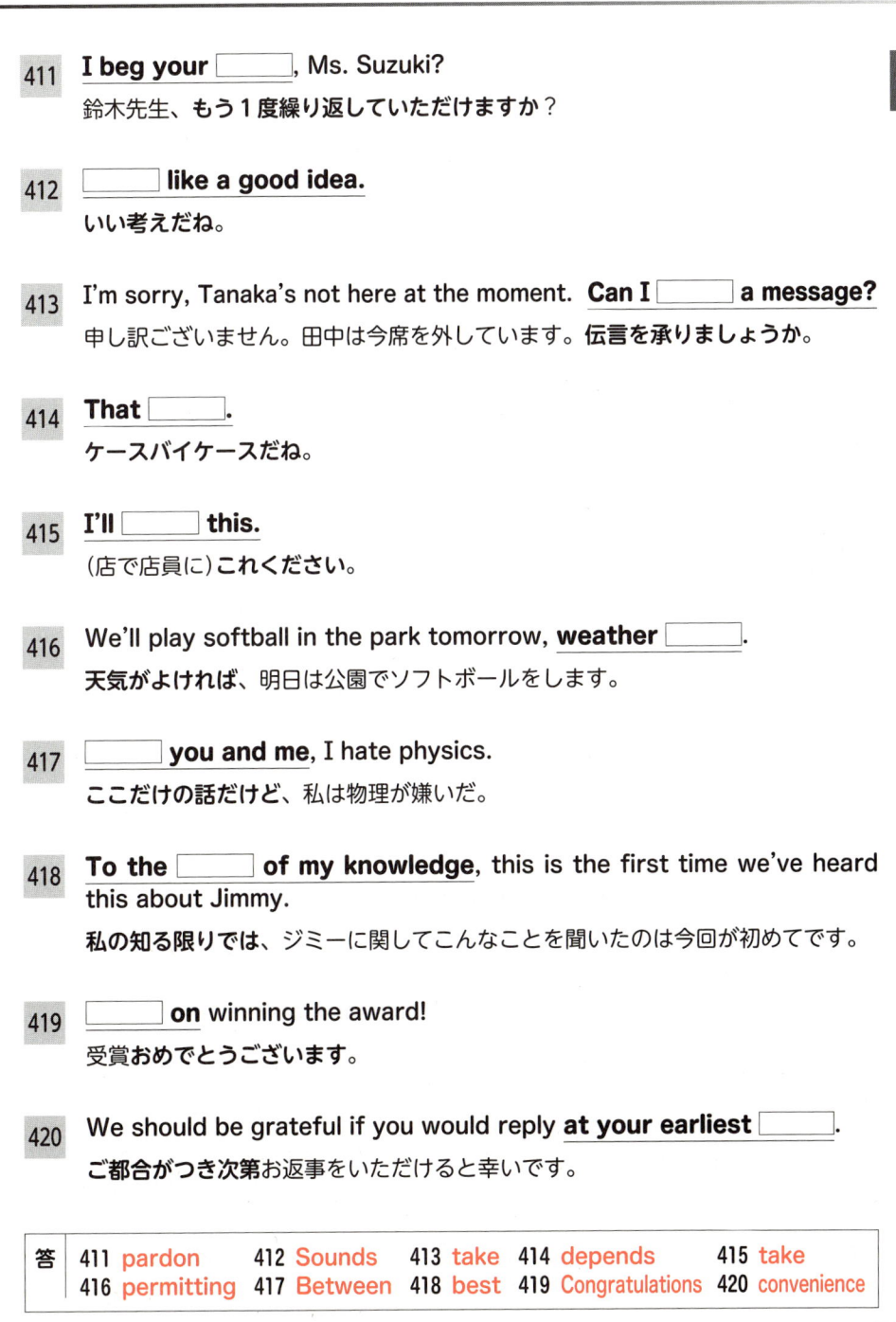

Lesson 21

解 pp.194〜198

411 **I beg your _____, Ms. Suzuki?**
鈴木先生、もう1度繰り返していただけますか？

412 **_____ like a good idea.**
いい考えだね。

413 **I'm sorry, Tanaka's not here at the moment. Can I _____ a message?**
申し訳ございません。田中は今席を外しています。伝言を承りましょうか。

414 **That _____.**
ケースバイケースだね。

415 **I'll _____ this.**
（店で店員に）これください。

416 **We'll play softball in the park tomorrow, weather _____.**
天気がよければ、明日は公園でソフトボールをします。

417 **_____ you and me, I hate physics.**
ここだけの話だけど、私は物理が嫌いだ。

418 **To the _____ of my knowledge, this is the first time we've heard this about Jimmy.**
私の知る限りでは、ジミーに関してこんなことを聞いたのは今回が初めてです。

419 **_____ on winning the award!**
受賞おめでとうございます。

420 **We should be grateful if you would reply at your earliest _____.**
ご都合がつき次第お返事をいただけると幸いです。

答								
	411	pardon	412	Sounds	413	take	414	depends	415	take
	416	permitting	417	Between	418	best	419	Congratulations	420	convenience

Lesson 22 疑問の表現を学ぼう

421 **How** _____ going out for lunch one day next week?
来週いつか昼ご飯を食べに行かない（＝行くの**はどうですか**）？

422 **How** _____ does it take to go to Kyoto by train?
京都までは電車で**どれくらい**時間がかかりますか？

423 Excuse me. _____ **you** tell me where the aquarium is?
すみません。水族館がどこにあるのか教え**ていただけませんか**？

424 If you like this apple pie so much, _____ **don't you** make one yourself?
このアップルパイがそんなに気に入ったのなら、自分で作っ**てみたら**。

425 _____ **we** split the bill?
割り勘**にしませんか**？

426 _____ **if** it rains?
雨だっ**たらどうなるの**？

427 **How** _____ do you update your blog?
ブログは**どれくらいの頻度**で更新していますか？

428 _____ **do you like** your new teacher?
新しく来られた先生**のことどう思う**？

429 _____ **do you think of** the new Prime Minister?
今度の首相のことどう思う？

430 _____ **come** you're home so late?
なぜこんなに帰宅が遅いの？

答	421 about	422 long	423 Could	424 why	425 Shall
	426 What	427 often	428 How	429 What	430 How

Lesson 22

431 What's [up] with Jack? He looks so happy.
ジャックはどうしたの？ うれしそうだね。

432 Do you [mind] if I sit here?
ここに座ってもいいですか？

433 What do you say to [playing] cards during the lunch hour?
昼休みはトランプをしない？

434 How [soon] will we arrive?
あとどれぐらいで到着しますか？

435 Could you do me a [favor]?
（1つ）お願いがあるのですが。

436 What [became] of Lucy after that?
あの後ルーシーはどうなったの？

437 [What] do you need three cars for?
何のために3台の車が必要なの？

438 [Guess] how old I am.
さて私はいったい何歳でしょうか（←私が何歳か当ててごらん）。

439 You [mean] you don't want to do this job?
この仕事はやりたくないってことですか？

440 Sam, what on [earth] are you doing in the classroom on Sunday?
サム、いったい全体日曜日に教室で何をしているんだ。

答	431 up	432 mind	433 playing	434 soon	435 favor
	436 became	437 What	438 Guess	439 mean	440 earth

Lesson 23 副詞を中心とした表現を学ぼう (1)

441 The story is [ ] good **to** be true.
その話はうま**すぎて**本当とは思え**ない**。

442 John is only thirteen. He is not old [ ] **to** get a driver's license.
ジョンはまだ13歳だ。運転免許証をとれる(←とれるぐらいの)年齢ではない。

443 I was so excited that I could [ ] write.
私は興奮して字が**ほとんど書けなかった**。

444 We love to cook at home, so we [ ] go out to eat.
家で料理をするのが大好きなので外食することは**めったにない**。

445 I have not finished this book yet, but [ ] **far** I agree with the author's ideas.
この本はまだ読み終えていませんが、**これまでのところは**筆者の意見に賛成です。

446 Let me know **at** [ ] a week in advance.
少なくとも1週間前にはお知らせください。

447 [ ] **of a sudden**, the lights went out.
突然、電気が消えた。

448 This bus can hold [ ] **to** 50 people.
このバスには50人**まで**乗れます。

449 I am [ ] **from** satisfied with your behavior.
私は君の行動には**まったく**満足なんか**していない**。

450 I have [ ] **or less** finished the research paper.
研究レポートは**ほとんど**完成した。

答	441 too	442 enough	443 hardly	444 rarely	445 so
	446 least	447 All	448 up	449 far	450 more

Lesson 23

451 Angie was told to practice her lines _____ **and over again**.
アンジーは**何度も何度も**せりふを練習するように言われた。

452 There are _____ **a few** people here tonight.
今夜ここには**かなり多くの**人がいる。

453 Kate is **no** _____ afraid of her father.
ケイトは**もはや**父親を恐れてい**ない**。

454 Angela works at a fine restaurant, so she meets famous people **once in a** _____.
アンジェラは高級レストランで働いていて、**時折**有名人に会う。

455 **Every** _____ **and then** I get homesick for Los Angeles.
時々、ロサンゼルスに帰りたくなる。

456 This essay is excellent, _____ **from** a couple of spelling mistakes.
いくつかのつづりの間違い**を別にすれば**、この作文はすばらしい。

457 I hope your sorrow will disappear **as time goes** _____.
時がたつにつれてあなたの悲しみがいえますように。

458 I **can't** _____ answer all the questions.
その問題に全部答えるなんて**絶対にできない**。

459 Cats came out of the wooden box **one** _____ **another**.
その木箱から猫が**次々と**出てきた。

460 Tourists **and** local people _____ enjoyed the festival.
観光客も地元の人々も**同様に**祭りを楽しんだ。

答	451 over	452 quite	453 longer	454 while	455 now
	456 apart	457 by	458 possibly	459 after	460 alike

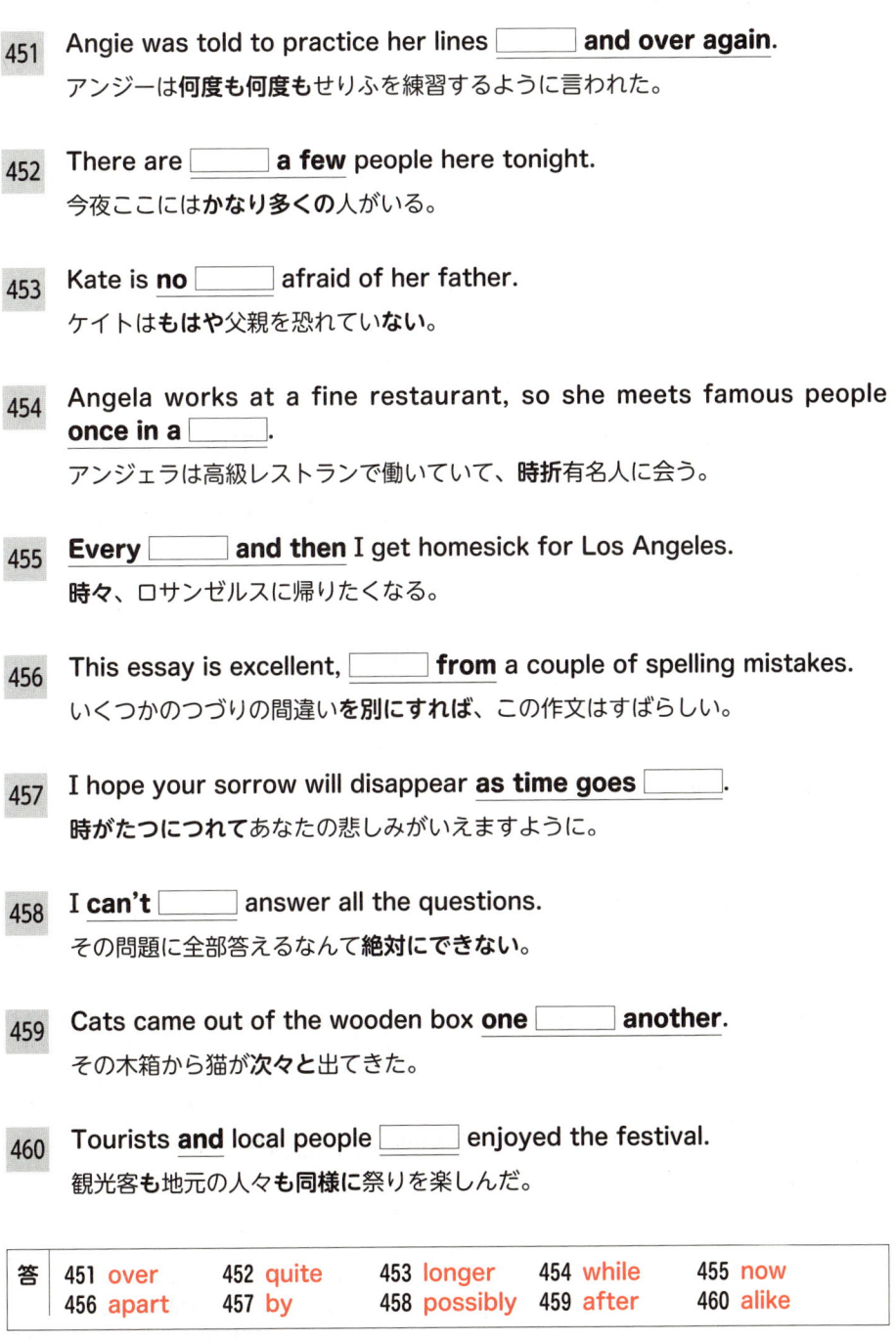

Lesson 24 副詞を中心とした表現を学ぼう (2)

461 When I **turned** ☐ the lights in the room, I saw a cat on the floor.
部屋の明かり**をつける**と床に猫がいた。

462 I bought a tablet PC last week, but I still haven't **figured** ☐ how to use it.
先週タブレット PC を買ったけど、いまだにどう使えばいいのかが**わかっていない**。

463 Ben **showed** ☐ one hour late for the meeting.
ベンは会議に 1 時間遅れで**現れた**。

464 I think I **did** ☐ on the English listening test.
英語のリスニング試験は**うまくいった**と思います。

465 This refrigerator **broke** ☐ after seven months of normal use.
この冷蔵庫は普通に 7 か月使っただけなのに**故障した**。

466 You should **throw** ☐ these cardboard boxes.
これらの段ボール箱**を捨てた**ほうがよい。

467 Following the instructions, I managed to **put** ☐ a cupboard.
指示に従いながら、何とか戸棚**を組み立てた**。

468 Nick is always **showing** ☐ his knowledge of wine.
ニックはワインに関する知識**をひけらかして**ばかりいる。

469 Mary has ☐ **off** going to Mexico **until** next Monday.
メアリーはメキシコ行き**を**次の月曜日**まで延期した**。

470 It has been five years since I **broke** ☐ **with** Emmy.
エミー**と別れて** 5 年になる。

答	461 on	462 out	463 up	464 well	465 down
	466 away	467 together	468 off	469 put	470 up

Lesson 24

pp.210〜214

471 Angela **stood** ☐ in the contest.
アンジェラがそのコンテストで**目立っていた**。

472 I'm ☐ **out** an entry form to run in this year's Honolulu Marathon.
今年のホノルルマラソンで走るために参加申込書**に記入している**ところです。

473 My alarm clock **went** ☐ , but I turned it off and went back to sleep.
目覚まし時計は**鳴った**けど、止めてまた寝てしまった。

474 Forest fires **broke** ☐ in many places because the air was so dry.
空気が乾燥していたため各地で森林火災が**発生した**。

475 We cannot **settle** ☐ **to** our studies because of our preparations for the festival.
祭りの準備のせいで、勉強に手がつかない（←**に落ち着く**ことができない）。

476 Tommy handed in his report after **looking** it ☐ .
トミーは**ざっと読んで**からレポートを提出した。

477 I **took** ☐ my sweater because it was warm in the restaurant.
レストランが暖かかったのでセーター**を脱いだ**。

478 My name was **left** ☐ of the candidate list.
私の名前は候補者リストに**入っていなかった**。

479 Milton **held** ☐ his tears and pretended not to be disappointed.
ミルトンは涙**をこらえ**、失望していないふりをした。

480 The cake that Mom was baking in the oven **gave** ☐ a delicious smell.
母がオーブンで焼いているケーキはおいしそうな匂いがした（←匂い**を出した**）。

答				
471 **out**	472 **filling**	473 **off**	474 **out**	475 **down**
476 **over**	477 **off**	478 **out**	479 **back**	480 **off**

Lesson 25 副詞を中心とした表現を学ぼう (3)

481 Some students **were handing** _____ leaflets to the freshmen.
何人かの生徒たちが新入生にチラシ**を配布**していた。

482 Can you **hold** _____ a minute? I'll be back in a few minutes.
ちょっと**待ってて**くれない？ すぐに戻るから。

483 I waited for Hilary to **calm** _____ before I started talking.
ヒラリーが**落ち着く**のを待って、私は話し始めた。

484 After showing the graph, Bill **went** _____ **to** explain it.
ビルはグラフを見せたあと、**続いて**それについて説明**した**。

485 Truth was the first black woman to **speak** _____ against slavery.
トルースは奴隷制度反対を唱えた [**強く主張した**] 最初の黒人女性だった。

486 This folk tale has been **handed** _____ for generations.
この民話は何世代にもわたり**伝え**られてきた。

487 **Take it** _____ and tell me what happened.
落ち着いて、何があったのか話して。

488 Through play, children learn how to **get** _____ **with** others of their own age.
子どもたちは遊びを通して同年代のほかの子ども**とうまくやっていく**やり方を学ぶ。

489 I found it difficult to _____ **up with** Jim. He was a really fast walker!
ジム**に遅れずについていく**のは大変だった。彼は本当に歩くのが速かった！

490 I ran as fast as possible to _____ **up with** my dad.
お父さん**に追いつく**ために必死で走った。

| 答 | 481 out | 482 on | 483 down | 484 on | 485 out |
| | 486 down | 487 easy | 488 along | 489 keep | 490 catch |

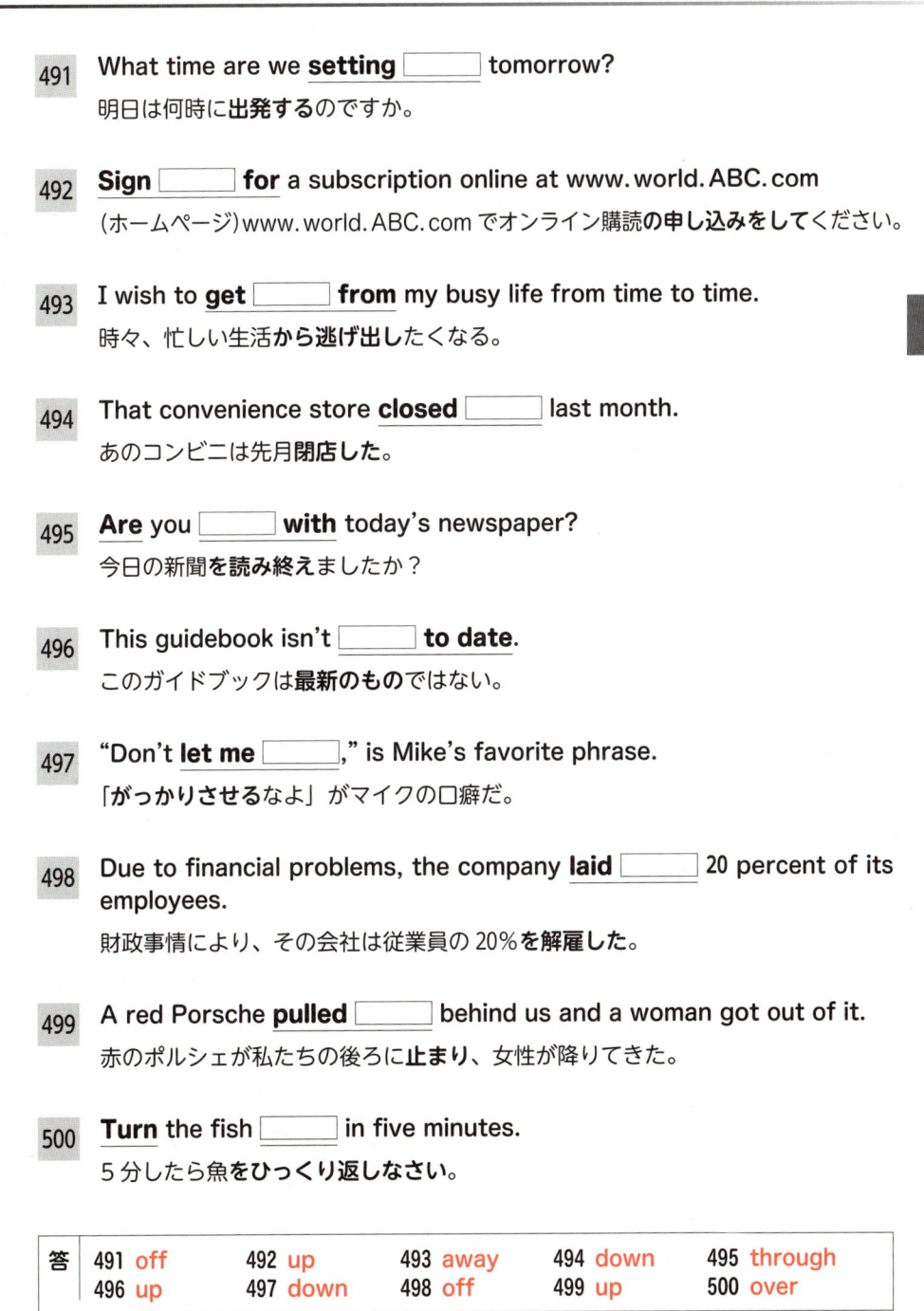

491
What time are we **setting** ☐ tomorrow?
明日は何時に**出発する**のですか。

492
Sign ☐ **for** a subscription online at www.world.ABC.com
(ホームページ)www.world.ABC.com でオンライン購読**の申し込みをして**ください。

493
I wish to **get** ☐ **from** my busy life from time to time.
時々、忙しい生活**から逃げ出し**たくなる。

494
That convenience store **closed** ☐ last month.
あのコンビニは先月**閉店した**。

495
Are you ☐ **with** today's newspaper?
今日の新聞**を読み終え**ましたか？

496
This guidebook isn't ☐ **to date**.
このガイドブックは**最新のもの**ではない。

497
"Don't **let me** ☐," is Mike's favorite phrase.
「**がっかりさせる**なよ」がマイクの口癖だ。

498
Due to financial problems, the company **laid** ☐ 20 percent of its employees.
財政事情により、その会社は従業員の 20%**を解雇した**。

499
A red Porsche **pulled** ☐ behind us and a woman got out of it.
赤のポルシェが私たちの後ろに**止まり**、女性が降りてきた。

500
Turn the fish ☐ in five minutes.
5 分したら魚を**ひっくり返し**なさい。

答					
491 off	492 up	493 away	494 down	495 through
496 up	497 down	498 off	499 up	500 over

Lesson 26 副詞を中心とした表現を学ぼう (4)

501 Your toys are all over the floor. **Put** them _____.
床一面、あなたのおもちゃだらけ。それら**を片づけなさい**。

502 The editor **picked** _____ the best model for the shoot.   ＊shoot「撮影」
編集者は撮影会に最適のモデル**を選んだ**。

503 I can't **work** _____ this math problem in my head. I need a calculator.
この数学の問題を私は暗算では**解け**ない。計算機が必要だ。

504 The rumor about Jessica's office romance **turned** _____ **to be** false.
ジェシカの社内恋愛のうわさはうそだ**と判明した**。

505 I have not **handed** _____ my English assignment yet.
まだ英語の課題**を出し**ていない。

506 I'll **pick** you _____ at Kyoto Station.
京都駅まで**車で迎えに行く**よ。

507 The Internet has **brought** _____ changes in the way we work.
インターネットは我々の働き方に変化**をもたらした**。

508 Allen has refused to **rule** _____ the possibility of retirement.
アレンは引退の可能性**を否定する**ことはなかった。

509 I was disappointed to hear that Jennifer had **turned** _____ the offer.
ジェニファーがその提案**を断った**と聞いて私はがっかりした。

510 I didn't notice my mistake. Thank you for **pointing** it _____.
私は自分のミスに気づいていなかった。**指摘して**くれてありがとう。

答	501 away	502 out	503 out	504 out	505 in
	506 up	507 about	508 out	509 down	510 out

Lesson 26

pp.220〜224

511 It took the firefighters about three hours to [____] **out** the fire.
消防士たちがその火事**を消火する**のにおよそ３時間かかった。

512 Carl hummed to himself as he **went** [____] his gardening.
カールは鼻歌を歌って庭いじり**を始めた**。

513 The weather forecast says that the rainy season will [____] **in** next week.
天気予報によると来週から梅雨入り（←梅雨が**始まる**）ということだ。

514 The button [____] **off**, so I sewed it back on.
ボタンが**取れた**ので縫い付け直した。

515 I keep my passport in the top drawer, [____] **with** my other documents.
パスポートはほかの書類**といっしょに**一番上の引き出しに保管している。

516 Women **have** [____] **to** achieve full equality with men in the workplace.
女性は職場における完全な男女平等を**まだ獲得していない**。

517 You've been driving for hours. Shall I **take** [____]?
君は何時間もずっと運転してるね。**代わろうか**？

518 At first my mother wouldn't let me travel alone, but finally she [____] **in**.
最初母は私が一人旅するのを許そうとしなかったけれど、最後に**折れてくれた**。

519 Please hold the line and I'll **put** you [____].
切らずにそのままお待ちください。**おつなぎします**。

520 You [____] **have to** fill out this application **to** get the ticket.
この申込用紙に記入**するだけで**そのチケットは**手に入ります**。

答	511 put	512 about	513 set	514 came	515 along
	516 yet	517 over	518 gave	519 through	520 only

Lesson 27 副詞を中心とした表現を学ぼう (5)

521 I **am looking** _____ **to** see**ing** you again.
あなたにまたお会いすること**を楽しみにしています**。

522 Dr. Thomas' lecture **brought** _____ **to** me the importance of water.
トーマス博士の講演で、私は水の重要性**を痛感した**。

523 Mr. Wallace tried to **get** his message _____ **to** children.
ウォレス氏は子どもたちに自分のメッセージ**を伝え**ようとした。

524 Lin's family went to **see** her _____ at the airport.
リンの家族は空港まで彼女**を見送り**に行った。

525 The hallmark on this silver spoon is so worn that I can't **make** it _____. ＊hallmark「刻印」
この銀スプーンの刻印はすり切れていて、何が書いてあるか**わから**ない。

526 When you come across a new word, **look** it _____ in your dictionary.
新しい単語に出会ったら、辞書で**調べなさい**。

527 Could I **take a day** _____ next week?
来週１日休暇を取ってもいいでしょうか。

528 Kramer resigned and then **set** _____ his own company.
クレイマーは退職し、それから自分の会社**を立ち上げた**。

529 Ms. Lee is very strict. She won't **put** _____ **with** any talking in class at all.
リー先生は非常に厳格だ。授業中の私語**をがまんする**ことはまったくない。

530 In order to stay healthy, I am trying to **cut** _____ **on** sugary and fatty foods.
健康のため、甘い食品と油っこい食品**を減らす**ように努力しています。

答	521 forward	522 home	523 across	524 off	525 out
	526 up	527 off	528 up	529 up	530 down

Lesson 27

pp.225〜229

531. When driving near a school, **watch** ☐ **for** children crossing the road.
学校の近くを車で通るときには、道路を横断する児童**に注意しなさい**。

532. We will **stand** ☐ **for** the rights of children.
我々は子どもたちの権利**を擁護する**つもりだ。

533. Mrs. Thomas closed her eyes and **looked** ☐ **on** her life.
トーマス夫人は目を閉じて彼女の人生**を振り返った**。

534. I'm afraid I can't come this weekend. I've **come** ☐ **with** a cold.
今週末は残念ながら行けません。かぜ**をひきました**。

535. Don't **be taken** ☐ **by** appearances.
見た目**にだまされて**はいけない。

536. Although I was born in New York, I **was brought** ☐ in California.
生まれはニューヨークだけど、**育った**のはカリフォルニアだ。

537. The singer finally **made** ☐ **her mind** to retire.
その歌手はついに引退する**決心をした**。

538. Adam, can you **take** ☐ the garbage for me?
アダム、ゴミ**を出して**くれない？

539. I tried to **put** ☐ some money every month for a trip to the U.K.
イギリスに旅行するため、毎月少しずつお金**をとっておく**[貯める]ようにした。

540. Because of heavy rain, the tennis match **was called** ☐.
大雨のため、テニスの試合は（途中で）**中止になった**。

答				
531 out	532 up	533 back	534 down	535 in
536 up	537 up	538 out	539 aside	540 off

Lesson 28 動詞の意味をよく知ろう(5)

541 I have always ☐ giv**ing** up my piano lessons.
ピアノのおけいこを(途中で)あきらめたことをいつも**後悔しています**。

542 I can't stand the noise of my neighbor's drums. It ☐ me **crazy**!
隣の家のドラムの音にはがまんできない。(私**をいらだたせる**→)気が狂いそうだ。

543 Japanese companies must ☐ **with** foreign ones today.
今日では、日本の企業は外国の企業**と張り合わ**なくてはならない。

544 Frank's behavior does not ☐ **with** his words.
フランクの行動は、発言**と一致し**ていない。

545 Graham usually only ☐ butter **on** his toast at breakfast.
グラハムは朝食のとき、普段はトーストにバターしか**塗ら**ない。

546 Don't ☐ **in** Tony's marriage.
トニーの結婚に**口出しする**な。

547 It slowly ☐ **on** Liz that Peter had told a lie to her.
ピーターはうそをついていたということがリズ**には(徐々に)わかってきた**。

548 Don't ☐ **against** the wall.
壁に**もたれかかる**な。

549 I spent a few years in the U.K., but now I need to ☐ **up** my English.
イギリスには数年いたが、今や、英語**を勉強し直す**必要がある。

550 We **take it for** ☐ that men and women have equal rights.
私たちは男女が平等の権利を持っていること**を当然だと思っている**。

答	541 regretted	542 drives	543 compete	544 correspond	545 spreads
	546 interfere	547 dawned	548 lean	549 brush	550 granted

Lesson 28

pp.231〜235

551 The thought ⬚ **my mind** while I was studying, but then I forgot all about it.
勉強中にその考えが**頭をよぎった**けれど、その後すっかり忘れてしまった。

552 Kelly had ⬚ **off** in her chair and was snoring.
ケリーは椅子で**うたた寝して**、いびきをかいていた。

553 How should I ⬚ **with** the problem?
その問題はどう**処理すれ**ばいいですか。

554 Whenever I watch a movie, I ⬚ **with** the main character.
私は映画を見るといつも主人公に**感情移入してしまう**。

555 Many children in the world **are** ⬚ **from** lack of food.
世界中の多くの子どもが食糧不足で**苦しんでいる**。

556 As soon as we heard the story, we ⬚ **out laughing**.
その話を聞いたとたんに、私たちは**どっと笑い出した**。

557 We have to ⬚ **with** the party after the school festival this year.
今年は文化祭後のパーティー**はなしで済まさ**なければならない。

558 When I was a child, I could not ⬚ **to** anything for long.
子どものころ、私は何事においても長く**続か**なかった(→三日坊主だった)。

559 I ⬚ the fridge **for** something as a late-night snack.
夜食がないかと冷蔵庫の中**を探した**。

560 The school principal ⬚ **his thanks to** the teachers for all their hard work.
校長先生は教師たちに、そのすべての激務に対して**感謝の気持ちを表現した**。

答	551 crossed	552 dozed	553 deal	554 identify	555 suffering
	556 burst	557 dispense	558 stick	559 searched	560 expressed

Lesson 29 動詞の意味をよく知ろう (6)

561 My laptop's battery ☐ **for ten hours**.
僕のノートパソコンのバッテリーは **10 時間もつ**。

562 These trousers don't ☐ **me**. Do you have those in a larger size?
このズボンは私に**はサイズが合い**ません。もっと大きいサイズはありますか。

563 Blue ☐ **you** better than red.
君は赤より青のほう**がよく似合う**。

564 Since both of my parents work, we ☐ the household chores.
私の両親は共働きなので、私たちは家事**を分担している**。　＊household chores「家事」

565 I finally ☐ my mother **to** buy me a new smartphone.
ついに、母**を説得して**新しいスマートフォンを買ってもらうこと**になった**。

566 The car accident **is** ☐ **to** drunk driving.
その自動車事故は飲酒運転**が原因とされている**。

567 <u>**It is**</u> ability **that** ☐, not educational background.
大切なのは学歴ではなく能力**です**。

568 Eric, it's time for dinner. ☐ **up the phone** and come downstairs.
エリック、晩ご飯よ。**電話を切って**降りていらっしゃい。

569 By reading the classics, you can ☐ **your ability to** think clearly.
古典を読むことで、明晰に考える**能力を養う**ことができる。

570 Considering what George did, he ☐ **to** be scolded.
ジョージがしたことを考えれば、しかられる**のは当然だ**。

答	561 lasts	562 fit	563 suits	564 share	565 persuaded
	566 attributed	567 counts	568 Hang	569 develop	570 deserves

Lesson 29

pp.236〜240

571 Josh is now _____ all his energy **to** studying English.
ジョシュは今、すべてのエネルギーを英語の勉強に**注いでいる**。

572 This rock painting _____ **back to** about 3,000 B.C.
この岩絵は紀元前3,000年ごろに(**さかのぼる→**)描かれたものだ。

573 This dye in this cloth fades when _____ **to** the sun.
この布の染料は日に**当てる**と色があせる。

574 The law _____ teenagers **from** drinking alcohol.
法は10代の若者が飲酒すること**を禁じている**。

575 Some foreigners tend to _____ Japan **with** Mt. Fuji.
日本**と**聞くと富士山**を連想し**がちな外国人もいる。

576 Bill was _____ **in** smuggling rare animals. *smuggle「密輸する」
ビルは希少動物の密輸**に関わっていた**。

577 The scientist has been _____ the necessary information for his research.
その科学者は研究のために必要な情報**を与えられなかった**。

578 I tend to _____ **on** trivial things.
私はつまらないこと**をくよくよ考える**たちだ。

579 Harry went to the bank to _____ some **money**.
ハリーは**お金を引き出し**に銀行へ行った。

580 The group often _____ **to** force to resolve a situation.
その集団はしばしば状況を解決するために、暴力**に訴える**。

答	571 devoting	572 dates	573 exposed	574 prohibits	575 associate
	576 involved	577 denied	578 dwell	579 withdraw	580 resorts

Lesson 30 形容詞を中心とした表現を学ぼう(1)

581 The brain of Neanderthal man **was** [similar] in size **to** that of modern humans.
ネアンデルタール人の脳は現生人類のもの**と大きさが似ていた**。

582 Scott **is** [responsible] **for** the release of the news to the press.
マスコミにそのニュースが流れた**のはスコットの責任だ**。

583 I am sure that Joe **is** [innocent] **of** the crime.
ジョーはその犯罪**に関して無実だ**と私は確信しています。

584 Jonah **is** [crazy] **about** basketball. He practices it all day.
ジョナはバスケットボール**に夢中だ**。1日中練習している。

585 Greg **is** [ready] **to** work hard to improve his skills.
グレッグはスキルアップのためには(**喜んで努力する**→)努力することをいとわない。

586 All Marshall needs is a good book to read and he **is** quite [content].
マーシャルが必要とするのは良書だけで、それだけでかなり**満足だ**。

587 These turbines **are** [capable] **of** producing several hundred kilowatts of electricity.
このタービンは数百キロワットの電力を生み出すこと**ができる**。

588 Men are said to **be** more [likely] **to** suffer a heart attack than women.
男性のほうが女性より心臓発作を起こす**可能性は高い**と言われている。

589 What **is** [true] **of** individuals often applies to countries.
個人**に関して当てはまる**ことは国に対しても当てはまることが多い。

590 It took some time for me to **get** [used] **to** driving on the right.
右側運転**に慣れる**のには少し時間がかかった。

答	581 similar	582 responsible	583 innocent	584 crazy	585 ready
	586 content	587 capable	588 likely	589 true	590 used

Lesson 30

pp.241～245

591 Most people **are** [ ] **to** the privatization of the city's public transport system.   *privatization「民営化」
大半の人々は、市の公共交通機関の民営化**に反対している**。

592 I **am** [ ] **to** cold, so I never go outside in winter without wearing gloves.
寒さ**に弱い[敏感な]**ので、冬場は手袋をせずに外出できない。

593 Alex is optimistic. He **is** [ ] **from** care.
アレックスは楽観的だ。彼には心配事など**ない**。

594 Owing to the blackout, all flights **are** [ ] **to** delay.
停電のせいで、すべての飛行機の便は遅れる模様だ(←遅延**の影響を受けやすい**)。

595 My sister **is** [ ] **to** show her emotions.
妹は感情(喜怒哀楽)を表し**たがらない**。

596 Jill **is** [ ] **about** what she eats.
ジルは食べ物**にうるさい**。

597 Mr. McKinley **is** very [ ] **with** his students.
マッキンリー先生は学生**に対して**非常に**厳しい**。

598 I still **feel** deeply [ ] **to** my ex-girlfriend.
今でも別れた彼女をこよなく**愛している**。

599 Walking **is** [ ] **among** middle-aged and elderly people.
ウォーキングは中高年**に人気がある**。

600 Some still say that men **are** [ ] **to** women.
いまだに男性が女性**より優れている**と言う人もいる。

答				
591 opposed	592 sensitive	593 free	594 subject	595 reluctant
596 particular	597 strict	598 attached	599 popular	600 superior

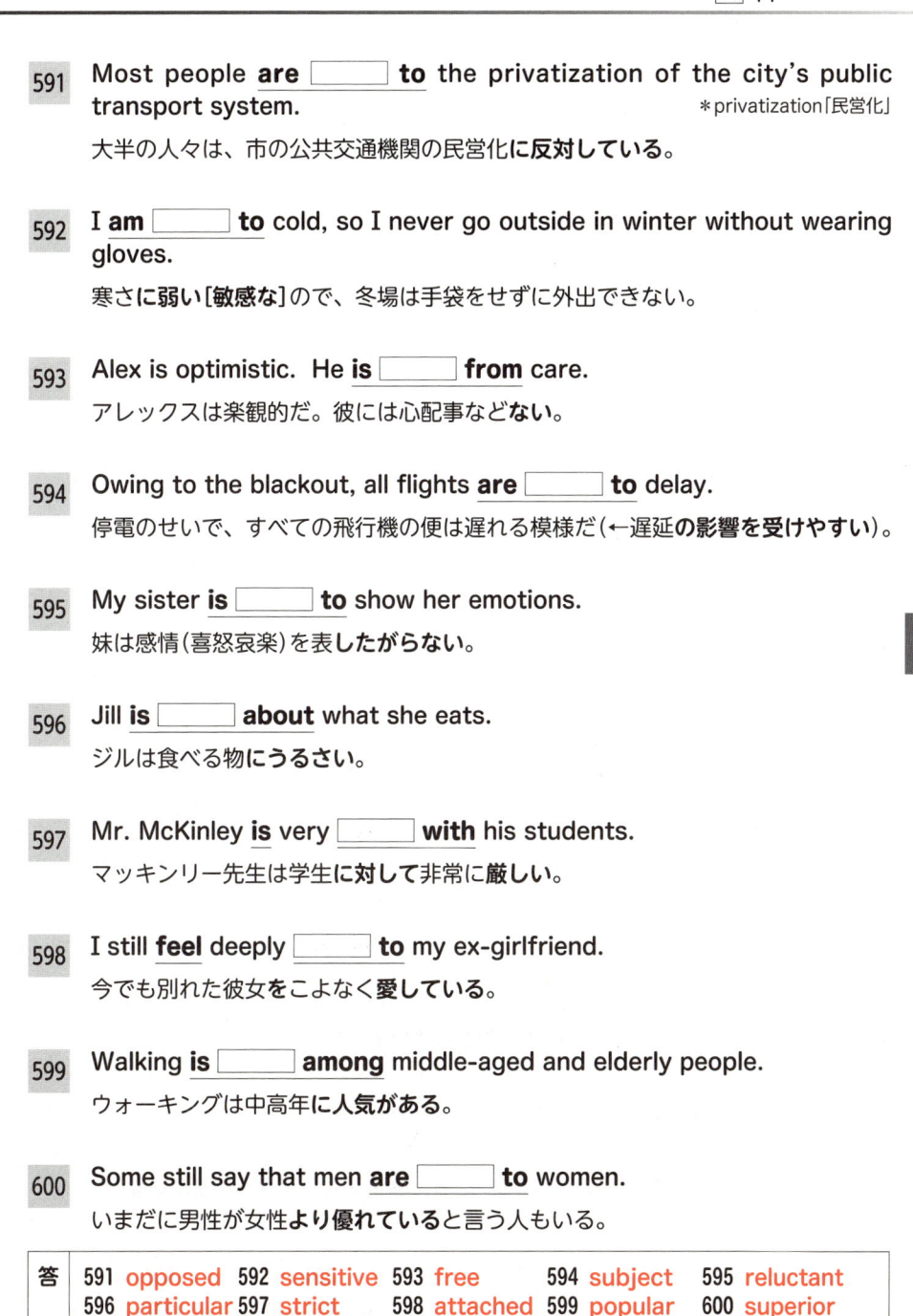

Lesson 31 形容詞を中心とした表現を学ぼう (2)

601 Laura **was** ☐ **from** school because she had a stomachache.
ローラは腹痛のため学校**を休んだ**。

602 Jason **is** so ☐ **of** darkness that he sleeps with the lights on.
ジェイソンは暗闇が**とても恐い**ので電気をつけて眠る。

603 Older people **are** more ☐ **to** infections.
年をとれば感染**しやすくなる**。

604 The decline in birthrate **is** not ☐ **to** developed countries.
出生率の低下は先進国に**特有のもの**ではない。

605 I need an hour to **get** ☐, so how about 10:00?
準備するのに1時間かかるから、10時でどう?

606 Tim **is** ☐ **to** gain his boss's approval. (a- で始まる)
ティムは上司に認めてもらい**たいと思っている**。

607 Some fathers **are** ☐ **of** the attention a new baby receives.
父親の中には赤ん坊が受ける関心**をねたむ**者もいる。 (j- で始まる)

608 I **feel** ☐ **of** women with small faces. (e- で始まる)
小顔の女性が**うらやましい**。

609 In Tokyo, construction **is** ☐ **to** be going on somewhere at any time.
東京ではいつでもどこかで**必ず工事をしている**。

610 When you are dealing with so many patients, mistakes **are** ☐ **to** happen.
そんなに多くの患者を相手にしていたら、**必ずミスが起きるにちがいない**。

答	601 absent	602 afraid	603 susceptible	604 peculiar	605 ready
	606 anxious	607 jealous	608 envious	609 sure	610 bound

Lesson 31

pp.246～250

611 A lot of young people **are** ☐ **to** politics.
多くの若者は政治に**無関心**だ。

612 **Feel** ☐ **to** use the computer if you need it.
必要なら**ご自由に**コンピュータを使ってください。

613 Green tea **is** ☐ **in** preventing various diseases.
緑茶はさまざまな病気の予防に**効果がある**。

614 The director tried to make a movie that **is** ☐ **to** life in the 1920s.
その映画監督は1920年代の生活に**忠実な**映画を製作しようと努めた。

615 Harry **is** ☐ **on** fortune-telling these days. （k- で始まる）
ハリーは最近占いに**凝っている**。

616 **It is** sometimes ☐ **to** let your children watch TV.
子どもにテレビを見せておく**のは都合がよい**ときもある。

617 Debbie is sociable and **gets** ☐ **with** total strangers easily.
デビーは社交的でまったく見知らぬ人とでもすぐ**知り合いになる**。

618 **It is not** ☐ **to** carry something to drink in a water bottle.
飲み物を水筒に入れて持ち歩く**のは珍しくありません**。

619 The city built a new library ☐ **to** the park. （a- で始まる）
市は公園に**隣接した**新しい図書館を建てた。

620 Amy must not eat peanuts because she **is** ☐ **to** them.
エイミーはピーナッツ**アレルギーがある**のでピーナッツを食べてはならない。

答	611 indifferent	612 free	613 effective	614 true	615 keen
	616 convenient	617 acquainted	618 unusual	619 adjacent	620 allergic

Lesson 32 前置詞を用いた表現を理解しよう (5)

621 Passengers were standing neatly _____ **two rows**.
乗客は2列にきちんと並んでいた。

622 Everything you eat will **have** some **effect** _____ your body in the future.
食べた物すべてが将来体に何らかの**影響を与える**。

623 Carbon dioxide emissions **have a** great **influence** _____ global **warming**.　＊carbon dioxide emissions「二酸化炭素の排出量」
二酸化炭素の排出量は地球温暖化に大きな**影響を与える**。

624 _____ **average**, I spend about 7,000 yen on gas each month.
平均すると、毎月のガソリン代は約7,000円だ。

625 All living things **are made up** _____ cells.
すべての生物は細胞**からできている**。

626 This **book** _____ web page design has a lot of useful tips.
ホームページの作り方**に関する**この**本**は、ためになる情報がたくさん載っている。

627 There is no **alternative** _____ his proposal.
彼の提案**に代わるもの**がない。

628 We **are busy** _____ the final preparations for our wedding.
私たちは結婚式の最後の準備**で忙しい**。

629 I studied all day on Sunday to **make up** _____ lost time.
失った時間**を取り戻す**ために日曜日は丸1日勉強をした。

630 George lay on the sofa _____ **his arms folded**.
ジョージは**腕を組んで**ソファーで横になった。

答	621 in	622 on	623 on	624 On	625 of
	626 on	627 to	628 with	629 for	630 with

Lesson 32

631 The bus left five minutes _____ **schedule**.
バスは**予定より**5分**遅れて**出発した。

632 Some city dwellers **look down** _____ people in the country.
都会に住む人々には田舎の人**を見下す**人もいる。

633 I hear that school is going to **do away** _____ student uniforms.
あの学校では制服**を廃止する**そうだ。

634 Would you mind **keeping an eye** _____ my luggage for a while?
しばらくの間、私の荷物**を見ておいて**もらえませんか。

635 I **was** often **mistaken** _____ my brother when we were young.
若いときは、よく兄**と間違えられた**。

636 The other day I went into the new bookstore, just **out** _____ **curiosity**.
先日、ちょっとした**好奇心から**その新しい本屋に入ってみた。

637 **Talking** _____ **the phone** while driving can cause a traffic accident.
運転中の**通話**は交通事故につながりかねない。

638 Find the circumference of a circle ten centimeters _____ **diameter**.
直径10センチの円の円周を求めなさい。　＊circumference「円周」

639 I thought Rachel **was playing a trick** _____ me.
私は、レイチェルは私に**悪ふざけしている**のだと思った。

640 Oil will be _____ **greater demand** in China than before.
中国では以前より石油**の需要が高まる**だろう。

答	631 behind	632 on	633 with	634 on	635 for
	636 of	637 on	638 in	639 on	640 in

Lesson 33 前置詞を用いた表現を理解しよう (6)

641 Bicycle collisions **account** [___] about twenty percent of all traffic accidents.
自転車の衝突事故は、すべての交通事故の約 20％ **を占めている**。

642 Everyone is welcome, **regardless** [___] age or sex.
年齢、性別**に関係なく**、だれでも歓迎します。

643 The Republic of South Africa **came** [___] **existence** in 1961.
南アフリカ共和国は 1961 年に**誕生した**。

644 Our trip to Izu was **anything** [___] pleasant. It rained every day.
伊豆への旅は快適**からはほど遠い**ものだった。毎日雨が降った。

645 The movie theater was **all** [___] empty.
映画館はガラガラだった（←**ほとんど**空っぽだった）。

646 The price of gas is going up **little** [___] **little**.
ガソリンの値段が**少しずつ**上がっている。

647 Lina's dog is brown all over **except** [___] its white legs.
リナの犬は白い足**を除けば**全身茶色です。

648 [___] **himself with** jealousy, Jerry couldn't sleep last night.
しっと心に**我を忘れて**、ジェリーは昨晩眠れなかった。

649 The lecture in Greek was [___] **my understanding**.
そのギリシャ語での講義は**私にはさっぱりわからなかった**。

650 My calculations **are based** [___] the assumption.
私の計算はその仮定**に基づいている**。

答	641 for	642 of	643 into	644 but	645 but
	646 by	647 for	648 Beside	649 beyond	650 on

Lesson 33

651 *Natto* is very **rich** [in] nutrients and good for your health.
納豆はとても栄養**が豊富**で、健康によい。 *nutrient「栄養」

652 This is the gate for Flight 557 **bound** [for] Singapore at 5:00 p.m.
こちらは午後5時発シンガポール**行きの**557便のゲートです。

653 We get paid [by] **the hour**.
私たちは**時間給**です。

654 I don't want to **part** [with] any of my precious books.
私の貴重な本のどれひとつとして**手放**したくない。

655 I hope I never have to **go** [through] such an experience again.
2度とあんな**経験を**したくない。

656 The fans came to the theater to meet the actor [in] **person**.
ファンの人たちはその俳優**本人に直接**会うために劇場へ来た。

657 I didn't really want to go to the horse races, but Jack **talked** me [into] it.
本当は競馬には行きたくなかったけど、ジャックに**説得**されたんだ。

658 Didn't you see the sign warning you to **keep** [off] the grass?
芝生**に入らない**ように警告する表示が目に入らなかったのですか。

659 The employees went [on] **strike** for higher wages.
社員は昇給を求めて**ストに突入**した。

660 During my stay, Mike **showed** me [around] the city.
私の滞在中、マイクは街**を案内してくれた**。

答	651 in	652 for	653 by	654 with	655 through
	656 in	657 into	658 off	659 on	660 around

Lesson 34 前置詞を用いた表現を理解しよう (7)

661 Sally agrees with her boss to his face, but criticizes him ☐ **his back**.
サリーは上司の前では同意するが、**陰で**批判している。

662 Grace is in her forties, but she looks young ☐ **her age**.
グレイスは40代だが、**年の割には**若く見える。

663 I felt slightly **out** ☐ **place** at the formal party.
正式なパーティーで私は少し**場違いな**感じがした。

664 ☐ **my regret**, I failed to visit Niagara Falls.
残念ながら、ナイアガラの滝には行けなかった。

665 The money ☐ **question** doesn't belong to you.
問題となっているお金は君のものではない。

666 My father never **approved** ☐ my studying abroad.
父は私が留学することに決して**賛成し**なかった。

667 Osaka **is** ☐ the largest cities in Japan.
大阪は日本最大の都市**の1つである**。

668 Michelle is so shy. She rarely speaks ☐ **public**.
ミッシェルは内気だ。**人前では**まず話さない。

669 Eventually Karen **turned** ☐ an organization that helps poor people.
最終的に、カレンは貧しい人を助ける組織**に頼った**。

670 Unexplained weight loss may be **a clue** ☐ a health problem.
原因不明の体重減は健康問題**の手がかり**かもしれない。

答	661 behind	662 for	663 of	664 To	665 in
	666 of	667 among	668 in	669 to	670 to

Lesson 34

pp.262〜266

671 Daniel is considering **running** ☐ office next year.
ダニエルは来年の選挙に立候補することを考えている。

672 Some vegetables are being **put** ☐ **display**.
野菜が並べられているところだ。

673 My birthday **falls** ☐ a Friday this year.
私の誕生日は今年は（金曜日にあたる→）金曜日だ。

674 Infants soon learn to **distinguish** their mother's face ☐ other adults' faces.
幼児は母親の顔とほかの大人の顔をすぐに区別できるようになる。

675 Higher cigarette prices tend to **discourage** people ☐ smoking.
タバコ価格の上昇が人々に喫煙を思い止まらせる傾向がある。

676 Most of the major roads have **been cleared** ☐ snow.
主要な道路の大半は（雪を取り除かれた→）除雪された。

677 The recipe says that you can **substitute** margarine ☐ butter.
レシピには、バターの代わりにマーガリンを使っても可と書いてある。

678 David has no shame, **blaming** his own mistakes ☐ his little brother.
自分のミスを弟に押しつけるなんてデイビッドは恥知らずなやつだ。

679 I believe that this discovery will **make** ☐ a better world.
この発見が世界をよりよくすることに貢献すると信じている。

680 The cherry blossoms here are ☐ **their best** in late March.
ここの桜は3月の下旬が一番の見ごろ［最高の状態］です。

答	671 for	672 on	673 on	674 from	675 from
	676 of	677 for	678 on	679 for	680 at

Lesson 35 前置詞を用いた表現を理解しよう (8)

681 Milton **was called** _____ **to** testify in court.   *testify「証言する」
ミルトンは法廷で証言するように求められた。

682 We were finding it hard to **cope** _____ his antisocial behavior.
彼の反社会的な行動に対処するのが難しくなっていった。

683 My parents **look** _____ watching TV **as** a waste of time.
両親はテレビを見ることを時間の無駄だと思っている。

684 John will be late, so we'll just have to **make do** _____ ten players.
ジョンは遅刻だ。10人の選手で間に合わせるしかない。

685 The construction of the library **calls** _____ a lot of money.
図書館の建設には多くのお金が必要だ。

686 My father **has been working** _____ dam projects in Africa recently.
父は最近、アフリカでダムのプロジェクトに取り組んでいる。

687 His sudden retirement **took** everyone _____ **surprise**.
彼の突然の引退は皆を驚かせた。

688 _____ **all** his faults, Billy is a kind man.
いろいろと欠点があるけれど、ビリーは心の優しい奴だ。

689 Leaving a country without a passport is _____ **of the question**.
パスポートを持たずに出国するなんて論外だ。

690 Fortunately, the situation **is changing** _____ **the better**.
幸運にも、事態は好転している。

答	681 on	682 with	683 on	684 with	685 for
	686 on	687 by	688 For	689 out	690 for

Lesson 35

pp.267〜271

691 Martin **lived up** [ ] his reputation and arrived late.
マーティンは噂どおり(←評判**にたがわず**)、遅れて到着した。

692 As I was tired yesterday, I fell asleep [ ] **the light on** in my room.
昨日は疲れていたので、部屋の**電気をつけたまま**寝てしまった。

693 I don't want to **force** my opinion [ ] you.
自分の考え**を**君に**押しつける**気はない。

694 How did you **come** [ ] that beautiful picture on the wall?
壁にかけてあるあの美しい絵をどうやって**手に入れた**の?

695 As we had no chopsticks, we tried eating our noodles [ ] a fork.
おはしがなかったのでうどんをフォーク**で**食べてみた。

696 Judith **was** so **absorbed** [ ] her book that she didn't notice me.
ジュディスは本**に熱中していて**私に気がつかなかった。

697 Peter's magic tricks **added** [ ] the fun of the end-of-year party.
ピーターの手品が忘年会に興**を添えた**[加えた]。

698 In 2010, we **set** [ ] the task with a great deal of energy.
2010年に、私たちはかなりの精力を注ぎ、その仕事**に取りかかった**。

699 Sorry, I **don't care** [ ] cucumbers much.
すみません。キュウリ**は苦手なんです**。 ＊cucumber「キュウリ」

700 Mike's restaurant **went out** [ ] **business** due to his careless management.
マイクのレストランは彼の放漫な経営が原因で**倒産した**。

答					
691 to	692 with	693 on	694 by	695 with	
696 in	697 to	698 about	699 for	700 of	

Lesson 36 名詞・代名詞の意味に注目しよう (5)

701 The rescue party went into the mountains **in** _____ **of** the missing man.
その救援隊は行方不明の男性を**捜し**に山中へ入った。

702 We **pushed our** _____ through the crowd to the bargain counter.
私たちは人混みを**押し分けて**バーゲン会場にたどり着いた。

703 I'm going to use email to **keep in** _____ **with** my friends in New Zealand.
ニュージーランドの友だちと**連絡を取り合う**ためにEメールを使うつもりだ。

704 I'm trying to **get** _____ **of** Jim. Do you know where he is?
ジムに**連絡**してみるよ。どこにいるか知っている？

705 We **made** _____ **for** them around the fire.
私たちは彼ら**のために**火の周りに**スペースを作った**。

706 My mother **is** always **finding** _____ **with** everything I do.
母はいつも私のすることに何でも**けちをつける**。

707 Please **keep in** _____ that the weather here is very changeable.
ここの天気はとても変わりやすいということ**を覚えておいて**ください。

708 These figures do not **take** _____ **of** the tax increases.
この数字は増税**を考慮に入れて**いない。

709 Now that you have **come of** _____, you have to take responsibility for your actions.
成人した以上は自分の行動に責任を持ちなさい。

710 It took me years to **come to** _____ **with** my grandfather's death.
祖父の死**を受け入れる**のに何年もかかった。

答	701 search	702 way	703 touch	704 hold	705 room
	706 fault	707 mind	708 account	709 age	710 terms

Lesson 36

711 The refugees were sent back to their home country **against their** _____.
その難民たちはいやいや[意志に反して]本国へ送り返された。

712 The question is not how to make money but how to **put** it **to** good _____.
問題はどうやって金を稼ぐかではなく、それをいかに有効に使うかだ。

713 **Take the** _____ **to** learn all of the English words on the list.
手間をかけてでもリストに載っている英単語はすべて覚えなさい。

714 **As a** _____, police officers work in three shifts.
原則として、警察官は3交代制で勤務する。

715 The medicine **took** _____ almost immediately.
その薬は、あっという間に効いた。

716 The store made a profit by **taking** _____ **of** the current situation.
その店は時局に便乗して利益を上げた。

717 Jill seems to **take** _____ **in** her school record these days.
ジルはこのごろ、自分の学校の成績にプライドを持っているようだ。

718 You're always **making** _____ **for** not keeping your promises.
君は約束を守らないことでいつも言い訳ばかりしているね。

719 Henry will have a chance to **put** his ideas **into** _____ next year.
ヘンリーは来年、彼の考えを実行に移す機会に恵まれるだろう。

720 Things are so expensive these days that it is very difficult to **make** _____ **meet**.
近ごろはものがとても高くて家計をやりくりするのが非常に大変だ。

答	711 will	712 use	713 trouble	714 rule	715 effect
	716 advantage	717 pride	718 excuses	719 practice	720 ends

Lesson 37 名詞・代名詞の意味に注目しよう (6)

721 Japanese people rarely open gifts **in the** ☐ **of** the givers.
日本人は贈り物を、その贈り主**がいるところで**はめったに開けません。

722 They continue to pursue profit **at the** ☐ **of** their health.
彼らは自らの健康**を犠牲にして**利潤を追求し続けている。

723 I slipped on the ice and sprained my ankle, but it's **no big** ☐.
氷の上で滑って足首をくじいたけど、**たいしたことないよ**。　＊sprain「～をくじく」

724 Tom is **by no** ☐ unintelligent. He's just lazy.
トムは頭が悪いなんてことは**決してない**。怠けているだけだ。

725 More and more husbands are **taking childcare** ☐.
育児休暇を取る夫が増えている。

726 The typhoon **did** serious ☐ **to** Kyushu.
その台風は九州地方に大きな**被害を与えた**。

727 Don't use a company car **for** private ☐.
会社の車を（私的**な目的で**→）私用で使ってはいけません。

728 Interest rates were cut and, **in** ☐, share prices rose.
利率がカットされた。そして**次に**株価が上がった。

729 Curiosity finally **got the** ☐ **of** me, and I opened the door.
ついに好奇心に負けて（←好奇心が私**に打ち勝って**）、ドアを開けた。

730 Pamela always **has her own** ☐ when we decide something.
何かを決めるとき、パメラはいつも**自分の思いどおりにする**。

答	721 presence	722 expense	723 deal	724 means	725 leave
	726 damage	727 purposes	728 turn	729 better	730 way

Lesson 37

pp.278～282

731 Don't get angry with Mick. Try to **put yourself in his** _____.
ミックのことを怒ってはいけない。**彼の立場になって**やれ。

732 I do not want to **take the** _____ **of** losing all my money on gambling.
ギャンブルで全財産を失う**ような危険を冒し**たくない。

733 Jimmy played on the swings **to his heart's** _____.
ジミーは**心ゆくまで**ブランコで遊んだ。

734 My job may be **at** _____ if my sales figures don't improve.
営業成績が上がらないと（私の仕事が**危険にさらされる**→）私の首が危ないかもしれない。

735 The art gallery closed down **for** _____ **of** funding.
そのアートギャラリーは資金**不足のため**閉鎖した。

736 Paul devoted his whole life to **conducting** _____ **on** penguins.
ポールはペンギン**の研究**（をするの）に全生涯を捧げた。

737 Greg spoke softly, but it was obvious that he was very much **in** _____.
グレッグはやんわりと言っていたが、かなり**本気な**のは明らかだった。

738 It is bad manners to **make** _____ when you eat soup.
スープを飲むとき、**音を立てる**のは不作法です。

739 After being scolded, Dan **made a** _____ and stuck his tongue out.
ダンはしかられた後、**顔をしかめて**舌を出した。

740 Mike, you're late. I've been waiting for you **for** _____.
マイク、遅いじゃないか。**ずいぶんと**待ったよ。

答								
	731	shoes	732	risk	733	content	734	stake	735	want
	736	research	737	earnest	738	noises	739	face	740	ages

Lesson 38 名詞・代名詞の意味に注目しよう (7)

741 I found out **through** _____ **and error** which plants could survive the dry conditions.
試行錯誤の上どちらの植物のほうが乾燥に強いかがわかった。

742 My aunt **gave me a** _____ from her house **to** the station.
おばさんが家から駅まで私を車で送ってくれた。

743 Eva became an Australian resident **by** _____ **of** her marriage.
エバは結婚によってオーストラリアの住人になった。（v- で始まる）

744 **At** _____ here are concepts like freedom of speech.
ここで**問題となっている**のは言論の自由といった概念だ。

745 It is important to take good care of yourself **on a** daily _____.
日常的に十分な健康管理をすることが重要だ。

746 I'm not sure if this news is true. I only heard it **second** _____.
このニュースが本当かどうかわかりません。**間接的に**聞いただけですから。

747 We are going to fly back to California **by** _____ **of** Hawaii.
私たちはハワイ**経由で**カリフォルニアへ戻る予定だ。

748 Can I **have a** _____ **with** you in private?
ちょっと内密に**相談がある**んだけど。

749 When Carl went to Sydney on a business trip, he **paid a** _____ **to** his grandparents.
カールはシドニーに出張で行ったとき、祖父母を**訪れた**。

750 Amy **had a** _____ **with** her boyfriend.
エイミーはボーイフレンド**とけんかした**。

答	741 trial	742 ride	743 virtue	744 issue	745 basis
	746 hand	747 way	748 word	749 visit	750 fight

Lesson 38

pp.283～287

751 We must **take** decisive ☐ **to** improve the situation.
事態を改善するために断固たる**措置を取**らねばならない。

752 My mother says that gambling is **a** ☐ **of time and money**.
ギャンブルは**時間とお金の無駄**だと母は言う。

753 I wanted to talk with Emily ☐ **to face**, so I visited her house.
私は**直接**エミリーと話したかったので、彼女の家まで行った。

754 Gina **took** ☐ **to** make her dinner party a special occasion.
ジーナは夕食のパーティーを特別なものにしようと**苦心した**。

755 Jeff made a decision about this matter **on the** ☐.
ジェフはこの件に関して**その場**で結論を下した。

756 Victor **makes a** ☐ **of** tak**ing** notes while the teacher is speaking.
ビクターは先生が話しているときはメモを取る**ことにしている**。

757 ☐ **of** people came to the airport to see me off.
多くの人が私を見送るために空港まで来てくれた。

758 In order to grasp the book's full meaning, you have to **read between the** ☐.
この本の意味を十分に理解するためには、**行間を読ま**なければならない。

759 Tanner **has** a lot of cash **at his** ☐. （d- で始まる）
タナーは多額の現金**を自由に使う**ことができる。

760 The old man **got to his** ☐, supporting himself with the side of the table.
その老人はテーブルの端で体を支えながら**立ち上がった**。

答	751 measures	752 waste	753 face	754 pains	755 spot
	756 point	757 Scores	758 lines	759 disposal	760 feet

Lesson 39 論理展開を示す表現

761 ___ **to** the weather forecast, it will snow tomorrow.
天気予報によると、明日は雪らしい。

762 **Thanks** ___ the Internet, you can buy books from home.
インターネット**のおかげで**、家から本を購入できる。

763 We'll have to pay $800 travel insurance **in** ___ **to** the airfare.
航空運賃に**加えて**、(保険料が)800ドルの旅行保険に加入しなければならない。

764 **As a matter of** ___ , Nancy teaches cooking classes.
実は、ナンシーは料理教室で教えているんだ。

765 Your idea sounded good **at** ___ , but later I realized it was too impractical.
君の考えは**最初は**いいなと思ったんだけど、あとで非現実的すぎるとわかった。

766 Many of my friends play soccer, but **as** ___ me, I prefer basketball.
友だちの多くはサッカーをしているが、私に**関しては**バスケットボールのほうが好きだ。

767 Michael works very hard. **That's** ___ I respect him.
マイケルは仕事熱心だ。**だから**私は彼のことを尊敬している。

768 **In** ___ **of** the language barrier, we soon became friends.
言葉の壁**にもかかわらず**、私たちはすぐに友だちになった。

769 To keep in shape, I walk up the stairs ___ **of** taking the elevator.
健康維持のため、私はエレベーターに乗る**代わりに**階段を使っている。

770 We had to move to Berlin **on** ___ **of** my job transfer.
転勤**のため**ベルリンに引っ越さねばならなかった。

答	761 According	762 to	763 addition	764 fact	765 first
	766 for	767 why	768 spite	769 instead	770 account

Lesson 39

pp.288〜292

771 They — **that** [ ] my father and mother — are out now.
彼ら、**つまり**両親は今外出中です。

772 **Generally** [ ], it is a good idea to clean a fish tank once a week.
一般的に言って、水槽は週に1度洗うのがよい。

773 [ ] **speaking**, smartphones do children more harm than good.
率直に言って、スマートフォンは子どもにとって益より害のほうが多い。

774 **To tell you the** [ ], I still have trouble with English.
実を言うと、私はまだ英語に問題があるんだ。

775 Diana got very busy, and [ ] **a result**, she neglected her houseplants.
ダイアナは多忙になり、**その結果**、室内用の鉢植えの手入れを怠ってしまった。

776 I had to make my article shorter [ ] **to** lack of space in the newsletter.
会報のスペースが足りない**ので**、記事を短くせざるをえなかった。

777 Did you lose the game? — **On the** [ ], we won the championship.
試合に負けたの？ — **それどころか**、優勝したよ。

778 John's mistake wasn't intentional. [ ] **other words**, he didn't do it on purpose.
ジョンのミスは意図的ではなかった。**言い換えれば**故意にやったのではない。

779 A famous chef is in charge of the kitchen, so, [ ] **to say**, the food is excellent.
有名なシェフがキッチンを担当しているので、**言うまでもなく**料理はすばらしい。

780 If you doubt his ability, you shouldn't have hired him **in the first** [ ].
彼の能力を疑うのなら、**そもそも**彼を雇うべきではなかった。

答	771 is	772 speaking	773 Frankly	774 truth	775 as
	776 due	777 contrary	778 In	779 needless	780 place

Lesson 40 ことわざ・格言

781 Birds of a _____ flock together.
類は友を呼ぶ。

782 Practice makes _____.
習うより慣れよ。

783 That will _____ two birds with one stone.
それは一石二鳥だね。

784 First come, first _____.
早いもの勝ち。

785 Look _____ you leap.
転ばぬ先の杖。

786 Rome was not _____ in a day.
ローマは1日にして成らず。

787 _____ while the iron is hot.
鉄は熱いうちに打て。

788 There is no accounting for _____.
たで食う虫も好き好き（←趣味を説明することはできない）。

789 _____ there is a will, there is a way.
意志ある所に道は通じる。

790 Nothing ventured, nothing _____.
虎穴に入らずんば虎児を得ず。

答	781 feather	782 perfect	783 kill	784 served	785 before
	786 built	787 Strike	788 taste	789 Where	790 gained

Lesson 40

791 **The end justifies the** [_____].
目的は手段を正当化する。

792 Nowadays **honesty does not** [_____].
今は正直者が馬鹿を見る時代だ。

793 **It is no use crying over** [_____] **milk.**
覆水盆に返らず。

794 **Don't count your** [_____] **before they are hatched.**
捕らぬ狸の皮算用。

795 **An apple** [_____] **day keeps the doctor away.**
1日リンゴ1個で医者いらず。

796 **You are never** [_____] **old to learn.**
年を取り過ぎて学べないということは決してない。

797 **Slow and steady** [_____] **the race.**
急がば回れ。

798 "**Heaven helps** [_____] **who help themselves,**" said Benjamin Franklin.
「天は自ら助くる者を助く」とベンジャミン・フランクリンは言った。

799 **A man is known by the** [_____] **he keeps.**
交わる友を見れば人柄がわかる。

800 **The pen is mightier than the** [_____].
ペンは剣より強し。

答	791 means	792 pay	793 spilt	794 chickens	795 a
	796 too	797 wins	798 those	799 company	800 sword

Lesson 1 言えそうで言えない表現(1)

1 starting 〔基本〕

解説 the starting time for ～ 「～の開始時間」

簡単な言い方ですが、意外と出てこないものです。
反は the ending time for ～「～の終了時間」です。
参 a departure time「発車時間」、an arrival time「到着時間」

> The starting time for tomorrow's meeting is 10:00 a.m.
> 明日の会議の開始時刻は午前10時です。

2 Behave 〔標準〕

解説 behave *one*self 「行儀よくする」

主に子どもに「お行儀よくしなさい」というような場面で使われます。behave well と同じ意味です。behave「ふるまう」は、普通、副詞(句)(well, badly, like a child など)を伴い、自動詞として使われるので、他動詞として *one*self を目的語にとるこの表現は特殊とも言えます。
例 The children from the kindergarten **behaved themselves** at the party.
「その幼稚園から来た子どもたちはパーティーでお行儀よくしていた」

> Behave yourself when you visit Grandma.
> おばあちゃんの所へ行ったらお行儀よくしなさいよ。

3 with 〔基本〕

解説 stay with (人) 「(人)の家に泊まる」

直訳すると「(人)と共に滞在する」です。滞在する「場所」をいう場合は stay at (場所)を用います。
例 I **stayed at** the Hilton for two nights.「私はヒルトンホテルに2泊した」

> I go to stay with my grandparents in Australia every summer.
> 毎年夏にはオーストラリアの祖父母の家に泊まりに行く。

4 By 〔標準〕

解説 by the time S V 「S V までには」

by ～「～までには」は前置詞なので、**後ろにS + V(節)が続く場合は by the time という形にして接続詞的に用います**。when や if などと同様に、by the time の節では未来のことでも現在形・現在完了形を用いるので、注意しましょう。例 **By the time** you come back, we'll have finished dinner.「あなたが帰ってくるまでには、私たちは夕食を終えているでしょう」

> By the time we reached the top of the mountain, we were all exhausted.
> 山頂に着くころまでには、私たちはみんなへとへとになっていた。

5 long 基本

解説 **all day (long)** 「1日中」

all night[week / month / year] long「1晩[1週間 / 1か月 / 1年]ずっと」の意味です。(all) through the night[the week / the month / the year]でも同じ意味です。冠詞の有無に注意しましょう。

> We worked hard all day long, but we did not finish the job.
> 1日中頑張ったけど、その仕事は終わらなかった。

6 up 基本

解説 **stay up late at night** 「夜遅くまで起きている」

up は「起きて」を意味する副詞です。「徹夜する」なら stay up all night 「遅くまで外出している」なら stay out late と表現します。「起きている」の意味で sit up を使うこともありますが、通常は「ベッドなどから上半身を起こしている」の意味です。
例 Tom tried to **sit up** in bed, but the aches in his body made him lie flat again.
「トムはベッドで起き上がろうとしたが、体が痛くて再び横になっているしかなかった」

> I stayed up late at night watching videos on YouTube.
> 夜遅くまで起きてユーチューブの動画を見てしまった。

7 out 標準

解説 **eat out** 「外食する」

文字通り「外で食べる」です。反は eat at home「家で食べる」です。(→ p.204 コラム⑤)
なお、「外食産業」は the food service industry(食べ物を出す産業)となります。
例 **Eating out** affects not only your wallet but also your waistline.
「外食は財布だけでなく腰回りにも影響を与える」

> Since I started working, I've been eating out more often.
> 就職してから外食が増えた(←働き始めてからより多く外食をしている)。

8 way 基本

解説 **all the way** 「はるばる、ずっと」

way は「道のり」を意味するので、all the way は「(行程を)ずーっと」というイメージです。
例 I went **all the way** to the other side of the Great Buddha and looked at its back.
「私はわざわざ大仏の反対側まで回って背中を見た」

> Yesterday I woke up late, so I had to run all the way to school.
> 昨日は寝坊してしまい、学校までずっと走らなければならなかった。

Lesson

9 out 〔基本〕

解説 be out 「(買い物などで)外出中である」

この out は「外へ(出て)」を意味する副詞なので、be out で「外出中である」という意味になります。なお、while S is out は「外出中に」で、while S is away なら「(旅行などで)留守中に」という意味です。

> Charlie is out right now. He'll be back by noon.
> チャーリーは今外出中です。昼までには戻ります。

10 had 〔標準〕

解説 have a ~ dream 「~な夢を見る」

「夢を見る」ですが see を使わないことに注意しましょう。~には、fantastic「すばらしい」、terrific「すごくいい」、strange「奇妙な」、ominous「不吉な」などの形容詞が置かれます。また、「~という(将来の)夢を見る」は、have a dream of ~です。
例 I **have a dream of** becoming a Hollywood star.「ハリウッドスターになる夢を持っている」

> I had a scary dream last night.
> 昨晩怖い夢を見た。

11 abroad 〔基本〕

解説 study abroad 「留学する」

イギリスは昔、留学制度がさかんではありませんでした。よって**「留学する」という単語はなく、「海外で勉強する(study abroad)」あるいは「海外へ勉強しに行く(go abroad to study)」**と表現します。「イギリスに留学する」なら study in the U.K. になります。abroad「海外に(へ)」はこれ自体が副詞なので、[×]study at abroad とか[×]go to abroad とは表現しないことに注意しましょう。このことは、副詞として使われる upstairs や downtown, home にも当てはまります。

> I want to study abroad after graduating from high school.
> 高校を卒業したら留学したい。

12 have 〔標準〕

解説 have a baby 「子どもを産む」

もう少し堅い英語で表現すると、give birth (to a baby)です。日本語では「産む」ですが have や give で表すことに注意しましょう。
例 My sister **gave birth to a baby boy** yesterday.「姉は昨日男の子を産んだ」

> My sister is going to have a baby on March 3.
> 姉は3月3日が出産予定日です。

13 luck 〔基本〕

解説 **Good luck!** 「頑張って」

「幸運を祈る」「万事うまく行きますように」という意味です。日本人の場合、試合に向かう人や入学試験に向かう人に対して「頑張って！」と言いますが、英語では Good luck! と言うのが普通です。luck は不可算名詞なので、冠詞をつけません。(試合中などの)声援としての「頑張って」は、You can do it! / Keep going! / Hang in there! などと言います。

> **Good luck** in your game tomorrow!
> 明日の試合頑張って！

14 while 〔基本〕

解説 **while (V)ing** 「V しながら」

while は接続詞なので、普通は while I was studying のように後ろに節が置かれますが、while のあとの主語が主節の主語と同じ場合、〈主語＋ be 動詞〉を省略することができます。なお、during ～は「～の間に」の意味の前置詞で後ろに名詞が置かれますが、(V)ing の形は置けません。
例 I met them **during** my stay in China.「中国に滞在中、彼らに出会った」

> Last night I fell asleep **while** study**ing** at my desk.
> 昨夜机で勉強しながら寝てしまった。

15 lost 〔基本〕

解説 **lose *one*'s way** 「道に迷う」

「自分の(進むべき)道を失う」が直訳です。*one*'s が their や our になっても ways とはならないので注意しましょう。get lost でも同じ意味です。

> The climbers **lost their way** in the dark.
> 登山者たちは暗闇の中で道に迷った。

16 kill 〔基本〕

解説 **kill time** 「時間をつぶす」

「(バスの発車や待ち合わせまでなどの)空き時間をつぶす」の意味です。time の代わりに two hours などの具体的な時間を用いることもできます。
なお、pass the time「(何もすることがないので)暇をつぶす」とは冠詞の有無も含めて区別しましょう。また make time「時間を作る」も重要な表現です。
例 Thank you for **making time** for us.「私たちのために時間を作ってくれてありがとう」

> Before the bus came, I had been looking at CDs in Tower Records to **kill time**.
> バスが来るまで、時間つぶしにタワーレコードで CD を見ていた。

17 happened 基本

解説 happen to (V) 「たまたま V する」

It happens that S V ~ . の形になることもあります。人に何かを尋ねる場合、Do you happen to know ~? 「（もしかすると、たまたま）~を知っていますか？」のように言えば丁寧な言い方になります。

> On my way home, I happened to be on the same train as my father.
> 家に帰る途中、偶然父と同じ電車に乗り合わせた。

18 about 標準

解説 There is something ~ about A. 「A には~なところがある」

about の基本のイメージは「~の周り」なので、直訳すると「A の周り（about）には~なもの（something ~）がある」→「A には~なところがある」となります。
~を関係代名詞節にし、about A の後ろに置くこともあります。例 There is something about him that attracts everyone. 「みんなを引きつけるものが彼にはある」　なお、~が wrong の場合には with を用いるので、注意しましょう。例 There is something wrong with this TV. 「このテレビはどこか調子が悪い」参 Something has gone wrong with ~ (→ 88)

> Mr. Smith is a quiet gentleman, but there is something childlike about him.
> スミスさんは物静かな紳士だが、どこか子どものようなところがある。

19 on 基本

解説 ~ on the [one's] left 「左の~」

日本語では「左の~」と言いますが、英語では「立ち位置」を明確にさせるため the left ~ とは言わず、~ on the [one's] left と表現します。
「左の家」なら、the left house ではなく、the house on the [one's] left です。
例外は、球場や舞台など、左右が固定されている場合です。例 the right fielder 「（野球の）右翼手」

> Go out through the emergency exit on the left.
> 左の非常口から出てください。

20 across 基本

解説 A be across from B 「A は B の向かい側にある」

主にアメリカ英語の口語表現として使われます。A be across the street from B 「A は B から通りを横切った所にある」から the street が省かれた言い方と覚えましょう。A be opposite B も同じ意味です。ここでの opposite は「~の向かいに」を意味する前置詞です。

> The city hall is across from the big bookstore.
> 市役所は大きな本屋の向かい側にあります。

Lesson 2 言えそうで言えない表現 (2)

21 like 〔標準〕

解説 **what S is like** 「S がどのようなもの[人]か」

もとの文は S is like ～「S は～のようなもの[人]である」です。この～が what に代わり、S の前に置かれて間接疑問になっています。like「～のような」がなく、what S is だと「S が何か（人間か？ロボットか？など）」という意味になるので注意しましょう。なお、S が to (V)の場合は、形式主語 it を用います。

例 I don't know **what it will be like** to live in the U.K. 「イギリスに住むことがどのようなことになるのかわからない」

> I have no idea **what Roger's new girlfriend is like**.
> ロジャーの新しいガールフレンドがどんな人かがさっぱりわからない。

22 do 〔標準〕

解説 **will do** 「役に立つ、間に合う」

ここでの do は「十分である」という意味で、主語は「物」でも「人」でも使えます。
通常、will を伴って使われます。
また、頻度は低いですが will の代わりに have to、should が用いられることもあります。

> **Will** this tie **do** for the interview?
> 面接にはこのネクタイでいいかな？

23 remember 〔基本〕

解説 **remember me to ～** 「～によろしく伝える」

直訳すると「～（に会う）まで私のことを覚えておいてください」です。
比較的改まった言い方で、別れ際のあいさつとして、通常、please を伴って使われます。
くだけた言い方では say hello to ～「～によろしく」です。

> Thank you for coming today. **Please remember me to** your mother.
> 今日は来ていただいてありがとう。お母様によろしくお伝えください。

24 in 〔標準〕

解説 **for the first time in ～** 「～ぶりで」

for the first time が「初めて」なので、「～の中で初めて」が直訳です。「久しぶりに」なら for the first time in ages[in many years / in a long time]となります。あいさつで「久しぶり」は I haven't seen you for a long time. です。親しい間柄なら Long time no see. も可能です。

> I went back to my hometown **for the first time in ten years**.
> 10 年ぶりに故郷に戻った。

25 best (important, crucial, imperative なども可能) 〈標準〉

解説 It is best to (V) 「V するのが 1 番だ」

通常、最上級に the がつく場合は後ろに名詞が置かれ、「どこで 1 番か」を示す語句(in / of ～など)が必要となります。
例 Leo is the best soccer player in our school. 「リオはわが校で 1 番サッカーがうまい」
それ以外の場合には最上級であっても the をつけないことも多く、この表現も通常 the をつけません。

> When you are ill, it is best to get a lot of rest.
> 病気のときには休養を十分にとるのが 1 番だ。

26 from 〈標準〉

解説 order ～ from ... 「(注文して)～を…から取り寄せる」

日本語では「～を…に注文する」とも言えるので、間違って from を to にしないように注意しましょう。「…から品物がやってくる」と考えるとよいでしょう。
例 I ordered a coffee from the waiter. 「私はウェイターにコーヒーを注文した」

> If that book is not in stock, we can order it from Tokyo.
> その本の在庫がない場合には、東京から取り寄せることができます。

27 none 〈標準〉

解説 second to none 「右に出る者がいない」

「ゼロの次の 2 番手」が直訳です。自分より上にはだれもいないということで、結局「1 番」という意味です。なお、Nobody can compete with Jeff when it comes to ～「～にかけてはだれもジェフと張り合えない」という言い方もあります。(→ 85)

> Jeff is second to none when it comes to leadership.
> 指導力ということにかけてはジェフの右に出る者はいない。

28 next 〈標準〉

解説 next to ～ 「ほとんど～」

「～の次、隣」が直訳ですが、そこから「ほとんど～」という意味に発展しました。almost と同じ意味です。～には impossible や nothing など否定の意味を表す語がくることに注意しましょう。

> Finishing this job by 10 o'clock will be next to impossible.
> この仕事を 10 時までに終わらせるのはほとんど不可能だ。

29 to

解説 to the point 「的を射た、要領を得た、ピントが合った」

ここでの point は「要点」という意味です。 例 That's the **point**.「それが肝心なことだ」
よって、「(不要なことを話さずに)要点だけを述べた」という意味になります。
次のように、副詞的にも使います。 例 explain 〜 to the point「要領よく〜を説明する」
反は beside the point「的はずれで」です。

> The chairperson's speech was short and to the point.
> 議長のスピーチは短く的を射たものであった。

30 than

解説 other than 〜 「〜以外の[に]」

「〜よりもほかの[に]」が直訳です。than は通例比較級と共に用いられますが、それ以外に other, rather, differently などとも使われます。
例 He is acting **differently** now **than** before.「今の彼のふるまいは以前とは異なる」
なお、文頭に置かれた Other than 〜は「〜以外では」の意味です。
例 **Other than** Tom, everyone attended the meeting.「トム以外は全員がその会議に出席した」

> Our school plans to include foreign languages other than English in the curriculum.
> 我が校ではカリキュラムに英語以外の外国語を含める予定である。

31 inside

解説 inside out 「裏返しに」

inside「内側」が out「外に」出ているので、「裏返しに」という意味になります。
例 You are wearing your T-shirt **inside out**.「Tシャツを裏返しに着ているよ」

> When you wash sweaters, it is better to turn them inside out first.
> セーターを洗うときには、まず裏返したほうがよい。

32 upside

解説 upside down 「上下逆さまに[で]」

upside「上側」が down「下に」あるので「上下逆さまに」という意味になります。
例 A soup bowl and a rice bowl were put **upside down** on the dining table.
「食卓にはお椀とご飯茶碗が伏せて置いてあった」

> The picture was hung upside down. I don't know why.
> その絵は逆さまに掛かっていた。なぜかはわからない。

33 other

解説 the other way round[around]　「あべこべに、左右逆に」

英語では「左右逆」に対応する定型表現がないため、the other way round[around]で表現します。the other way「反対の方向」が round「ぐるりと回って」いるので「左右逆さま」という意味になります。縦に並んでいるなら「前後逆」の意味です。なお、この表現は単に「逆だ」の意味でも使われます。例 The fact was **the other way round**.「事実はその逆だった」

> These two flower pots should be placed the other way round.
> この2つの花の鉢は左右逆に置いたほうがいいよ。

34 way

解説 (be / stand / get) in the way　「邪魔になって(いる)」

ここでの way は「道」を意味し、**「通り道の途中にあって、行動の妨げになる」**ことから、「**邪魔になって**」という意味になります。なお、in one's way となることもあります。
例 "Would you mind? You're **in my way**."「すみませんが、通りたいのですけど」
また比喩的に用いることもあります。
例 He's **in my way**.「彼は私の邪魔をしている」→「彼は私の足を引っ張っている」(→ 400)

> My fringe is getting longer and is in the way.
> 前髪が伸びてきて邪魔になってきた。

35 whole

解説 名詞＋ as a whole　「〜全体」

直訳は「全体としての〜」です。the whole group「集団全体」を言い換えると the group as a whole となります。なお、the whole country は「(その)国すべて、国全体」ですが、all the countries は「(世界中の)すべての国々」です。意味の違いに注意しましょう。

> We protected the interests of the group as a whole.
> 私たちは集団全体の利益を守った。

36 by

解説 call (人) by one's first name　「(人)をファーストネームで呼ぶ」

「ファーストネームで」に前置詞 by を用いることに注意しましょう。by を使った同様の表現に know (人) by sight「(人)の顔は知っている、見覚えがある」があります。
なお、「(人)の名前を言う」は say one's name です。

> The teacher calls all his students by their first names.
> その教師は、彼の生徒のことを全員ファーストネームで呼ぶ。

37 corner 〈やや難〉

解説 be (just) around the corner 「(距離、時間に関して)すぐ目の前にある」

直訳は「角を曲がってすぐの所にある」です。around は round とすることもあります。
なお、cut the[a] corner は「角を削る」→「近道をする」という意味です。

> In the city, everything you need is just around the corner.
> 都会では、必要なものはすべてすぐそこ(←近く)にある。

38 board 〈標準〉

解説 on board ~ 「~に乗って」

昔は、船に乗るときに船と岸の間に「板(board)」を渡していました。そこから on board「乗船して」→「~に乗って」の意味になりました。現在では設問文のように on board で1つの前置詞のような働きをすることがあります。なお、車の後部ガラスに貼られている「BABY ON BOARD」は「赤ちゃんが車に乗っている」ことを知らせるものです。

> A lot of passengers on board the ship were feeling seasick.
> その船に乗っていた多くの乗客が船酔いしていた。

39 older[over] 〈基本〉

解説 ~ aged A or older[over] 「A 歳以上の~」

than は等号(=)を含まないので、older than A では「A 歳以上」の意味になりません。
例 children older than 13「13歳を超える年齢(14歳以上)の子どもたち」
よって、「A 歳以上の」は aged A or older[over] と表現します。
なお、children under 15 は「15歳未満(×以下)の子どもたち」となります。

> Children under five must be accompanied by someone aged 17 or older.
> 5歳未満のお子様には17歳以上の人の付き添いが必要です。

40 there 〈基本〉

解説 here and there 「ちらほらと、あちこちに」

「(ここやそこなど)いくつかの異なる場所に散らばって」の意味です。必ずしも「多い」感じではありません。日本語で「あちこち」というと「多い」感じを含む場合があるので、その場合には everywhere を用いましょう。

> A few students could be seen here and there on campus.
> キャンパスには学生がちらほらいた。

Lesson 3　言えそうで言えない表現 (3)

41　with　　　　　　　　　　　　　　　　　　　　　　　標準

解説　be done with A　「A を終わっている」

もとの形は、A is done. 「A が終えられた」です。この文の主語に「人」が置かれ、もとは主語だった A の部分が with A となり後ろに置かれました。なお、完了形の〈have done with ～〉も同じ意味です。(→ p.230 コラム⑥)

> I'm not done with my physics homework yet.
> 物理の宿題がまだ終わっていない。

42　came　　　　　　　　　　　　　　　　　　　　　　標準

解説　come up with ～　「～(考えなど)を思いつく」

この表現のもとになったのは An idea came up. 「ある考えが思い浮かんだ」という文です。**41**と同様に主語に「人」が置かれ、an idea が with と共に後ろに置かれた形です。～には an idea「考え」、a plan「計画」、an excuse「言い訳」、an answer「答え」などが置かれます。(→ p.230 コラム⑥)

> While walking, I came up with a good idea.
> 散歩しているときにいい考えを思いついた。

43　do　　　　　　　　　　　　　　　　　　　　　　　標準

解説　have (～) to do with A　「A と (～の) 関係がある」

直訳すると「A といっしょにするための～を持っている」となります。～の部分には nothing「A と何の関係もない」、something「A となんらかの関係がある」、a lot「A と大いに関係がある」などが置かれます。また、have to do with A「A と関係がある」という形でも使われます。
例 What does eating blueberries **have to do with** good eyesight?
　「ブルーベリーを食べることはよい視力とどう関係があるのですか」

> Genes may have something to do with human behavior.
> 遺伝子は人間の行動となんらかの関係があるかもしれない。

44　days　　　　　　　　　　　　　　　　　　　　　　標準

解説　every two[three /…] days　「2日[3日／…]に1度、ごとに」

every は通常、後ろに単数形の名詞が置かれます。**例** every day「毎日」
ところが、この表現では、three days を1つのカタマリ(単数)と考えて、「3日のカタマリごとに」→「3日に1度」という意味になります。なお、every two ～ と同じ意味で every other ～ という表現もありますが、この表現では、every other の後ろに単数形の名詞が置かれるので、注意しましょう。　**例** every other day(=every two days)「2日に1度」

> Sarah wrote to her mother every three days.
> サラは3日に1度母親に手紙を書いた。

45 times 〔基本〕

解説 **at such times** 「そのようなときに」

time は通常不可算名詞ですが、この表現では複数形になっていることに注意しましょう。
on such occasions「そのような場合には」も同じ意味の表現です。参 at times「時々」

> I sometimes feel like crying. At such times, I go to the nearby beach.
> 泣きたくなるときがある。そのようなときには近くの浜辺へ行く。

46 keep 〔標準〕

解説 **keep correct[good / perfect] time** 「(時計が)正確だ」

be accurate と同じ意味です。「(人が)時間を守る」は、(人) be punctual. です。
なお、「時計が〜分進んでいる／遅れている」は、This watch is 〜 minutes fast / slow.
「時計が〜分進む／遅れる」は This watch gains / loses 〜 minutes. です。
例 This watch is **five minutes fast**.「この時計は5分進んでいる」
　This watch **loses one second** every minute.「この時計は毎分1秒遅れる」

> Clocks in Switzerland always keep correct time.
> スイスの時計はいつも正確だ。

47 fail 〔標準〕

解説 **without fail** 「必ず」

ここでの fail は「失敗」を意味する名詞で、「失敗なしで」→「必ず」という意味になります。
every day[week / year] without fail の形で「毎日[週／年]欠かさず」となります。
上記以外でも「必ず」という意味で使います。fail は現在では動詞として用いられますが、昔は名詞としての用法があり、この表現はそのなごりです。　参 failure(名詞)「失敗」(→ p.272 コラム⑧)
例 Please come to the meeting today **without fail**.「今日の会議には必ず来てください」

> My mother goes to church every week without fail.
> 母は教会へ毎週欠かさず出かけます。

48 something 〔標準〕

解説 **(人) is something of 〜** 「(人)は(プロではないが)ちょっとした〜だ」

ここでの something は「ひとかどの人物、たいしたもの」を意味し、この表現はほめ言葉です。
something of がまるで形容詞のような働きをしています。反は(人) is not much of 〜「(人)はたいした〜ではない」です。　例 She is **not much of** a writer.「彼女はたいした書き手ではない」

> Ben is something of a musician. You should listen to his piano.
> ベンは、ちょっとした音楽家だよ。彼のピアノは聴くべきだよ。

49 go 〈やや難〉

解説 **let go of ~** 「(手や風船やロープなど)を放す」「(ある感情など)を解き放つ」

let *one*self go of ~ 「自らが~から離れて行くのを許す」から *one*self が脱落した形だと考えましょう。
この of は「~から離れて」という「分離」を意味します。反は take hold of ~「~をつかむ」です。
例 John **took hold of** his mother's clothes then.「ジョンはそのとき母親の服をつかんだ」
(→ p.178 コラム④)

> Be careful not to **let go of** the rope. The sea is rough.
> ロープを放さないように注意して。海が荒れているから。

50 in 〈標準〉

解説 **in (good) shape** 「状態がよい」

直訳は「形がよい状態で」で、in good condition と同じ意味です。この in は「状態」を表します。I stay in shape. は「(体形がよく=)脂肪もなく健康でいる」→「(疲れることなく運動ができるぐらいに)よい状態でいる」という意味です。反は in bad shape「状態が悪い」です。

> The doctor told me that my leg was healing well, and was **in** very **good shape**.
> 先生の話によると、私の脚は完治に向かっていて、非常に状態がよいとのことだった。

51 first 〈標準〉

解説 **come (in) first[second, third]** 「1 等[2 等、3 等]になる」

直訳すると、「1 番[2 番、3 番]に来る」です。in は省略されることが多く、マラソンなどでは finish first とも言います。
例 Ken **finished first** in the marathon.「ケンはマラソンで 1 着になった」

> I heard Stewart **came first** in the race.
> スチュワートがレースで優勝したらしいよ。

52 what (who も可能) 〈標準〉

解説 **what S + used to be** 「以前の S(の姿)」

ここでの what は関係代名詞で、what S be は「(be の時制が表す時の)S の姿、性質」を意味します。
what he is なら「今の彼(の姿)」、what our town should be なら「我々の町のあるべき姿」です。
なお、設問文の S is not what S used to be. は「S の姿、性質」が悪化していることを示唆し、単に「昔から変化した」と言う場合には、S have changed. と表現します。

> Melanie is not **what she used to be**. She is always complaining about her job.
> メラニーは以前の彼女とは違うね。いつも仕事の文句ばっかりだ。

53 time

解説 **take *one*'s time** 「(急がず時間をかけて)ゆっくりやる」

直訳は「自分の時間をとる」です。人に流されずに自分のペースでやるという感じです。反対の意味の「急いで～する」は、副詞 quickly を用いるのが一般的です。**例** I ate lunch **quickly**.「急いで昼食を食べた」 **参** What's the rush?「なぜそんなに急ぐの(→ゆっくりやれば)？」

> There's no hurry. Take your time.
> 急ぐことはありません。ゆっくりやってください。

54 home（ease も可能）

解説 **feel at home（with ～）** 「(～に)くつろぎを感じる、慣れ親しんでいる」

feel at home で「(十分に慣れていて、扱い方がわかっているため)くつろぎを感じる」という**意味です**。at home は「家にいる」ですが、家にいればくつろげますから「くつろぐ」という意味になり、家の中のことはよく知っているので「慣れ親しんでいる」という意味になります。
例 The sound of cicadas makes me **feel at home**.
「セミの声を聞くと私はくつろいだ気分になります」

> Jim feels at home with Japanese customs.
> ジムは日本の習慣に慣れ親しんでいる。

55 on

解説 **what is going on** 「出来事」

ここでの what は関係代名詞で、go on は「(事が)起こる」なので、**直訳すると「起こっていること」になります**。英語では具体的な言い方が好まれるので、「この会社のイメージ」なら how people look at this company「人々がこの会社をどのように見ているか」と表現するように、「世界の出来事」も what is going on[is happening] in the world「世界中で今起こっていること」と表現するのが好まれます。

> Newspapers are a good source of information about what is going on in the world.
> 新聞は世界の出来事に関する優れた情報源である。

56 out

解説 **hang out（with ～）** 「(特定の仲間などと)ぶらつく、つきあう」

hang out ～ は、「～を外に出してつるす」という意味です。**例** hang out the laundry「洗濯物を干す」 この表現は hang *one*self out「自らを外へ出してつるす」から *one*self が省略された形だと考えましょう。「外でぶらぶらとする」という感じです。口語的な表現で「(コンビニの前に)たむろしている」などというときに使います。

> I used to hang out with Tom and Jerry when I was in college.
> 大学のときはトムとジェリーとよく一緒にぶらついたものだ。

57 door 　基本

解説 名詞＋next door　「隣の（名詞）」

名詞（人や建物）の後ろに置くと、「隣の〜」という意味になります。次のようにも使われます。
例 Jim lives **next door** to us.「ジムは私たちの隣に住んでいます」
　Mr. Smith's house is **next door**.「スミスさんの家は隣だ」

> The old man next door is very fond of children.
> お隣の老人はたいへんな子ども好きだ。

58 long 　標準

解説 before long　「まもなく、すぐに」

before a long time「長時間の前に」から a と time が省略された形だと考えましょう。「長時間」になる「前」なので、「まもなく、すぐに」という意味になります。
例 I try to memorize ten English words every day, though I forget half of them **before long**.「毎日、英単語を10 ずつ覚えるようにしている。そのうち半分はすぐに忘れるけど」

> Jean's eyelids began to droop and before long she was fast asleep.
> ジーンはまぶたが重くなり始めて、まもなくぐっすり寝てしまった。

59 alone 　やや難

解説 （否定文に続けて）, let alone 〜　「まして〜ではない」

let 〜 go alone「〜をひとりで行かせる」から go が省略されて alone が〜の前に置かれた形だと考えるとわかりやすいでしょう。「〜なんて論外だからかやの外に置いてしまえ」という感じです。much less で言い換えることができます。
例 One hundred years ago, television was unheard of, **much less**［**let alone**］video games.「100年前ならテレビなんて聞いたことはなく、テレビゲームなどなおさらのことであった」

> The baby can't sit up yet, let alone walk.
> その赤ん坊は座ることができない。まして歩くなんてできるわけがない。

60 second 　標準

解説 have second thoughts（about 〜）　「（〜を）再考する」

直訳は「（〜について）第二の考えを持つ」→「見直す」という意味です。on second thought(s)「考え直して」という形でも使います。例 **On second thoughts**, I decided to cancel the project.「考え直して、私はその計画を中止することを決意した」

> We have had second thoughts about the whole project.
> 我々はその計画全体を見直した。

Lesson 4 　言えそうで言えない表現 (4)

61 throat　　　　　　　　　　　　　　　　　　　　　　　　標準

解説　clear _one_'s throat　「せき払いをする」

直訳すると「自分ののどをきれいにする」です。日本語と同様に、のどの通りをよくするためだけでなく、発言の前に注意を引きつけるためにするしぐさです。

> Jacob cleared his throat to get our attention.
> ジェイコブは私たちの注意を引くためにせき払いをした。

62 word　　　　　　　　　　　　　　　　　　　　　　　　標準

解説　by word of mouth　「口コミで」

「読むことによってではなく、だれかから聞いて」の意味です。
by bus「バスで」、by hand「手で」などと同様に冠詞がつかないことに注意しましょう。
例 The reputation of the shop spread **by word of mouth**.
　「その店の評判は口コミで広がった」　word-of-mouth「口コミの」という形容詞もあります。

> I have learned about the job by word of mouth.
> その仕事のことは口コミで知ったんだ。

63 clock　　　　　　　　　　　　　　　　　　　　　　　　標準

解説　around the clock　「24時間ぶっ通しで」

直訳すると「時計の周りを回って」で、「時計の針がぐるっと回っている」→「24時間ぶっ通しで」の意味になります。形容詞として around-the-clock「24時間営業[連続]の」でも使います。なお、設問文は around the clock の代わりに 24 hours でも言い換え可能です。

> This supermarket is open around the clock.
> このスーパーマーケットは24時間営業だ。

64 by　　　　　　　　　　　　　　　　　　　　　　　　　標準

解説　by nature　「生まれつき」

「自然(の流れ)によって」が直訳です。naturally や natural を使って言い換えることができます。
例 She is a talented musician **by nature**. / She has a **natural** talent for music. / She is a **naturally** talented musician.「彼女は生まれつき音楽の才能がある」
ただし、naturally は文脈によっては「当然(ながら)」という意味にもなるので注意しましょう。
例 **Naturally**, Ken accepted the offer.「当然、ケンはその提案を受け入れた」

> I don't think Cathy dislikes you. She's just a very shy girl by nature.
> キャシーは君のことが嫌いではないと思うよ。生まれつきとても内気なだけだ。

Lesson 4

65 tells (makes, cracks も可能) 〔標準〕

解説 **tell a joke** 「冗談を言う」

一般論は tell jokes,「ある(ひとつの)冗談」には tell a joke を使います。
tell は「だれに伝えるのか」を明確にするため、通例〈tell ＋(人)＋ ～〉の形で使われ、「人」を省略することはできません。ただし、**設問文のように「話」に関連する目的語が続く場合は例外です。**
例 tell a story [a myth / a lie]「(ある)物語[神話/うそ]を話す」
参 fall flat「(冗談などが)うけない」 例 Tommy's joke **fell flat**.「トミーの冗談はうけなかった」

> Dale always tells really good jokes.
> デイルはいつも本当に気の利いた冗談を言う。

66 about 〔やや難〕

解説 **what S is all about** 「S の本質」

ここでの about は「～の周囲に」を表すので、A is about B. は「A は B の周りにある」→「**A の中心に B がある」という意味です。**言い換えれば「B は A の本質だ」となります。all は強調の副詞です。the nature of ～「～の性質」よりも幅広く使える表現です。

> Paul talks as if he knew what life is all about.
> ポールは人生の本質がわかったような口ぶりだ。

67 for 〔基本〕

解説 **be in time for ～** 「～に間に合って」

この in は「～のうちに」を意味し、**直訳すると「～の時間のうちに」です。** be in time to (V) になることもあります。 例 I was in time to catch the bus.「私はバスに乗るのに間に合った」 for ～ が省略されて in time を単独で使うこともありますが、in time は通例「時間が経てば」→「やがて、そのうちに」という意味になるので注意しましょう。
例 His theory will prove to be true **in time**.「やがて、彼の理論が本当だとわかるだろう」

> Fortunately, Jessie and I were in time for the last train.
> 幸いジェシーと私は終電に間に合った。

68 fall 〔標準〕

解説 **fall short (of ～)** 「(～に)届かない」

ここでの fall ～は「～の状態になる」、of は off の変形で「～から離れて」の意味なので**直訳すると「～から離れて短い状態になる」です。**目標に届かないときに使います。
例 The results **have fallen short of** expectations.「結果は予測したほどではなかった」

> This year's harvest will fall short of the average.
> 今年の収穫は平年の収穫に及ばないだろう。

69 last

解説 **until the last minute**　「ぎりぎりまで、土壇場まで」

「最後の1分まで」が直訳です。Until the last minute, we had hoped ～「最後の最後まで私たちは～を望んでいた」などの文でも使えます。
例 Don't wait **until the last minute**.「物事を土壇場まで待っていてはいけない」

> If you leave your homework until the last minute, you will definitely panic.
> 宿題をぎりぎりまで放置すると、間違いなく慌てふためくことになるよ。

70 after

解説 **be after ～**　「～を追いかけている」

直訳すると「～の後にいる」です。犯人を追いかけているような状況から、何かを研究している場面まで、幅広く使えます。なお、run after ～「(走って)～を追いかける」も同じイメージです。

> Antony isn't the man we're after.
> アントニーは我々が追っている男ではない。

71 sick

解説 **call in sick**　「病気で休むと電話をかける」

日常生活でよく使われる表現です。call in は「電話で報告する」の意味で、sick「病気で」は補語の役割をします。つまり**「病気の状態で、電話報告をする」**が直訳になります。

> Mr. Smith called in sick this morning. He said he had a high fever.
> スミスさんから、今朝、病気で休むと電話があった。高熱らしい。

72 stressed

解説 **feel stressed**　「ストレスを感じる」

feel の後ろには通例、形容詞が置かれます。よって stress ではなく stressed になることに注意しましょう。参 have a lot of stress「多くのストレスを抱える」
なお「ストレスを与える、ストレスの多い」という形容詞は stressful です。
例 stressful event「ストレスのたまる出来事」　参 it is best to (V) (→ 25)

> If you feel stressed, it is best to get more sleep.
> ストレスを感じたら、睡眠時間を増やすのが1番だ。

Lesson 4

73 backs 〔標準〕

解説 lie on *one*'s back 「仰向けになる」

back は「背中」なので、**直訳すると「自分の背中の上で横になる」**です。
なお、lie on *one*'s stomach は「胃の上で横になる」なので、「腹ばいになる」、be (down) on all fours は「四つ足(人間の手足)の上にいる」なので、「四つんばいになる」です。

> We lay on our backs and looked up at the starry sky.
> 私たちは仰向けになって星空を見上げた。

74 other 〔基本〕

解説 the other day 「先日、この間」

日本語で「先日」というと、比較的前のことを指すこともありますが、the other day はもっと「現在」に近い時を表し、「1日前」のことを言う場合もあります。

> When I visited an old friend from college the other day, he gave me a warm welcome.
> 先日大学時代からの友人を訪ねたら、温かく出迎えてくれた。

75 under[underneath] 〔標準〕

解説 get under ~ 「~の下に行く、もぐる」

この get は「~に達する」を意味するので、**「~の下に達する」が直訳です**。get の代わりに go を用いることもあります。

> If there is an earthquake, get under a table.
> 地震の際には、テーブルの下にもぐりなさい。

76 without 〔標準〕

解説 It goes without saying that S V ~ 「S V ~は言うまでもない」

フランス語に由来する表現で、it は状況を表し、**「状況はわざわざ S V と言わなくても過ぎていく」が直訳です**。世間のだれもが認めるような「当たり前のこと」を述べるときに使われます。

参 The Internet, it goes without saying, is a good source of information.
「インターネットがよい情報源であることは言うまでもない」

> It goes without saying that honesty is the best policy.
> 正直は最善の策であることは言うまでもありません。

77 of 　　　　　　　　　　　　　　　　　　　　　　　　　　　　　標準

解説 **as of ＋(日付)** 「(日付)現在で、(日付)の時点で」

統計値などのデータを取った日付を示す場合に使われます。of は of January first「1月1日の」のように「(日付)の」、as は「～として」がもとの意味なので、「1月1日としての」→「1月1日現在で」となります。 **例** as of 1981「1981年現在(の時点で)」 英字新聞などでも頻繁に見る表現です。

> As of January first, the population of our city is about one hundred thousand.
> 1月1日現在で、我が市の人口はおよそ10万人です。

78 pity[shame] 　　　　　　　　　　　　　　　　　　　　　　　　標準

解説 **It is a pity[a shame] (that) S V ～** 「S V ～なのは残念だ」

a に注意してください。直訳すると「S V は(世界にある)残念なことの1つである」となります。世間のことだけでなく自分の失敗などにも使えます。It is regrettable that S V ～「S V ～は残念だ」という表現もあります。

> It's a pity you couldn't come to the concert yesterday.
> 昨日コンサートにあなたが来られなかったのは残念だ。

79 one 　　　　　　　　　　　　　　　　　　　　　　　　　　　　標準

解説 **ten to one** 「きっと、十中八九」

直訳すると「10対1」です。It is ten to one that S V.「きっと(十中八九)、S は V する」の形でも用います。「ありそう」が10、「なさそう」が1で、本当に起こりそうな場合に使います。
例 Ten to one it'll clear up in an hour or so.「きっと(十中八九)、1時間もしたら晴れるよ」

> Ten to one Jimmy will have forgotten about it tomorrow.
> きっと(十中八九)ジミーは明日になったらそのことを忘れているよ。

80 go 　　　　　　　　　　　　　　　　　　　　　　　　　　　　標準

解説 **(時間・距離)＋ to go** 「残り(時間・距離)」

直訳すると「行くべき(時間・距離)」です。例えば three years to go before the Olympic Games なら「オリンピックまでに行く[過ぎる]べき3年→オリンピックまであと3年」という意味になります。 **参** Hang in there! (→ **13**)

> Hang in there! Only another mile to go!
> 頑張れ！あとたった1マイルだ！

Lesson 5 　言えそうで言えない表現 (5)

81 sure　　　　　　　　　　　　　　　　　　　　　　　　　　　　　標準

解説　make sure (that) S V　①「S V を確認する」②「必ず S V になるようにする」

直訳の「S V ということを確実に(sure)する(make)」から①「S V を確認する」②「必ず S V になるようにする」となります。②では that 節中の S V が未来のことでも普通 will はつけません。
例 I'll make sure that Ron gets the message.「ロンが必ず伝言を受けとるようにします」

> The teacher counted the students to make sure that everyone was there.
> 先生は生徒がみんないるかを確認するために生徒を数えた。

82 to　　　　　　　　　　　　　　　　　　　　　　　　　　　　　標準

解説　help *one*self to ~　「(主に食べ物など)を自由に取る」

help *one*self to go to ~「自分が~に行くことを助ける」→「~を自由に取る」から to go が省略された形だと考えればよいでしょう。なお、口語的な表現では He helped himself to the money.「彼はお金を(自由に取った→)盗んだ」のようにも使われます。

> Please help yourself to some cake.
> どうぞケーキを自由にお召し上がりください。

83 see[check]　　　　　　　　　　　　　　　　　　　　　　　　　基本

解説　see if S V　「S V かどうか確認する」

see ~ は、「(目で)~が見えている」という意味ですが、この表現のように(「(頭で)見えている」→)「~がわかる」という意味でも使います。この if 節は「~かどうか(ということ)」の意味なので、「S V かどうかわかる」となります。やや堅い文では if の代わりに whether を使うこともあります。

> I'll look up that book in the database to see if we have it.
> その本があるかどうか、データベースで調べてみます。

84 heard　　　　　　　　　　　　　　　　　　　　　　　　　　　　基本

解説　hear from ~　「~から連絡(手紙・電話・メール)がある」

hear ~ は通例「~を聞く、~が聞こえている」という他動詞ですが、この表現では自動詞として使われています。なお、「~と連絡をとる」は get in touch with ~ (→**703**)です。

> I have not heard from Jean lately.
> 最近ジーンから連絡がない。

85 comes 　　　　　　　　　　　　　　　　　　　　　　[標準]

解説 **when it comes to 名詞 / (V)ing** 　「(話題が)〜の／Vすることとなると」

口語的な表現です。it は「漠然とした状況」を表し、**直訳すると「状況が〜に来ると」→「〜のこととなると」**となります。to は前置詞なので、後ろに動詞を置く場合は動名詞の形にします。
例 When it comes to playing tennis, he is the best.「テニスをすることとなると彼が1番だ」

> **When it comes to** Russian literature, I don't know anything.
> ロシア文学のこととなると私は何も知らない。

86 understood 　　　　　　　　　　　　　　　　　　　[標準]

解説 **make *one*self understood (in 外国語)** 　「(外国語で)自分の発言を相手に理解してもらう」

この make は「O を C の状態にする」で、**「自分自身が理解されている状態にする」→「自分の発言を相手に理解してもらう」**となります。ただし、「私は英語で意思を伝えられなかった」と表現する場合、My English was not understood. や I couldn't communicate in English. のほうがよく使われます。

> I'm not good at German, but I can **make myself understood**.
> ドイツ語は得意ではありませんが、意思を伝えることはできます。

87 it 　　　　　　　　　　　　　　　　　　　　　　　　[標準]

解説 **make it** 　「(困難などを克服し)うまくやる」

ここでの it は「漠然とした状況」を指すので、**直訳すると「ある状況(it)を作る(make)」→「うまくやる」**となります。「時間に間に合う」「うまくやり遂げる」「出席する」など幅広く使われます。
例 Jim **made it** as a lawyer.「ジムは弁護士として成功した」
　I hope you can **make it** to the ceremony.「あなたがその式典に参加できるといいのですが」

> The bus is coming in five minutes. I don't think we can **make it**.
> バスはあと5分で来る。間に合うとは思わない。

88 with 　　　　　　　　　　　　　　　　　　　　　　　[標準]

解説 **Something has gone wrong with 〜** 　「〜はどこか調子が悪くなった」

ここでの wrong は「正常でない」という意味で、with は「〜に関しては」を表します。よって、**直訳すると「〜に関して(with)何か(something)が正常でない(wrong)」→「〜はどこか調子が悪い」**となります。Something is wrong with 〜「〜はどこか調子が悪い」という形でも使います。

> **Something has gone wrong with** the motorbike.
> バイクの具合がどこかおかしくなった。

89 does

解説 do ~ good[harm] 「~に利益[害]を与える」

do は、目的語に good「利益」、harm「害」、a favor「好意」などの目的語を伴う場合「与える」の意味で使われます。参 do ~ damage to ...「…に~の被害を与える」（→726）
例 Would you **do** me **a favor**?（「好意を与えていただけますか」→「お願いを聞いていただけますか」）
この do は、give とは言い換えは不可能なので注意しましょう。

> Watching TV <u>does us</u> more <u>harm</u> than good.
> テレビを見るのは益になるより<u>害になる</u>。

90 concerned

解説 As far as I am concerned 「私に関する限り」

口語的な表現です。in my opinion「私の意見では」と同じような意味で、自分の意見を言うときに使われます。as far as を用いた表現としてほかには、以下を覚えておくとよいでしょう。
as far as I know「私の知っている限りでは」、as far as I can remember「覚えている限りでは」、as far as the eye can see「目の届く範囲では」

> <u>As far as I'm concerned</u>, that's a bad idea.
> <u>私に関する限り</u>、それは悪い考えだね。

91 latest

解説 at the (very) latest 「遅くとも」

直訳すると「最も遅い時点で」→「遅くとも」となります。反は at the (very) earliest「早くとも」です。latest はこれ以外では普通「最新の」という意味で使います。
例 his **latest** CD「彼の最新の CD」

> Henry will be back by Friday <u>at the latest</u>.
> ヘンリーは<u>遅くとも</u>金曜日には戻って来るよ。

92 called

解説 what is called ~ 「いわゆる~」

この what は関係代名詞で、直訳すると「~と呼ばれているもの」→「いわゆる~」となります。
what we[you / they] call ~という言い方もできます。類似表現の so-called ~「いわゆる~」は、多くの場合、「不信感」や「軽べつ」の気持ちを示唆します。
例 Nick is a **so-called** expert.「ニックは名ばかりの（自称）専門家だ」

> I respect <u>what is called</u> "a self-made person."
> 私は<u>いわゆる</u>「たたき上げの人（←自分で成功を収めた人）」を尊敬します。

Lesson 5

93 believe（文脈次第では out も可能） 　標準

解説 **make believe (that) S V**　「S V のふりをする」

make *one*self believe that S V「自分に S V ということを信じさせる」→「S V のふりをする」から *one*self が省略された形だと考えましょう。「（正義の味方など）のふりをして遊ぶ」「（何か楽しいことが生じている）ふりをする」などの文脈でも使います。　例 Edgar tends to **make believe** he is happy even if he is sad.「エドガーはたとえ悲しくても幸せなふりをしがちだ」なお、類似表現の pretend that S V ／ to (V)「S V のふりをする／ V するふりをする」は相手をだます場合などもっと幅広い文脈で使われます。（→ p.178 コラム④）

> Let's make believe that we are pirates!
> 海賊ごっこをしよう（＝海賊のふりをしよう）。

94 better 　標準

解説 **know better than to (V)**　「V するほど愚かではない」

S know better than S know well enough to (V) がもとの形と考えればよいでしょう。「S の分別」＞「V するくらいの分別」で、「V するほど愚かではない」という意味になります。than 以下に to (V)以外が置かれることもあります。言い換えると be wise or experienced enough not to (V)「V しないだけの分別や経験を備えている」です。

> They should know better than to shout in the classroom.
> 彼らは教室でわめいたりしないだけの分別を持つべきだ。

95 up 　やや難

解説 **make up**　「仲直りする」

up は「完了」を示すので、**直訳すると「（壊れた関係を）すっかり（up）作り上げる（make）」**→「**仲直りする**」となります。なお、make up 〜は「〜をでっちあげる」という意味にもなります。例 **make up** a story「話をでっちあげる」、**make up** the incident「事件をでっちあげる」

> With a firm handshake, we made up.
> 固い握手をして仲直りした。

96 nowhere 　やや難

解説 **S get (人) nowhere**　「S は(人)にとってなんにもならない」

「S は(人)をどこにも連れて行かない」→「S は(人)にとってなんにもならない」となります。主に「長期間努力しても報われない」という文脈で用いられます。例 Keeping problems to yourself **gets you nowhere**.「ひとりで悩みを抱えていても1歩も先へ進まない」　反 は S get (人) somewhere「S は(人)をどこかに連れていく」→「S は(人)になんらかの成果をもたらす」です。

> Playing video games too much will get you nowhere in life.
> テレビゲームのしすぎは人生においてなんの役にも立たない。

Lesson 5

97 value 〈標準〉

解説　That's good value.　「それはお買い得だね」

口語でよく使われる表現です。この value は「値打ち」を表します。a をつけて a good value とすることもあります。なお、もっと安いものを表す場合には That's a real bargain.「それは本当にお買い得だ」と言います。

> You should buy fruit here. It's always good value.
> 果物はここで買えばいいよ。いつもお買い得だよ。

98 to 〈標準〉

解説　see (to it) that S V　「S が V するように気をつける、S が V するように取り計らう」

it は形式上の it で、後ろの that 節の内容を示します。直訳すると「S が V することのほうへ目をやる」→「S が V するように気をつける」となります。that 節の中は未来のことでも普通 will は用いないので、注意しましょう。なお、see to ～だけで「～に気をつける、～を取り計らう」という意味でも使います。
例 I'll see to everything.「私がすべてを取り計らいます」参 make sure（→ 81）

> They see to it that their guests are fully satisfied.
> 彼らは客が十分に満足できるように目を配っている。

99 to 〈標準〉

解説　to some extent　「ある程度」

extent は「程度」を表し、some は「ある～」の意味なので、to some extent で「ある程度」となります。動詞や形容詞などを修飾することができます。
the extent to which ... は「どの程度…」と訳しましょう。　例 The extent to which we can reach our goal depends on our effort.「どの程度我々の目標に近づけるかは努力次第だ」

> The one-child policy in China is successful to some extent.
> 中国の一人っ子政策はある程度成果を収めている。

100 time 〈標準〉

解説　for the time being　「当面の間、とりあえず」

この be は「存在する」という意味で、「(今)存在する時間の間」→「当面の間、とりあえず」となります。普通「長い間とは言わないが、とりあえず事態が変わるまでは」という文脈で使われます。似た意味の表現に for the moment / for the present「今のところは」があります。

> I got a hole in my pants, so for the time being, I covered it with a handkerchief.
> ズボンに穴があいたので、とりあえずハンカチを当てておいた。

[コラム①] 基本的な動詞を使った熟語の注意点

1．基本的な動詞を使った熟語は文脈で意味を判断！

たとえば、辞書で pick ～ up を引いてみましょう。辞書によってはその意味が 20 も載っている場合があります。「こんなにたくさん覚えられないよ！」という悲鳴が聞こえてきそうですが、そのすべてを覚える必要はありません。基本的な意味だけを押さえていれば、多くの場合、文脈から推測できるからです。

Suddenly we picked up signals for help. なら「突然、救難信号を拾い上げた」が直訳ですが、文脈からこの pick ～ up は「（ラジオ、レーザーなどで）～を拾い上げる」→「～を傍受する」の意味だと推測できます。During my stay in Italy, I picked up a little Italian. ならば、「～を聞き覚える」という意味だと推測できます（文の意味は「イタリアに滞在中、私はイタリア語を少し聞き覚えた」）。

日本語でも「山」＝「試験に出るところ」とは覚えていないでしょうが、「昨日、日本史の試験で山が当たった」と言われれば、文脈から「試験に出るところが的中した」と理解できるはずです。

辞書は「中心的な意味」だけを掲載すればいいのではなく、「適切な訳語」を掲載する使命があるため、どうしても「多くの意味を持っている」と誤解されてしまいます。これからは、辞書に数多くの意味が載っていても、それらを全部覚えようとするのではなく、まずは「中心的な意味」と「特に頻度の高い意味」だけを覚え、各文中での意味はそれぞれの文脈で判断するようにすればよいでしょう。

2．基本的な動詞を使った熟語の使用は困難！

make, pick, take などの基本的な動詞に、前置詞や副詞がついてできた熟語は、実は使用するのがとても難しいのです。このような熟語は、1．でも述べたように、文脈に応じてさまざまな意味になるので、特定の意味を表すためにはどうしても使用される文脈が制限されます。たとえば take ～ in は「～をだます」という意味で使われることがありますが、be taken in by ～「～によってだまされる」という受動態の形でしか使われません（→ 535）。また、come by ～「～を手に入れる」もほとんどの場合、How did you come by ～?「どうやって～を手に入れたのですか」や ～ is hard to come by.「～を手に入れるのは難しい」などの形で使われます（→ 694）。よって、「大金を手に入れた」と表現するつもりで、I came by a large amount of money. と言っても不自然な文になってしまうのです。それぞれの熟語・表現が使われる状況や用法を本書でしっかり確認し、基本的な熟語・表現を適切に使いこなせるようになりましょう。

Lesson 6 動詞の意味をよく知ろう(1)

101 complain 〔標準〕

解説 complain about ～ 「～のことに関して文句を言う」

complain about ～ は「～に関して苦言(不満)を言う」の意味で幅広く使われる表現ですが、complain of ～「～のことに文句を言う」は、～に「腰の痛み(a pain in the lower back)」や「頭痛(headache)」など身体的な苦痛が主に置かれます。また、complain that S V 「S V であると文句を言う」の形でも使います。

例 Meg **complained** that the service was bad. 「メグはサービスが悪いと文句を言った」

> His neighbors **complain about** Ted's noisy motorbike.
> 近隣の人たちは、テッドの大きな音を立てるバイクについて文句を言っている。

102 forget 〔基本〕

解説 forget to (V) 「V することを忘れる」

to (V) は「(未来に)V すること」を表します。なお、forget (V)ing「(過去に)V したことを忘れる」はあまり使われませんが、will never forget (V)ing「V したことを決して忘れない」という形は覚えておきましょう。「(過去に)V したことを忘れる(覚えていない)」は普通 I don't remember (V)ing. を使います。「～のこと[～に関すること]を忘れる」は、forget about ～ と表現します。

例 **forget about** an appointment 「約束のことを忘れる」

> Don't **forget to** turn off the lights.
> 電気を消すのを忘れてはだめだよ。

103 enable (allow も可能) 〔標準〕

解説 S enable[allow] O to (V) 「S は O が V することを可能にする」

enable は en-[動詞を作る接頭辞] + -able[可能] → 「可能にする」という意味です。「S のおかげで O は V できる」と訳すと自然です。なお、普通、allow O to (V) は「O が V するのを許す」という意味になりますが、enable と同じような意味で使うこともあります。

> Club activities **enable** us **to** have experiences we can't get in the classroom.
> クラブ活動によって、教室では得られない体験をすることができる。

104 graduate 〔基本〕

解説 graduate from ～ 「～を卒業する」

go to school「学校に行く」と同様に、graduate from ～ の～に置かれる school や college には冠詞をつけません。graduate は grade「成績」と同じ語源で、そこから「学位を取る」→「卒業する」という意味になりました。

参 a graduate「卒業生」、a graduation ceremony「卒業式」

> Next year I will **graduate from** high school.
> 来年、高校を卒業します。

105 spent 〔標準〕

解説 spend＋(時間)＋(V)ing 「(時間)をVするのに使う、Vして過ごす」

(V)ing の部分には with the children「子どもと」、on the beach「浜辺で」など、副詞句が置かれる場合もあります。**副詞句の部分がなければ文として成立しません**。動詞を置く場合は、設問文のように(V)ing の形にします。もとは spend＋(時間)＋in (V)ing という形でしたが、現在では in を省略するのが普通です。また、spend＋(金額)＋on ～ という表現もあります。(→ p.157 コラム③)

> We spent all the afternoon walking about town.
> 私たちは午後はずっと街をぶらぶらして過ごした。

106 resulted 〔標準〕

解説 A result in B 「Aの結果Bになる」

result はもともと re-[後ろに]＋sult[跳ねる]という意味です。よって、A result in B は「Aが飛び跳ねた(result)結果、Bの中に(in)着地する」→「Aの結果Bになる」となります。
参 B result from A「Aの結果Bとなる」 A result in B と B result from A では A と B の関係が逆になることに注意しましょう。

> Computerization has resulted in the gradual disappearance of manual jobs.
> コンピュータ化が進んだ結果、手仕事が徐々に減少している。

107 refused 〔標準〕

解説 refuse to (V) 「Vするのを拒む」

refuse「断る」は、an offer「申し出」、an invitation「招待」などの名詞のほか、この表現のように to (V)も目的語にとります。似た表現の reject「拒絶する」は、refuse よりももっと「きっぱりと断る」という意味で、なおかつ、to (V) を目的語にとることはできません。[×] reject to (V)

> Judy refused to sign the document.
> ジュディーはその書類にサインをするのを拒んだ。

108 contributed 〔標準〕

解説 contribute to ～ 「～に貢献する」

contribute はもともと「共に(→強意)与える」という意味なので、「～に貢献する」以外に次のような意味でも使われます。 例 contribute to a newspaper「新聞に((原稿を)与える→)寄稿する」、contribute books to the library「図書館に(本を与える→)本を寄贈する」
また、マイナスイメージで使われることもあります。
例 The increase in carbon dioxide in the atmosphere has contributed to global warming.
「大気中の二酸化炭素の増加が地球温暖化の原因となった」

> Shawn contributed greatly to their winning the championship.
> ショーンの活躍で優勝できた(←ショーンが優勝に貢献した)。

Lesson 6

109 believe 〈基本〉

解説　believe in ~　「~を信じている」

believe は、「(一時的に人の言うことなど)を信じる」(例 I believe you.「君の言うことを信じる」) や believe that S V「S V だと思う」などを除くと自動詞として用いられ、in を伴います。believe in ~ は「~を信じている」という意味で、「信じる」のは長期間です。例 believe in Santa Claus「サンタクロース(の存在)を信じる」、believe in you「あなたを信頼する」

> The survey showed that 52 percent of British people believe in UFOs.
> その調査でイギリス人のうち 52%が UFO を信じているとわかった。

110 led 〈標準〉

解説　A lead to B　「A は B に通じる、A の結果 B になる」

lead は「通じる」という意味で、「原因と結果の関係」を示す表現です。
例 Your efforts will lead to success.「あなたの努力の結果、成功になるでしょう」→「あなたの努力が成功につながるでしょう」　なお、lead の活用変化は lead-led-led です。

> The scientist's research eventually led to the development of a vaccine.
> その科学者の研究が最終的にワクチンの開発(につながった→)をもたらした。

111 adapted 〈標準〉

解説　adapt to ~　「(徐々に)~に適応する」

adapt ~ は「(別の用途で使えるように)~を変える」という意味です。
例 We have adapted our house so that we can look after our old father more easily.「老いた父の面倒をもっと楽に見られるように家を改造した」
adapt to は adapt oneself to ~「自分自身を~に合わせて変える」→「~に適応する」から oneself が省略された形だと考えましょう。「(新たな状況に慣れるように)徐々に行動や態度を変える」という文脈で使われます。

> Sherry adapted to the diet, and she's lost a lot of weight.
> シェリーは食事制限に適応し、かなり体重を減らした。

112 interact 〈やや難〉

解説　interact with ~　「~と交流する、相互に作用する」

interact は inter-[~間の]＋ act[行う]→「お互いに作用し合う」から「人と人が交流する」や「物と物が相互に作用する」という意味です。「意思の疎通」という面だけなら communicate with ~「~と意思の疎通をする」で表現しますが、interact with ~ はもっと広い意味での「相互作用」を表現します。

> People interact with others in many ways.
> 人々はいろいろな形で他人と関わり合っている。

113 prepare 〔標準〕

解説 **prepare for ～**　「～に向けて準備をする」

prepare ～ は「～を作る」という意味合いです。よって、prepare the meeting は、会場の設定など「会議そのものを作る」という意味になりますが、prepare for the meeting は「会議に向けて（発表などの）準備をする」という意味になります。　**例** prepare for the classes「授業の予習をする」　なお、be prepared to (V)は「Vする準備が整っている」の意味です。

> We stayed late at school every day to prepare for the school festival.
> 私たちは毎日学校に遅くまで残って、学園祭の準備をした。

114 afford 〔標準〕

解説 **can afford ＋名詞 / to (V)**　「～を買う[持つ]余裕がある / Vする余裕がある」

afford は「余裕がある」という動詞で、主に否定文で使われます。時間的／金銭的余裕の両方に使われますが、多くの場合「（金銭的に）余裕がある」という意味で使われるので、「（時間の）余裕がある」と表現する場合、have enough time to (V) とするほうが無難です。

> I wish we could afford to hire a housekeeper.
> お手伝いさんを雇える余裕があればいいのに。

115 cost 〔基本〕

解説 **S cost ＋（人）＋（金額）**　「S は（人）に（金額）がかかる」

cost は「（金額）がかかる」という意味で、活用変化は cost-cost-cost です。形式上の it を主語にして It costs ＋（人）＋（金額）＋ to (V)「Vすることは（人）に（金額）がかかる」という形をとることもあります。　**例** It cost (me) five thousand yen to have my watch repaired.「時計を修理してもらうのに 5,000 円かかった」「（個人に関係なく一般に）～かかる」という場合、（人）は省略できます。なお、目的語には「犠牲の代償」が置かれることもあります。
例 That mistake cost him his job.「そのミスのせいで彼は仕事を失った」

> If you have a pet at the apartment, it'll cost fifty dollars extra a month.
> そのアパートでペットを飼う場合、1 か月あたり 50 ドル余分にお金がかかる。

116 hoped 〔標準〕

解説 **hope for ～**　「（実現の可能性のあること）を希望する」

hope は後ろに名詞が続く場合、自動詞として前置詞 for を伴って「～を希望する」という意味になります。ただし、hope that S V「S V であることを望む」、hope to (V)「V することを望む」などの形では他動詞として、直接、目的語をとります。なお、in the hope of ～「～を希望して」の場合は for ではなく、of を用います。**参** wish「（実現の可能性の低い[不可能な]こと)を望む」

> I couldn't get the results I had hoped for on the test.
> その試験では思わしい（←希望していた）成果が得られなかった。

Lesson 6

117 saved 〔標準〕

解説 save（人）～　「（人）にとって～の節約になる」

この save は「節約する」という意味です。例 save electricity「節電する」、save money「お金を節約する」、save one's strength「体力を温存する」、This new refrigerator can save you about 3,000 yen a year in electricity.「この新型冷蔵庫で 1 年当たり約 3,000 円の電気代が浮きます」

> Making the hotel reservation online saved me 3,000 yen.
> インターネットで予約したのでホテル代が 3,000 円浮いた。

118 replace 〔標準〕

解説 replace ～　「（壊れた物、盗まれた物、切れた電池など）を入れ替える」

「だめになった物を新しい物に交換する」という意味です。A replace B.「AがBに取って代わる」という形でも使いますが（例 CDs have replaced records.「CDがレコードに取って代わった」）、設問文のように、（人）replace A with B「（人）がAをBと取り替える」という形でも使えます。（→ p.230 コラム⑥）

> The batteries are dead. You have to replace them with new ones.
> 電池が切れている。新しいのと交換しないといけない。

119 exchanged 〔標準〕

解説 exchange ～　「～を交換する」

「意見の交換」のように「（同種の物）を交換する」場合に使います。また、exchange は exchange A for B「AをBと交換する」の形でも使います。例 exchange yen for dollars「円をドルに交換（両替）する」　アメリカ英語では exchange の代わりに trade も使います。例 Ralph often trades comic books with his friends.「ラルフはよく友だちと漫画を交換する」

> After shaking hands, we exchanged a few words.
> 握手をした後、私たちは言葉を少し交わした。

120 help 〔標準〕

解説 cannot help (V)ing　「（笑う、泣くといった感情）を抑えきれない、思わずVしてしまう」

これは help の例外的な用法です。help は「～を支える（＝助ける）」なので「V すること（(V)ing）を支えきれない(cannot help)」という感じです。やや古いですが、同じ意味の表現に cannot but (V)〔cannot do but (V)「V以外には何もできない」→「思わずVしてしまう」から do が省略された形〕があります。また、cannot help but (V) という形も使われています。

> When we saw some egg on his face, we could not help laughing.
> 彼の顔に卵がついているのを見て、私たちは思わず笑ってしまった。

Lesson 7 動詞の意味をよく知ろう(2)

121 let 〔基本〕

解説 let O know 「O に知らせる、教える」

let O V は「O が V するのを許す(→「~させる」)」という意味なので、**直訳すると「O が知っている(know)状態になることを許す(let)」→「O に知らせる」**となります。口語的な表現で、この表現での know は自動詞としても他動詞としても使います。
参 inform (人) of ~「(人)に~を通知する」(→ 152)

> I'll let you know when I get more information.
> もっと情報が入ったら教えるよ。

122 provides 〔標準〕

解説 provide (人) with ~ 「(人)に~を供給する」

「あるものを必要とする人に、それを与える」という意味です。この with は「所有」を表し、(人) with ~ は「(人)が~を持っている状態」の意味です。provide ~ for (人) の形をとることもあります。同じ型をとる動詞には supply (人) with ~「(長期間)(人)に~を供給する」、present (人) with ~「(人)に~を贈呈する」があります。

> The charity provides children in Africa with food and clothing.
> その慈善団体はアフリカの子どもたちに食料や衣服を供給している。

123 satisfied 〔基本〕

解説 be satisfied with ~ 「(基準を満たしているという意味で)~に満足している」

satisfy は「…を満足させる」という意味の動詞なので、**「満足している」という意味には受動態を使います**。なお、この表現は「非常に満足している」というのではなく「(ある基準を満たしているので)まあ、これで OK」という感じです。「とても[非常に]満足している」などと強調する場合は very [completely / fully / totally / entirely] などをつけます。

> I'm not satisfied with my apartment. I'm looking for a better one.
> 私は今のアパートに満足していない。もっとよい所を探している。

124 impressed 〔標準〕

解説 be deeply impressed by [with] ~ 「~によって感銘を受ける」

impress は im-「中に」+ press「押す」→「心の中に押しつける」がもとの意味です。その受動態は be impressed by [with] ~ です。それほど強い意味ではないため、「感銘を受ける」と言う場合 deeply などをつけます。参 be moved by ~「(共感や悲しさで)~に感動する」も重要です。

> Stanley was deeply impressed by the painting.
> スタンリーはその絵に感銘を受けた。

Lesson 7

125 serves 〈標準〉

解説 serve as ~ 「~として役立つ」

serve はもともと「仕える」という意味で、そこから「役立つ」という意味になります。設問文のように、「(本来想定していた形とは異なる形で)役に立つ」という文脈で使われることが多いです。 例 This fashion magazine **served as** a good reference when I wrote the paper on American history. 「このファッション雑誌はアメリカ史に関する論文を書く上で大変参考になった」

> The building now serves as a hostel for foreign tourists.
> その建物は現在、外国人旅行者のための簡易宿泊所として役立っている。

126 derive 〈やや難〉

解説 A derive from B 「A は B に由来する」

derive は de-「(= down)下へ」+ rive「(= river)川」から、「川から流れ出る」→「由来する」となります。しばしば、「長い歴史や過程を経て出てきた」という文脈で使われます。
他動詞の derive は derive ~ from ...「…から~を引き出す」の形で使います。
例 **derive** some comfort **from** ~「~からある程度の慰めを得る」

> These English words derive from Latin.
> これらの英単語はラテン語に由来する。

127 yield 〈やや難〉

解説 yield to ~ 「(要求、誘惑など)に屈する」

他動詞の yield ~ は「(収穫など)を与える、産出する」という意味です。**この表現は** yield *one*self to ~「自らを~に与える(ささげる)」→「~に屈する」から *one*self が省略された形だと考えましょう。「(いやいや)受け入れる」という意味です。~にはたとえば the enemy「敵」、terrorism「テロ」、diplomatic pressure「外交上の圧力」、temptation「誘惑」などが置かれます。

> The hijackers refused to yield to the demands.
> ハイジャック犯はその要求を受け入れることを拒否した。

128 reminds 〈標準〉

解説 remind O of ~ 「O に~を思い出させる」

「~を思い出す」ではなくて「~を思い出させる」という意味です。remember ~「~を覚えている」と区別しましょう。受動態にすると、be reminded of ~で「(何かがきっかけで)~を思い出す」という意味になります。
例 I'm **reminded of** my first love when I hear the song.「その歌を聞くと初恋を思い出す」
remind O to (V)「(忘れないように)O に V を思い出させる」という形で使うこともあります。

> This teddy bear reminds me of my happy childhood.
> このテディベア(クマのぬいぐるみ)は私の幸せな子どものころを思い出させる。

129 regarded (seen も可能) 〔標準〕

解説 **regard O as C** 「O を C とみなす」

regard ~ は本来「~を見る」という意味なので、regard O as C「O を C とみなす」は see O as C と言い換えることもできます。この as は「~として」を意味する前置詞で、C には名詞あるいは形容詞が置かれます。なお、think of O as C / look on O as C(→**683**)は、どちらかと言うと「(実は違うのだが)O を C とみなす」という文脈で使われることが多い表現です。

> The color purple used to be regarded as a symbol of power.
> 紫色はかつては権力の象徴とみなされていた。

130 objects 〔標準〕

解説 **object to ~** 「~に異議を唱える、~を嫌だと感じる」

この to は前置詞なので、後ろには名詞あるいは動名詞が置かれます。名詞形の objection を使った raise an objection[objections] to ~「~に異議を唱える」という表現も覚えておきましょう。object that S V は「S V だと言って反対する([×]S V に反対する)」の意味です。
例 I objected that the plan had a lot of flaws.
「その計画には多くの欠陥があると言って反対した」

> Jean strongly objects to being told what to do.
> ジーンは何かを指図されるのをとても嫌がる。

131 avoid 〔標準〕

解説 **avoid 名詞 / (V)ing** 「(望ましくないこと[人]/ V すること)を避ける」

「嫌なこと[人]を意図的に避ける」という意味です。目的語に to (V)をとらず、(V)ing をとることに注意しましょう。[×]avoid to (V)   **例** avoid the troublesome neighbor「その迷惑な隣人に会わないようにする」、avoid road accidents「道で事故に遭わないようにする」

> Sophie seems to avoid being spoken to by her classmates.
> ソフィーはクラスメートに話しかけられるのを避けているようだ。

132 related 〔標準〕

解説 **be related to ~** 「~と関連している、~と親戚関係にある」

relate A to B「A を B に関連づける」を受動態にした形です。関連の程度が強い場合には closely「密接に」などを伴います。connect A with B「A を B と関係づける」も同じような意味ですが、「親戚関係」を表す文脈には使えません。   **例** The dog is related to[× connected with] the wolf.「犬はオオカミの親戚だ」 **参** a sales-related job「セールス関連の仕事」、lifestyle-related illnesses「生活習慣病」、a relative「親戚」

> Global warming is related to deforestation.
> 地球温暖化は森林伐採と関連がある。

133 hesitated 〔標準〕

解説 **hesitate to (V)** 「V するのをためらう、しりごみする」

hesitate は「ためらう」という意味で、don't hesitate to (V) なら「V するのをためらわない」→「遠慮なく V する」という意味になります。 例 Please don't **hesitate to** call me if you have any further questions.「さらにご質問がありましたら、遠慮なくお電話ください」
なお、to (V) を伴わず、about などを後ろに置いた形で使うこともあります。
例 Tom **is hesitating about** which book to buy.「トムはどちらの本を買うか迷っている」

> I hesitated to jump off the bungee platform.
> 私はバンジージャンプの台から飛び降りるのをためらった。

134 blame 〔標準〕

解説 **(人) be to blame** 「(人)に責任がある」

blame A for B は「BのことでAに責任がある」という意味です。必ずしも「非難する」わけではありません。be to blame は be to blame *oneself*「自らに責任があるほうにいる」→「責任がある」から *oneself* が省略された形だと考えるとわかりやすいでしょう。

> Parents are not always to blame for their child's problems.
> 子どもの問題は必ずしも親に責任があるというわけではない。

135 suspect 〔標準〕

解説 **suspect (that) S V** 「S V だと思う、疑う」

suspect と doubt は、それぞれ suspect ≒ think「〜だと思う」、doubt ≒ don't think「〜だとは思わない」と覚えておきましょう。
doubt は that 節を伴うことが多いですが、if 節や whether 節を伴うこともあります。
例 I **doubt if** Ken will come on time.「ケンが時間どおりに来るか疑わしい」

> The police suspect that the man's alibi was a lie.
> その男のアリバイはうそではないかと警察は疑っている。

136 engaged 〔標準〕

解説 **be engaged in 〜** 「〜に従事している」

engage は「〜をつかんで放さない」が基本的な意味で、そこから「従事させる」という意味になります。例 **engage** his interest「彼の関心を引きつける」
be engaged in 〜 は堅い表現で、主に「(長期の活動)に従事している」という文脈で用います。
例 **be engaged in** a fifteen-year armed struggle「15年にわたる武力闘争に従事する」
参 be engaged to 〜 「〜と婚約している」、an engagement ring「婚約指輪」

> Fewer and fewer people are engaged in traditional crafts year after year.
> 伝統工芸に従事する人は年々減少している。

137 end

解説 end up (V)ing 「結局 V することに終わる」

この end は「終わる」という意味の自動詞で、up は「完了」を表します。end up in ＋名詞の形でも使います。例 end up in failure「失敗に終わる」、end up in divorce「離婚するはめになる」（→ p.204 コラム⑤）

> If you work too hard, you may end up getting sick.
> 仕事に打ち込みすぎると、結局、体を壊すことになるかもしれないよ。

138 lies

解説 A lie in B 「A は B にある」

「A は B の中にある（存在する）」という意味です。この意味での lie の活用変化は lie-lay-lain です。
例 The origin of the Star Festival lies in a Chinese legend.「七夕の起源は中国の伝説にある」

> The strength of our company lies in its planning ability.
> 我が社の強みは企画力にある。

139 prefer

解説 prefer A to B 「B より A が好きだ」

like A better[more] than B 「B より A が好きだ」と同じ意味です。**この表現は「（一般に）～のほうが好きだ」という一般論を表すときに使います。**「（今）B より A の気分だ」という場合には I would prefer A to B. と表現します。
例 I would prefer sushi to tempura.「（今）天ぷらよりすしの気分だ」
なお、prefer の過去形、過去分詞形は preferred で、r を重ねることに注意しましょう。

> I prefer classical music to popular music.
> 僕はポピュラー音楽よりクラシック音楽のほうが好きだ。

140 applied

解説 apply for ～ 「～を申し込む」

他動詞としての apply は、apply A to B で「A を B にはり付ける、当てはめる、応用する」の意味ですが、自動詞では「～に当てはまる、適用される」という意味になります。apply oneself for ～「～を求めて自らをはり付ける」→「～を申し込む」から oneself が省略された形だと考えましょう。「～」には、a job「仕事」、a passport「旅券」、a position「職（job より堅い語）」などが置かれます。

> Beth applied for a job with the local newspaper.
> ベスは地元の新聞社に応募した。

Lesson 8　動詞の意味をよく知ろう (3)

141　tell　　　　　　　　　　　　　　　　　　　　　[標準]

解説　**can tell ～　「～がわかる」**

「～が識別できる」という意味での「わかる」です。tell は通例、〈tell ＋ (人) ＋ ～〉の形で使いますが (→398)、この表現では (人) を必要としません。can tell A from B「A を B と区別する」、can tell ～ apart「～の違いがわかる」などの形でも使います。
例 I **cannot tell** the twins **apart**.「私はその双子を見分けることができない」
なお、もう少し堅い類似表現は distinguish A from B「A を B と区別する」(→674) ですが、こちらは can は不要です。

> **Can** you **tell** the difference between beans and peas?
> インゲン豆とエンドウ豆の違いがわかりますか。

142　enjoyed　　　　　　　　　　　　　　　　　　　[基本]

解説　**enjoy *one*self　「楽しむ」**

enjoy は他動詞なので、目的語を必要とし、単独で使うことはできません (ただし、ウェイターが料理を運んできたときや、店員が商品を差し出しながら言う Enjoy! などは例外です)。目的語には名詞や動名詞もしくは *one*self が置かれます。

> I would like to say how much I have **enjoyed myself** today.
> 私が今日どれほど楽しんだかをお伝えしたいのです。

143　concerned　　　　　　　　　　　　　　　　　　[標準]

解説　**(人) be concerned with ～　「(人) は～に関心を持っている」**

be interested in ～「(自分の利益、楽しみになりそうなので) ～に興味を持っている」より堅い表現です。「著作物」が主語の場合は「～を扱う、関係する」という訳語になります。
例 His latest work **is concerned with** the Edo period.「彼の最新作は江戸時代を扱っている」
be concerned about ～ は、前置詞 about「～のあたり」の意味から、「関心の対象がはっきりしない (もやもやする)」→「～のことを心配する」となります。

> A lot of politicians **are** more **concerned with** power than with welfare.
> 多くの政治家が福祉より権力に関心を持っている。

144　mean　　　　　　　　　　　　　　　　　　　　[標準]

解説　**mean to (V)　「V するつもりである」**

mean ～は「～を意味する」という意味ですが、**この表現では「意図、つもりである」を意味します**。mean to (V) は口語的な表現で、堅い表現では intend to (V)「V するつもりである」となります。なお、mean の活用変化は mean - meant - meant です。

> I'm sorry. I didn't **mean to** step on your toe.
> ごめん。足を踏むつもりなんてなかったんです。

145 reached 〔標準〕

解説 reach for ～ 「～を取ろうと手を伸ばす」

reach は他動詞では「～に到着する」という意味ですが、自動詞では「(方向の副詞句を伴い)手を伸ばす」という意味になります。for ～は「～の方向へ」の意味です。よって、**直訳すると「～の方向へ(for)手を伸ばす(reach)」→「～を取ろうと手を伸ばす」**となります。

> Carrie reached for the cake, even though she was on a diet.
> キャリーはダイエット中なのにケーキを取ろうと手を伸ばした。

146 amounts (comes も可能) 〔標準〕

解説 amount to ～ 「(合計)～になる」

amount は a-「方向(～へ)」+ -mount「山」→「山へ登る」→「～に達する」となりました。よって、**直訳すると「(合計すると)～に(to)達する(amount)」**です。比喩的に What you have done **amounts to** selling out your own company.「君のしたことは自分の会社を売るに等しい」というような文でも使います。　参 not amount to much「たいしたことはない」
例 This evidence does **not amount to much**.「この証拠はたいして重要ではない」

> Four years of tuition amounts to a large sum of money.
> 4 年間の学費はかなり大きな金額になる。

147 committed 〔やや難〕

解説 be committed to ～ 「～に専念する、～に力を注いでいる」

commit はもともと「(いっしょに)送る」→「ゆだねる」という意味です。　例 **commit** troops to the front「軍隊を前線に送る」　よって、be committed to ～は**直訳すると「～に(力が)送られる」→「～に専念する」**となります。
commit a murder[a crime / suicide]「殺人[犯罪]を犯す／自殺をする」という形でも使われます。

> The President is fully committed to rebuilding the nation.
> 大統領は国家の再建にすべての力を注いでいる。

148 varies (differs も可能) 〔標準〕

解説 S vary from A to A 「S は A によってさまざまだ」

vary は variety「多様性」の動詞形で、「さまざまだ」という意味です。A には通例、名詞の単数形が置かれます。　例 The way of thinking about time **varies from** person **to** person.「時間に対する考え方は人それぞれだ」　**vary from** age **to** age なら「時代に応じてさまざまだ」の意味です。なお、vary with age とすると「年齢に応じてさまざまだ」の意味になります。
参 vary according to[depending on] gender「男か女かによってさまざまだ」

> The flavor of *ramen* varies from place to place.
> ラーメンの味は地域によってさまざまだ。

Lesson 8

149 proved 〔標準〕

解説　prove (to be) ～　「～だと判明する」

他動詞の prove ～は「～を証明する」という意味ですが、**この表現の場合は自動詞で「～だと判明する」という意味です。**　**例** prove to be a failure「失敗だと判明する」
～には名詞か形容詞が置かれ、to be は省略可能です。なお、turn out to be と言い換え可能です。

> Regrettably, the rumor proved to be true after all.
> 残念ながら、そのうわさは結局本当だとわかった。

150 removing 〔標準〕

解説　remove A from B　「BからAを取り除く」

remove は re-「再び」＋ -move「動かす」がもとの意味です。「取り除く」を基本の意味として、訳は文脈に応じてさまざまです。　**例** remove the cover from a chair「椅子の覆いを取る」、remove the stains from the carpet「じゅうたんのしみを落とす」

> We were removing items from a truck when there was an earthquake.
> 地震が起きたとき、私たちはトラックから荷物を降ろしていた。

151 failing 〔標準〕

解説　fail to (V)　「Vできない」

fail は「～に失敗する」の意味でよく使われますが、**fail to (V) は「V できない」という訳で覚えましょう**。do not fail to (V) は「V できない[し損なう]ことはない」→「必ず V する」という意味です。
例 Don't fail to send an email by 6 p.m.「E メールを午後 6 時までに必ず送信してね」
参 without fail「必ず」(→ **47**)

> Tim's manager was angry with him for failing to arrive on time.
> ティムの上司は、彼が時間どおりに来なかったことに怒った。

152 informed (told も可能) 〔標準〕

解説　inform (人) of ～ / that S V
　　　　「(人)に(～／S V であること)を通知する、報告する」

inform は information「情報」に関係する動詞です。inform (人) of ～で「(人)に～を知らせる」を表し、inform (人) that S V は「(人)に S V ということを知らせる[通知する]」という意味になります。正式に何かを通知するときに使われる表現で、日常的には tell (人) ～「(人)に～を言う」を使います。なお、keep (人) informed「(人)に常に情報を伝える」の形でもよく使われます。
例 Newspapers keep us informed.「新聞によって常に情報を得られる」

> The restaurant informed me by email that they have opened a new branch.
> そのレストランからメールで支店開店の案内があった。

Lesson 8

153 gained 　　　　　　　　　　　　　　　　　　　　　　　　標準

解説 ▶ **gain weight**　「体重が増える」

gain ～は「～を得る」という意味なので、**直訳すると「重り(weight)を得る(gain)」→「体重が増える」となります**。put on weight も同じ意味です。　反は lose weight「体重が減る」です。なお、「私の体重は 50 キロです」は動詞の weigh「重さが～である」を用いて、I weigh [× weight] 50 kg. と表現します。

> I've gained a lot of weight recently, so I'm afraid of stepping on the scale.
> 最近とても太ったので、体重計に乗るのが怖い。

154 refrain 　　　　　　　　　　　　　　　　　　　　　　　　標準

解説 ▶ **refrain from ～**　「(やや正式に)～を控える、～を慎む」

refrain は口語的な表現で、言い換えると、stop *one*self「自分を止める」で、ここでの from は「～から遠ざける」というイメージです。よって、**直訳すると「～から遠ざけて(from)自分を止める(refrain)」→「～を控える」となります**。　例 refrain from tears「涙をこらえる」
Please refrain from smoking.「喫煙はお控えください(掲示)」

> Please refrain from feeding the monkeys.
> サルにえさを(やるのを控えてください→)やらないでください。

155 recovered 　　　　　　　　　　　　　　　　　　　　　　　標準

解説 ▶ **recover from ～**　「～から回復する」

recover は自動詞の場合「回復する」という意味になります。～にはたとえば his illness「彼の病気」、the injury「そのけが」、a major operation「大手術」、his friend's death「彼の友人の死」などが置かれます。なお、他動詞の recover ～ は「～を取り戻す」という意味なので注意しましょう。
参 recover the stolen wallet「盗まれた財布を取り戻す」

> Kay has not yet recovered from jet lag.
> ケイは時差ぼけからまだ回復していない。

156 refers 　　　　　　　　　　　　　　　　　　　　　　　　標準

解説 ▶ **refer to ～**　「～に言及する、～を参照する、～を指す」

refer to ～ は主語によって訳が変わります。
「人」が主語の場合は①「～に言及する(= mention ～)」　例 refer to the matter「その問題に触れる」　②「～を参照する」　例 refer to a dictionary「辞書を参照する」
「物」が主語の場合は、設問文のように③「～を指す」という訳になります。なお refer to O as C「O を C と呼ぶ」も覚えておきましょう。

> The term "economic growth" refers to an increase in wealth over a certain period of time.
> 「経済成長」という語はある一定期間における富の増加を指す。

Lesson 8

157 rid 〈標準〉

解説 get rid of ～ 「(不要品、がらくたなど)を処分する」

rid A of B「AからBを取り除く」が受動態になり、さらに be が get に変化した形です。
rid の活用変化は rid-rid-rid です。of の後にはたとえば illness「病気」、problem「問題」、stress「ストレス」など「不要だとみなされるもの」が置かれます。
参 have a clearance sale「在庫処分セール」

> We have to get rid of this old washing machine.
> この古い洗濯機を処分しないといけない。

158 cling 〈やや難〉

解説 cling to ～ 「～にしがみつく、まとわりつく」

cling は「ぴったりくっつく」がもとの意味で、例 The baby monkey clings to its mother.「子猿が母親にしがみつく」や、cling to my theory「自分の理論に執着する」のように使われます。
似た意味の stick to ～「～に固執する」(→558)は主に「自分の主張などを(よい意味で)曲げない」などといった場面で使われます。

> On dry winter days, clothes cling to your body because of static electricity.
> 冬の乾燥した日には、静電気のため服が体にまとわりつく。

159 seeking (striving, 指示がなければ looking や hoping も可能) 〈やや難〉

解説 seek to (V) 「Vしようと努力する」

seek ～「～を探し求める」は、seek happiness「幸せを追求する」といった堅い文で用いられる動詞です。seek to (V)は直訳すると、「Vすることを求める」→「Vしようと努める」となります。try to (V)「Vしようと試みる[努める]」よりも堅い表現です。なお、seek の活用変化は seek-sought-sought です。

> The company is now seeking to improve its sales.
> その会社は今、販売を強化しようと努めている。

160 owe 〈標準〉

解説 owe (人) ～ 「(人)に～を借りている」

owe は、「借りる(borrow)」ではなくて「**借りている**」という状態を表します。～には my success など「お金以外のもの」が置かれる場合もあり、その場合は owe ～ to (人)「(人)に～を借りている」→「～は(人)のおかげだ」の形になります。
例 I owe my success to you.「君に僕の成功を借りている」→「僕が成功したのは君のおかげだ」

> How much do I owe you?
> いくら借りてたっけ？

Lesson 9 動詞の意味をよく知ろう (4)

161 married 〔基本〕

解説 **get married** 「結婚する」

一般に「結婚する」は get married となります。「A が B と結婚する」と表現する場合は A marry B. とするのが一般的ですが、A get married to B. とも表現します。この to は belong to (→194) と同様に「所属」を示します。[×] get married with としないように注意しましょう。なお、「結婚している」という「状態」は be married で表現します。
例 We have been married for ten years.「私たちは(10年間結婚している→)結婚して10年だ」

> My great-grandparents got married just after World War Ⅱ.
> うちの曽祖父母は第二次世界大戦の直後に結婚した。

162 long 〔標準〕

解説 **long for ~** 「~を恋しいと思う、~に憧れる」

この long は「切望する」という意味です。「(すぐには実現しそうにないことを)恋しく思う[憧れる]」という気持ちを表します。例 long for city life「都会での生活に憧れる」
なお、long to (V)「V することを切望する」や long for (人) to (V)「(人)が V することを切望する」の形でも使います。例 I'm longing to see you.「あなたに会いたいです」

> After working in Japan for a year, Jack started to long for his mother's cooking.
> ジャックは日本で1年働いて、母の料理が恋しくなった。

163 suggested (proposed も可能) 〔標準〕

解説 **suggest to (人) (that) S (should) (V)の原形** 「S V するように(人)に提案する」

suggest はもともと「そっと言う」というイメージで、そこから「提案する」という意味になりました。[×] suggest (人) to (V) の形はとらないので注意しましょう。that 節中の動詞は、設問文のように (V) の原形または〈should + (V) の原形〉とします。なお、同じ型をとる動詞には、demand「要求する」(→164)、order「命令する」、propose「(正式に)提案する」、insist「言い張る」、recommend「勧める」などがあります。

> I suggested to Mary that she collect empty cans on the street with me.
> 私といっしょに街の空き缶を集めないかとメアリーに提案した。

164 demanded 〔標準〕

解説 **demand (that) S (should) (V)の原形** 「S V するように(強い口調で)要求する」

日本語の「要求する」よりはるかに強い表現です。163と同様に、that 節内の動詞は、(V) の原形か〈should + (V) の原形〉になります。なお、demand は動詞と名詞が同じ形です。
例 a demand for higher wages「賃上げの要求」

> We demanded that the compensation be paid immediately.
> 賠償金を即刻支払うように我々は要求した。

Lesson 9

165 benefit 〔標準〕

解説 benefit from ～　「～から恩恵[利益]を得る」

benefit は、他動詞では「～の利益になる、ためになる」、自動詞では「(～から)利益[恩恵]を受ける」の意味になるので注意しましょう。設問文の benefit from ～ は後者の意味で、benefit *one*self from ～「～から自らに利益を与える」→「～から利益を受ける」から *one*self が省略された形だと考えましょう。

> We benefit a lot from scientific advances.
> 我々は科学の進歩から多くの恩恵を受けている。

166 selling 〔標準〕

解説 (商品) + sell well　「(商品が)よく売れる」

sell は自動詞の場合「売れる」という意味になります。この用法では通例、well「よく(売れる)」や badly「(売れ行きが)悪い」などの副詞を伴い、sell は受動態にしません。
参 The book has sold almost 20,000 copies.「その本はほぼ 2 万部が売れた」

> The photo book of the pop idol is selling very well.
> そのアイドル歌手の写真集はとてもよく売れている。

167 fascinated 〔標準〕

解説 be fascinated by[with] ～　「～に魅了される」

fascinate は「(人)を魅了する」という意味で、be fascinated by[with] ～「～に魅了される」は be interested in ～「～に興味を持っている」の意味を強くした形だと理解しましょう。

> Sam was fascinated by dinosaurs when he was a little boy.
> サムは小さいころ、恐竜に魅了された。

168 transferred (sent, moved も可能) 〔標準〕

解説 be transferred to ～　「～に転勤になる、～に転校する」

transfer は「～を移動させる」「～を移す」が基本的な意味です。過去形、過去分詞形は transferred と、r を重ねることに注意しましょう。なお、transfer には自動詞で「～に移動する」の意味もあります。また名詞として使われる場合には(動詞と名詞は同じ形)、アクセントの位置が異なるので注意しましょう(動詞 [trænsfə́ːr] ↔ 名詞 [trǽnsfəːr])。　参 a transfer (student)「転校生」

> Blake was transferred to the Tokyo branch last month.
> ブレイクは先月、東京支店に転勤した。

169 Judging 〔標準〕

解説 **judging from ~** 「~から判断すると」

judge は「判断する」の意味です。~に置かれる語句は the look of the sky「空模様」、his appearance「彼の外見」、my experience of ~「~の私の経験」など多岐にわたります。なお、この表現は分詞構文と呼ばれる形の1つですが、この分詞の意味上の主語は主文の主語とは異なり、「話し手(I)」または「一般の人々」になります。 **類例** generally speaking「一般的に言って」（→ 772）、speaking of ~「~と言えば」、considering ~「~を考慮すると」

> Judging from his accent, he is probably from Scotland.
> 彼のなまりから判断すると、きっとスコットランド出身だろう。

170 Slow 〔基本〕

解説 **slow down** 「スピードを落とす」

動詞の slow は「速度を落とす」という意味です。また、名詞の slowdown は「減速」という意味になります。 **例** the **slowdown** in economic growth「経済成長の減速」 **反** は speed up「速度を増す」です。 **参** at a speed of 30 miles an hour「時速30マイルのスピードで」

> Slow down when you go around the corner.
> 角を曲がるときにはスピードを落としなさい。

171 lying 〔標準〕

解説 **lie down** 「横になる」

「横たわる」という意味の lie(lie-lay-lain)に副詞の down がついた表現です。この意味では down 以外に on the bed などの副詞句もつきます。動詞の lie だけだと普通「うそをつく」(lie-lied-lied)の意味で使われます。 **例** Justin often lies.「ジャスティンはしばしばうそをつく」

> You look so tired. How about lying down for a few minutes?
> 疲れているみたいだね。ちょっとの間横になったらどう？

172 deprived 〔標準〕

解説 **deprive (人) of ~** 「(人)から(権利などをしばしば不当に)奪う、剥奪する」

しばしば、設問文のように受動態で使われます。rob (人) of ~「(人)から(力ずくで)~を奪う」（→ 367）と同じ型の表現ですが、使われる場面が異なりますので多くの場合、言い換え不可能です。 **参** deprived children「(社会的・経済的に)恵まれない子ども」

> Citizens were deprived of their basic human rights then.
> 当時、市民は基本的な人権を剥奪されていた。

Lesson 9

173 cheer 〔標準〕

解説 cheer up ~ / cheer ~ up 「(意気消沈している人)を元気づける」

cheer は「(喜び、歓迎などの気持ちを表すために)大声を出す」の意味です。
参 a cheerleader「チアリーダー、(女性の)応援団員」
例 Cheer up!「元気出せよ」 自動詞として cheer up「元気が出る」という意味でも使います。なお、「(マラソンなど、歯を食いしばることに対して)頑張れ」は Hang in there. です。(→ 13)

> Last week, I visited my aunt in the hospital to cheer her up.
> 先週、おばさんを元気づけるために病院までお見舞いに行った。

174 fed 〔標準〕

解説 be fed up with ~ 「~にはうんざりだ」

feed (人) with ~は「(人)に~(食べ物)を与える」という意味で、それが受動態になり、「完了」を表す up がついた形です。よって、**直訳すると「すっかり(up)~を与えられている(be fed)」→「~にはうんざりだ」となります**。have had enough of ~とほぼ同じ意味ですが、be fed up with ~ のほうが「強いいらだち」を示します。

> I am fed up with her complaints.
> 彼女のぐちにはもううんざりだ。

175 rooted 〔やや難〕

解説 be[remain] rooted in ~ 「~に根強く残っている」

root は動詞で「根付かせる」という意味なので、この表現は日本語の「根強く」と同じ発想といえます。強調のためには deeply「深く」や firmly「しっかりと」をつけます。
例 ~ is firmly rooted in people's minds「~は人々の心に根強く残っている」
　sit rooted in front of the TV「テレビの前から動こうとしない」

> Sexual discrimination still remains deeply rooted in this society.
> この社会には男女差別がまだ根強く残っている。

176 accused 〔標準〕

解説 accuse (人) of ~ 「(人)を~のことで責める」

「(悪いことをしたのが明らかなので)非難する」ような場合に使います。一般に、「褒めたり」、「けなしたり」する動詞の場合、S V (人) for ~の形で「理由」を表す for が用いられますが(参 scold (人) for ~「~の理由で(人)をしかる」(→ 225))、accuse は of を用いるので注意しましょう。また、「~の罪で(人)を告発する」という場合にも使います。
例 Jack was accused of evading tax.「ジャックは脱税の罪で告発された」

> Ann accused the boy of copying another student's homework.
> アンはその少年がほかの生徒の宿題を写したと非難した。

Lesson 9

177 indulged 〔やや難〕

解説 **indulge in ~** 「～にふける」

indulge ～は「～に好きなだけ与える」の意味です。この表現は indulge *one*self in ～「自らに～を好きなだけ与える」→「～にふける」から *one*self が省略された形で、「(酒、タバコなど自分にとってよくないもの)を好き放題に楽しむ」という文脈で使われます。
参 indulgent grandparents「(孫などに色々なものを与えるという意味で)甘い祖父母」

> When Bruce was young, he indulged in luxuries.
> ブルースは若いとき、ぜいたくにふけっていた。

178 gazing (staring も可能) 〔標準〕

解説 **gaze at ~** 「(驚き、感嘆、興味を持って)～を凝視する」

gaze は「(無意識のうちに)じっと見つめている/見とれている」感じです。(→ p.136 コラム②)
例 Mary gazed at herself in the mirror.「メアリーは鏡に映る自分の姿に見とれていた」
なお、stare at ~「～をじっと見る」は、「(意識的に)見つめている」感じです。
例 I stared at the screen of the computer.「私はコンピュータの画面をじっと見つめた」

> Kate was gazing at the actor with a dreamy look.
> ケイトはうっとりとした目つきでその役者をじっと見つめていた。

179 warned (told も可能) 〔標準〕

解説 **warn (人) to (V)** 「(人)に V するように警告[注意]する」

warn は「警告する」という意味で、tell (人) to (V)「(人)に V するように言う」より「厳しく言う」感じです。warn (人) not to (V)「(人)に V しないように警告する」は、warn (人) against (V)ing という形をとることもあります。また、warn (人) about ~は「(人)に～について警告する」という意味です。

> Mrs. Clarence warned us not to go near the oven.
> クラレンス先生は私たちにオーブンに近づかないように注意した。

180 dropped (called, popped も可能) 〔標準〕

解説 **drop in[by]** 「ひょっこり立ち寄る」

drop は「落ちてくる」感じで、この in[by] は「中に[そばに]」を表す副詞です。「落ちてくる」イメージから「ちょっと訪れる」という意味になります。設問文のように「どこに」を表さないことも多いですが、表す場合には drop in on (人)、drop in at (場所) とします。(→ p.251 コラム⑦)
例 I dropped in at the office this morning.「今朝、事務所にちょっと立ち寄った」
なお、「(人)を(短時間)訪れる」なら call on (人) という表現もあります。

> Andy dropped in this morning.
> アンディが今朝ひょっこりやって来た。

[コラム②] 前置詞 from, at, in の語感

1. from のイメージ
① 「～から離れる」イメージ
far from ～「～からほど遠い(離れている)」→「決して～ではない」(→ 449) はこのイメージです。
② 「区別」のイメージ
「～から離す[離れる]」→「区別」のイメージに発展します。distinguish A from B「A を B から遠ざけて(離して)区別する」→「A を B と区別する」(→ 674) などがこのイメージです。
③ 「禁止や妨害」のイメージ
「～から離す[離れる]」→「禁止する」「妨害する」というイメージで使われることもあります。たとえば、prevent O from (V)ing「先回りして O が V するのを遠ざける(離す)」→「O が V するのを妨げる」(→ 197) などがこのイメージです。

2. at のイメージ
① 「点」のイメージ
at ten o'clock「10 時に」、at the age of 18「18 歳のときに」(→ 226) など、「点」をイメージできるときには at を用います。be at a loss「(われを)失った点にいる」→「途方に暮れている」(→ 305) なども同じイメージです。
② 「照準」のイメージ
「点」→「照準」のイメージに発展します。gaze at ～「～を凝視する」(→ 178) や aim at ～「～をねらう」(→ 235) などがこのイメージです。
③ 「極限」のイメージ
「点」→何かの度合いが最も高まった状態にある「極限」を表すこともあります。at least「最小の点で」→「少なくとも」(→ 446) や be at *one's* best「最高の状態で」(→ 680) などがこのイメージです。

3. in のイメージ
① 「～の中に」のイメージ
He is in a green T-shirt. は「彼は緑の T シャツの中にいる」→「緑の T シャツを着ている」という意味です。これと同様に in trouble「困難(な状況)の中に」→「困って」、in anger「怒りの中に」→「怒って」も「(ある状態)の中に」のイメージです。in a hurry「急いで」(→ 276) も同様です。
② 「範囲」のイメージ
「～の中に」→「範囲」のイメージに発展します。be rich in ～「～(の範囲)において豊かだ」(→ 651)、in theory「理論上は(理論の範囲では)」などがこのイメージです。

Lesson 10 前置詞を用いた表現を理解しよう (1)

181 On (Upon でも可能) 　　　　　標準

解説 **on (V)ing** 「V するとすぐに」

on は「接触」を意味するので、「V することと (時間的に) 接触して (on)」→「V するとすぐに」となります。on の後ろには動詞の名詞形が置かれることもありますが、堅い表現です。

例 All patients are examined **on admission** to the hospital.
「入院患者は例外なく入院と同時に検査を受ける」

> <u>On</u> arriv<u>ing</u> in the country, I called my cousin.
> その国に到着するとすぐに私はいとこに電話した。

182 by 　　　　　標準

解説 **(all) by *one*self** 「(たった) ひとりで」

all は強調の副詞で、by の基本的な意味は「～のそばで」なので、**直訳すると「自分自身(*one*self) のそばで(by)」**です。つまり、「(だれかほかの人のそばではなく) 自分自身のそばで」→「ほかにだれもいない」→「(たった) ひとりで」となります。なお、for *one*self は「自分のために、独力で」という意味となり、think / decide / judge / cook などの動詞と共に使われます。

例 I cook breakfast **for myself** every morning. 「私は毎朝自分で朝食を作る」

> I had to clean the kitchen <u>all by myself</u>.
> 私はたったひとりで台所を掃除しなければならなかった。

183 in 　　　　　標準

解説 **in the end** 「(結末を示して) 最後には」

at the end of the century「世紀末には」は「世紀末」という「時点」を表すので at を用いますが、in the end は**「(物事が進行して) その終点の中で」**というイメージなので in を使います。なお、at last は「とうとう (うまくいった)」(→ 389) という好ましい意味で用いられるので、必ずしも同じ意味ではありません。

例 **At last** I found the book I had wanted. 「ついに私はほしかった本を見つけた」

> Ken planned to study abroad, but <u>in the end</u>, decided to stay with his mother.
> ケンは留学する計画だったが、最後には母親と暮らすことに決めた。

184 of 　　　　　基本

解説 **be proud of ～** 「～を誇りに思う」

ここでの of は be sure of ～「～を確信している」、be afraid of ～「～を恐れている」(→ 602) などと同じく、**「形容詞が表す内容の対象」**を示す of です。なお、I'm proud of you.「お前のことを誇りに思うよ」はアメリカ人の親が子どもに対してよく用いる言葉です。

> Jeff <u>is</u> very <u>proud of</u> his work.
> ジェフは自分の作品にとても誇りを持っている。

Lesson 10

185 in 〔基本〕

解説 succeed in ～ 「～に成功する」

この in は「範囲」を表し、直訳すると「～の中で(in)成功する(succeed)」です。
反 は fail in ～「～に失敗する」です。succeed の形容詞形 successful「成功した」、名詞形の success「成功」も覚えておきましょう。
例 The operation was **successful**[a success]. 「手術は成功だった」
　I was **successful** in attracting new customers. 「新規の顧客を呼び込むのに成功しました」

> After trying for several hours, I succeeded in catching a fish.
> 私は、何時間も格闘した後、魚を釣ることに成功した。

186 in 〔標準〕

解説 in a group[groups] 「団体で、集団で」

この in は「形状」を表し、直訳すると「団体(a group)の形で(in)」→「団体で」となります。
類例 Shoes, socks, and gloves are sold in pairs. 「靴、靴下、手袋は2つ1組で売られている」
　sit in a circle「円陣を組んで座る」

> It is often said that Japanese tourists travel in groups.
> 日本人旅行者は団体で動くとよく言われている。

187 on 〔基本〕

解説 get on ～ 「(電車、バス、飛行機など)に乗る」

be angry「怒っている(状態)」に対する get angry「怒り出す(動作)」のように、get は「動作」を示します。よって、「列車に乗っている(状態)」は I am on the train. ですが、**「列車に乗る(動作)」は get on the train と表現します。**この on は「(動作の)継続」を表すと考えましょう。take the train「列車に乗る(=利用する)」と区別しましょう。なお、反 は get off ～「～から降りる」です。

> The teacher was counting the children as they got on the bus.
> 子どもたちがバスに乗るとき、先生は人数を数えていた。

188 into 〔標準〕

解説 get into ～ 「(狭い所)に入る」

into は「～の中に」、get は「～(という状態)になる」の意味です。幅広い用途で使われますが、まず「(体を折り曲げて車やタクシー)に乗り込む」、「(難関大学など)に入る」を覚えましょう。
例 get into college「(難関の)大学に入学する」　反 は get out of ～「～から出る」です。
例 I got out of a taxi at Tokyo Station. 「東京駅でタクシーを降りた」

> Dave is so big that it is hard for him to get into a taxi.
> デイブは体がとても大きいので、タクシーに乗り込むのは大変だ。

189 for 〔基本〕

解説 **for free[nothing]** 「ただで」

この for は、pay＋(金額)＋for 〜「〜(と交換)に(金額)を支払う」(→**213**)と同じ「交換」の for です。for のない free だけで使われることもあります。for nothing を直訳すると「ゼロ(nothing)と交換に(for)」→「ただで」となります。なお、for nothing は「無駄に」という意味にもなります。

> If you buy one T-shirt, you can get another for free.
> Tシャツを1枚買えば2枚目はただでもらえます。

190 worth 〔標準〕

解説 **be worth＋(お金[努力／時間など])** 「〜の価値がある」

この worth はもとは形容詞でしたが、前置詞に変化しました。よって、後ろには名詞か動名詞が置かれます。be worth a while[be worthwhile] なら「時間をかける価値がある」の意味です。
例 The pizza **is worth** the wait.「そのピザは待つだけの価値がある」 なお、動名詞を用いて、be worth (V)ing の形にすると、次のように〈主語＝(V)ing の目的語〉の関係になることに注意しましょう。 例 This book is **worth** reading.「この本は読む価値がある」(read this book の関係)

> Ron's collection of stamps is worth hundreds of thousands of pounds.
> ロンの切手のコレクションは何十万ポンドの価値がある。

191 on 〔標準〕

解説 **insist on 〜** 「〜と言い張る、主張する」

on は「接触」→「固執」を表し、主に「(周りの反対を押し切っても)〜と言い張る」という意味です。また、insist on it that S V(it は形式上の it)から on it が省略されて、〈insist that S V〉「S V ということを言い張る、強く要求する」になることもあります。「要求する」を意味する場合、〈insist that S (should)＋(V)の原形〉の形をとります。 例 I **insisted** that Jay (**should**) **resign** as the captain.「私はジェイがキャプテンを辞めるように強く要求した」

> Ben insisted on paying the money.
> ベンはどうしてもお金を払うと言い張った。

192 by 〔基本〕

解説 **by chance** 「偶然」

「偶然(chance)によって(by)」が直訳です。happen to (V)「たまたま V する」(→**17**)も同じような意味です。なお、類似表現の by accident は「偶然(事故で、誤って)」というイメージが強いと言う英米人もいますので、注意して使いましょう。(→ p.157 コラム③)
例 I just sent you an email **by accident**.「私は偶然(誤って)あなたにEメールを送ってしまった」

> At the airport, I met an old friend from college by chance.
> 私は空港で偶然大学時代の古い友だちと出会った。

193 of 〔標準〕

解説 be independent of ~ 「~から独立している」

of は off「~から離れている」の派生で「分離」を意味します。**類例** let go of ~「~を放す」（→**49**）、get rid of ~「~を処分する」（→**157**）、rob (人) of ~「(人)を襲って~を奪う」（→**367**）。なお、反 は be dependent on ~「~に依存している」です。

> Roger is financially independent of his parents.
> ロジャーは経済的に親から独立している。

194 to 〔基本〕

解説 belong to ~ 「~に(所)属している」

to の基本イメージは「到達点」なので、そこから「（だれかのもとに）到達する」→「だれかのものになる」となり、**「所属」を表します**。belong は状態を示す動詞なので進行形にはしません。
例 I belong [× am belonging] to the cooking club.「私は料理クラブに所属しています」
なお、[×]belong to a company [university]とは普通言いません。「その会社の者[社員]です」は、I work for the company.「W 大学の学生です」はI go to W University. と表現します。

> As a child, I belonged to the local hockey team.
> 子どものころ、私は地元のホッケーチームに所属していた。

195 on (for も可能) 〔基本〕

解説 on business 「仕事で」

この on は「継続」を表し、**直訳すると「仕事(business)をしていて(on)」**→「仕事で」となります。多くの場合、go / travel / move などを伴い、設問文のように「仕事で~を訪れる」という文脈で使われます。「私は 10 年前仕事でドイツにいました」なら、I was working in Germany ten years ago. とするほうが普通です。

> I travel abroad on business several times a year.
> 私は年に数回仕事で海外へ行きます。

196 in 〔標準〕

解説 in the long run 「長い目で見れば(結局は)」

〈in＋(時間)〉は「(時間)が経過すれば」という意味なので(→**67**)、in ten minutes は「(今から)10分たてば」の意味になります。これと同様に in the long run は直訳すると、**「長い間走れ(long run)ば(in)」→「長い目で見れば」**となります。「短期ではなく、長期的な視野に立てば」という意味です。反 は in the short run「さしあたっては、短期的に見ると」です。

> It is cheaper in the long run to buy a house than to rent one.
> 家を買うほうが、借りるより長い目で見れば安い。

197 from 　標準

解説 **prevent O from (V)ing** 「O が V するのを妨げる」

この from は「遠ざかる」というイメージを表す前置詞で、prevent ~は「~を予防する」の意味です。よって、直訳すると「(予防して→)先回りして(prevent)O が V するのを遠ざける(from)」→「O が V するのを妨げる」となります。keep[stop] O from (V)ing も同じ意味です。(→ p.136 コラム②)

> The noise on the street prevented me from getting to sleep.
> 通りの騒音のせいで眠れなかった。

198 on 　基本

解説 **be on *one*'s way (to ~)** 「(~へ)向かっている最中で」

直訳すると「道(way)の上(on)に」→「道の途中に」→「~に向かっている最中」となります。be on the way to ~ でも同じ意味です。なお、「家に向かっている」は I am on my way [× to] home. です。この home は副詞なので、to home とはしないように注意しましょう。

> I'm on my way to the station.
> 駅に向かっているところです。

199 at 　標準

解説 **at random** 「でたらめに、手当たり次第、無作為に」

at は「~に」と「点」を表すのが基本のイメージなので(例 at six「6 時に」)、at random を直訳すると「無作為(random)に(at)」→「でたらめに」となります。choose ~「~を選ぶ」、distribute ~「~を分配する」、buy ~「~を買う」などの動詞とともによく使われます。反 は deliberately「作為的に」です。

> As I did not know the password, I tried pressing buttons at random.
> パスワードがわからなかったので、でたらめにボタンを押してみた。

200 with 　標準

解説 **agree with (人(の意見))** 「(人)と意見が同じである、(人)に賛成である」

直訳すると「~と共に(with)同じ意見を持つ(agree)」です。反は disagree with (人)「(人)と意見が合わない」です。「人、意見」以外では agree to ~「~に同意する」となるのが普通です。また、agree to (V)、agree that S V の形で「賛成する、同意する」といった意味を表すことができます。　例 Jack agreed to participate in the project.「ジャックはそのプロジェクトに参加することに同意した」なお、agree with ~は「~の体質に合う」という意味にもなります。
例 Eggs don't agree with me.「卵は私の体質に合わない」

> I totally agree with you on this matter.
> この件に関しては君に完全に同意する。

Lesson 11 前置詞を用いた表現を理解しよう(2)

201 on 〈基本〉

解説 **on time 「時間どおりに」**

on は「接触」が基本的なイメージなので、**直訳すると「時間(time)にぴったりくっついて(on)」**→**「時間どおりに」となります**。arrive 以外の動詞との組み合わせもありますが、まずは arrive on time「時間どおりに到着する」で覚えておきましょう。(→ p.272 コラム⑧)
なお、in time「間に合って、やがて」(→**67**)と混同しないように注意しましょう。

> Our train arrived at Sapporo Station on time.
> 私たちの列車は時間どおりに札幌駅に到着した。

202 for 〈標準〉

解説 **excuse (人) for ～ 「～のことで(人)を許す」**

この for は「交換」を表し、「～のことを許可と交換する」→「～のことを許す」と考えましょう。
また、名詞形の excuse も That is just an excuse for ～「それは～の単なる言い訳にすぎない」、make an excuse for ～「～の言い訳をする」などの形で使います。動詞 [ɪkskjúːz] と名詞 [ɪkskjúːs] の発音の違いにも注意しましょう。

> Please excuse me for being so late today.
> 今日は遅れて申し訳ございません(=遅れたことを許してください)。

203 On 〈基本〉

解説 **on weekdays 「平日に」**

通例、曜日や休日、特定の朝などには on を用います。例 on Sunday「日曜日に」、on Mother's Day「母の日に」、on Coming-of-Age Day「成人の日に」、on the morning of March 1st「3月1日の朝に」 on weekdays の反は on weekends「週末に」です。
なお、イギリス英語では on の代わりに at を用いることもあります(at weekends)。

> On weekdays I study at college, and on weekends I work part-time at a restaurant.
> 平日は大学で勉強して、土日はレストランでアルバイトをしています。

204 at 〈基本〉

解説 **at one's desk 「席について」**

〈at +(場所)〉で「ある(一時点での)活動状態」を表すことがあります。
at one's desk「自分の机(席)についている」→「業務についている」となります。
類例 at home「家にいる」→「くつろいで(いる)」、at (the) table「テーブルについて」→「食事中だ」、at the wheel「ハンドル(= wheel)のところで」→「運転中だ」

> I'm afraid that Dave is not at his desk.
> あいにくデイブは席におりません。

205 of

解説 of (〜) use 「(〜)役に立つ」

この of は「〜の性質を持つ」という意味で、**直訳すると「有用性(use)という性質を持つ(of)」**→「役に立つ(= useful)」になります。このように〈of + 抽象名詞〉=形容詞となることがあります。〈of + use [value / importance / help]〉は、それぞれ useful [valuable / important / helpful] と同じ意味です。なお、これらの表現ではよく抽象名詞の前に形容詞が置かれます。**例** of great use 「とても役に立つ」、of no use 「まったく役に立たない」、of little use 「ほとんど役に立たない」

> I hope this information will be of some use.
> この情報が少しはお役に立てればいいのですが。

206 in

解説 in no time 「すぐに」

〈in +(時間)〉は「(時間)がたてば」なので、in ten minutes は「今から10分で」となります(→**67**)。同様に in no time を直訳すると「今からゼロ時間(no time)で(in)」→「すぐに」となります。**参** in the long run 「長い目で見れば」(→**196**) なお、at no time 「決して〜ない(= never)」と混同しないように注意しましょう。**例** At no time will I ask you for money.「私はあなたに決してお金を要求しません」 ＊文頭に置かれる場合、通例その後のＳＶが倒置になります。

> Kevin has a strong constitution. He'll recover in no time.
> ケビンはじょうぶだから、すぐに回復するよ。

207 on

解説 on occasion(s) 「時折」

occasion「時、場合」が続く前置詞は on になります。occasionally「時々」と同じ意味です。また、on several [numerous] occasions 「何回か[何度も]」、on one occasion 「あるときには」の形で使うこともあります。

> Rob lives in Canada, so we only see him on occasion.
> ロブはカナダに住んでいるので、たまにしか彼には会わない。

208 in

解説 in detail 「詳細に」

この in は、in this way「このやり方で」などと同様に「方法」を示す in で、**直訳すると「詳細(detail)な方法で(in)」→「詳細に」となります。**日本語の「ディテール(細部)にこだわる」はこの detail です。detailed「詳細な」という形容詞もいっしょに覚えておきましょう。
例 give a detailed explanation 「詳細な説明をする」

> Charlie didn't describe what happened in detail.
> チャーリーは起きたことを詳細に説明しなかった。

Lesson 11

209 in

解説 look (人) in the eye 「(人)の目をまっすぐに見る」

look は通例、自動詞ですが、**この表現では他動詞の扱いになります**。hit him on the head「彼の頭をたたく」、take her by the arm「彼女の腕をつかむ」などと同様の型の表現です。設問文のように、straight「じっと(見る)」や square「まともに(見る)」などの副詞が置かれることもあります。なお、look in *one*'s eye は、「(眼科医などが)目をのぞき込む」という意味になります。

> Sharon looked me straight in the eye and smiled.
> シャロンは私の目をじっと見てほほ笑んだ。

210 on

解説 on the increase 「増加中で」

この on は「継続」を表し、直訳すると「増加(the increase)していて(on)」→「増加中で」となります。反は on the decrease「減少中で」です。on fire「燃えている最中で」、on my way to school「学校へ行く途中」(→ 198)なども同じ「継続」の on を使った表現です。

> Cases of food poisoning are on the increase.
> 食中毒の事例が増加している。

211 on

解説 on duty 「勤務中で」

この on は「継続」の意味で、直訳すると「勤務(duty)をしていて(on)」→「勤務中で」となります。主に看護師や警察官のように交代制勤務の職業に就いている人に使います。(→ p.272 コラム⑧)
例 The doctor on duty changes every eight hours.「当直の医者は8時間ごとに交代する」
　a nurse on night duty「夜勤の看護師」　なお、反は off duty「非番で」です。

> Firefighters on duty wait inside the fire station.
> 勤務中の消防士たちは消防署の中で待機している。

212 under

解説 under construction 「工事中で、建設中で」

under は「〜の下に」→「〜の(活動の)下(もと)に」→「〜の最中」という意味に発展します。この under を用いた、〈under＋他動詞の名詞形〉は、「〜されている最中」の意味になります。
類例 under discussion「討議中」、under repair「修理中」、under investigation「調査中」
また、drive under the influence は「飲酒(＝アルコールの影響下で)運転する」の意味です。
他動詞の名詞形以外を用いた under way「進行中」という表現も覚えておきましょう。

> A new road is currently under construction in the north of the city.
> 市の北部に新しい道路が現在建設中です。

213 for 〔基本〕

解説 **pay＋(金額)＋for ～** 「～に(金額)を支払う」

この for は exchange A for B「A を B と交換する」(→ 119)、mistake A for B「A を B と間違える」(→ 635) の for と同じく「交換」を表し、「～と引き換えに(for)、(金額)を支払う(pay)」→「～に(金額)を支払う」となります。(金額)が省略されて pay for ～「～の支払いをする」という形でも使われます。**例** Ken **paid for** the electricity yesterday.「ケンは昨日電気代を支払った」

> Becky **paid** $1,000 <u>for</u> this brand-name bag.
> ベッキーはこのブランドのかばんに 1000 ドル<u>を支払った</u>。

214 at 〔やや難〕

解説 **at heart** 「心は、気は」

at の基本的なイメージは「点」なので、**直訳すると「心(heart)という点では(at)」→「心は」となります**。「(顔や体は知らないが)心という点では」という意味合いです。
なお、「年の割には」は for one's age で表現します。(→ 662)

> My grandfather loves snowboarding. He is quite young <u>at heart</u>.
> 私の祖父はスノーボードが大好きだ。本当に<u>気が若い</u>。

215 with 〔標準〕

解説 **with care** 「注意して」

with の基本的なイメージは「持っている」なので、直訳すると「注意(care)を持って(with)」→「注意深く(= carefully)」になります。このように、**〈with＋抽象名詞〉＝副詞句となることがあります**。
類例 with ease「容易に(= easily)」、with fluency「流ちょうに(= fluently)」
副詞句の意味を強調する場合は with great care のように抽象名詞の前に形容詞を置きます。
なお、with ease の反は with difficulty「苦労して」です。**参**〈of＋抽象名詞〉(→ 205)

> Since these glasses can break easily, you must handle them <u>with care</u>.
> このグラスは割れやすいから、<u>注意して</u>扱ってください。

216 for 〔基本〕

解説 **be famous for** one's **～** 「～で有名である」

ここでの for は「理由」を表します。for の後ろの名詞には所有格をつけるので注意しましょう(ただし、its などは省略されることもあり)。well-known「よく知られている、有名な」もほぼ同じ意味ですが、どちらかと言うと「(ある特定の分野や地域において)有名」の意味です。
例 The island is **well-known** in Asia for its beautiful beaches.
「アジアでは、その島は美しい海岸でよく知られている」

> The Italian restaurant <u>is famous for</u> its pizza.
> そのイタリアンレストランはピザを看板にしている(←で有名だ)。

Lesson 11

217 as 〔基本〕

解説 be famous as ～ 「～として有名である」

前置詞に注意しましょう。Kyoto is famous for its temples and shrines.「京都は神社仏閣で有名だ」の場合は Kyoto ≠ its temples and shrines ですが、Kyoto is famous as an ancient capital of Japan.「京都は昔の日本の首都として有名だ」では Kyoto = an ancient capital の関係が成立します。

> Virginia is famous as the birthplace of several US presidents.
> バージニア州は何人かの合衆国大統領の生誕地として有名だ。

218 but (except も可能) 〔標準〕

解説 do nothing but (V) 「V しかしない」

この but は「～以外に」という意味の前置詞で、**直訳すると「V 以外に(but)何もしない(do nothing)」**→「V しかしない」となります。
また、nothing but (名詞)「(名詞)以外ない」→「(名詞)しかない」の形でも使います。
例 Outside the city there was **nothing but** desert.「街の外には、砂漠しかなかった」

> Ron does nothing but complain all the time.
> ロンは四六時中文句ばかりだ。

219 on 〔標準〕

解説 depend on ～ (for ...) 「(…を求めて)～に頼る」

depend は、pendant「ペンダント」と同様に「ぶら下がる」がもとの意味です。on は「接触」を意味するので、**直訳すると「～にくっついていて(on)ぶら下がる(depend)」**→「～に頼る」となります。参 be independent of ～(→193) この for は、look for ～「～を探す」にも使われている「探求」の意味です。なお、日本語では「衣食住」と言いますが、英語では語順が変わり、food, clothing, and shelter と表現します。

> Mike still depends on his parents for food, clothing, and shelter.
> マイクはいまだに衣食住を親に依存している。

220 with (do, finish も可能) 〔基本〕

解説 help (人) + (out) with ～ 「(人)の～を(最後まで)手伝う」

help は原則的に「人」を目的語にとるので、help my homework とは言えません。
また、with の後に動名詞を置くこともできません。「(人)が V するのを手伝う」と表現する場合、〈help (人) + to (V)〉という形を取りますが、現在の英語では to を省略するのが普通です。
例 Liz sometimes **helped** me **clean** my room.「リズは私の部屋の掃除を時々手伝ってくれた」

> My brother often helps me with my homework.
> 兄は宿題をよく手伝ってくれます。

Lesson 12 前置詞を用いた表現を理解しよう(3)

221 with[to]　　　　　　　　　　　　　　　　　　　　　　　　　　　[標準]

解説　**compare A with[to] B**　「A を B と比較する」

A が比較の中心です。A と B を対等の関係とする場合は compare A and B とします。また、compare＋複数形の名詞の形でも使います。　例 **compare** the prices of several different computers「さまざまなコンピュータの値段を比較する」　さらに、compare A to B の形では「A を B にたとえる」という意味でも使います。　例 People often **compare** life **to** a journey.「人はしばしば人生を旅にたとえる」　with と to を同じように使うこともあります。

> The researcher compared human children with those of chimps.
> 研究者は人間の子どもをチンパンジーの子どもと比較した。

222 on　　　　　　　　　　　　　　　　　　　　　　　　　　　　　　[基本]

解説　**on sale**　「特売で、バーゲンで」

この on は「継続」を意味し、**直訳すると「特売(sale)をしていて(on)」→「特売で」**となります。
類例 on the increase(→210) / on the rise「増加中で」　「バーゲンセールをする」は英語では have a sale で表現します。bargain sale とはあまり言わないので注意しましょう。(→ p.272 コラム⑧)
なお、on sale は for sale と同じく「売り物で」の意味で使うこともあります。
参 a bargain「掘り出し物、お買い得品」　That's good value.「それはお買い得だね」(→ 97)

> This brand-name bag was on sale yesterday. It was good value.
> このブランドのかばん、昨日バーゲンだったの。お買い得だったわ。

223 of　　　　　　　　　　　　　　　　　　　　　　　　　　　　　　[標準]

解説　**S consist of ～**　「S は～で構成されている」

この of は**「材料」**を表します。類例 be made up of ～「～からできている」(→ 625)
～が単数形の場合は、通例、S consist in ～「S は～にある」となります。ただし、現在ではこの用法はまれです。　例 Happiness does not **consist in** wealth.「幸福は富にはない」

> The Japanese alphabet consists of 47 characters.
> 日本語のひらがなは 47 文字で構成されている。

224 like　　　　　　　　　　　　　　　　　　　　　　　　　　　　　[標準]

解説　**feel like 名詞／(V)ing**　「～／V したい気分だ」

この like は前置詞として使われ、「～のような」の意味なので、**「～のように(like)感じる(feel)」→「～したい気分だ」**となります。　例 I **feel like** a coffee.「コーヒーが飲みたい」
なお、like を接続詞のように扱い、feel like S V とすることもあります。
例 I **feel like** I own this place.「この場所が自分のものであるかのような気がする」

> I don't feel like eating at home. Let's go out for dinner.
> 家でごはんを食べる気分ではないね。夕食を外に食べに行こうよ。

Lesson 12

225 for 〔標準〕

解説 scold (人) for ~ 「~の理由で(人)をしかる」

この for は「交換」から発展し、「理由」を表します。親や教師が「子どもを~の理由でしかる」といった文脈で使われます。praise ~ 「~を褒める」、punish ~ 「~を罰する」、thank ~ 「~に感謝する」などの動詞は、「理由」の前にこの for を置くのが普通です。例外的なものは accuse (人) of ~ 「(人)を~のことで責める」(→ 176)、congratulate (人) on ~ 「~のことで(人)を祝う」(→ 419)です。

> Emma was scolded for getting poor marks in the exam.
> エマは試験の成績が悪かったのでしかられた。

226 at 〔基本〕

解説 at the age of ~ 「~歳のときに」

年齢も時刻と同様に「一時点」を表すと考えて at を用います。in はもっと幅広く「~の中に」というイメージなので、in the age of ~ とすると「~の時代に」の意味になります。
例 in the age of computers 「コンピュータの時代には」(→ p.136 コラム②)

> Billy retired from professional football at the age of thirty-eight.
> ビリーは 38 歳でプロサッカーを引退した。

227 in 〔標準〕

解説 in a ~ manner[way] 「~のやり方で」

ここでの in は「方法」を表し、way も manner とほぼ同様に使われます。
ただし、in a ~ way は in ~ respect 「~の点で」と同じ意味でも使うことがあるので注意しましょう(in ~ respect のほうが「点」を強調した表現)。
例 Sam is very stubborn, and his daughter Kate takes after him in that way[respect].
「サムはとてもがんこだ。その点で、娘のケイトも彼に似ている」(参 take after → 381)

> The wedding ceremony was conducted in quite a formal manner.
> その結婚式は、とても形式的なやり方で執り行われた。

228 As 〔標準〕

解説 as a child[a student / a teenager] 「子ども[学生/十代]のころに」

通例、前置詞の as は「~として」という意味ですが、この表現では「~のころ」という意味になります。この as の後ろには必ず成長過程のある時期を示す名詞が置かれます。
when I was a child 「子どものとき」のほうがくだけた言い方です。なお、as I was a child とすると普通「子どもだったので(理由)」の意味になるので注意しましょう。

> As a child, I had a terrible memory.
> 子どものころ、私は記憶力がとても悪かった。

229 to 〔基本〕

解説 ▸ **be familiar to ～** 「～によく知られている」

「～に知られている」ですが、**by ではなく to を使うことに注意しましょう**。この to は「～に対して」の意味で、familiar は「（何度も見聞きしているため）なじみがある」→「知られている」という意味です。**例** Steve Jobs is familiar to us.「スティーブ・ジョブズは私たちによく知られている」

> The signs of the disease are familiar to most doctors.
> その病気の兆候は、たいていの医者が知っている[に知られている]。

230 with 〔標準〕

解説 ▸ **be familiar with ～** 「～をよく知っている」

この with は「～に関しては」という意味なので、**直訳すると「～に関しては(with)なじみがある(familiar)」**→「～をよく知っている」となります。なお、be familiar to ～（→**229**）は be known to ～と同じ意味で「～に知られている」ですので、意味の違いに注意しましょう。

> My Dad used to listen to the Beatles, so I am familiar with their music.
> 父がビートルズをよく聴いていたので、私はその音楽をよく知っている。

231 into 〔標準〕

解説 ▸ **divide ～ into ...** 「～を…に分割する」

ここでの into は「変化の結果」を表します。分割の対象は「ケーキ」「集団」などなんでも可能です。同じ「変化の結果」を意味する into を用いた表現として、translate (～) into ...「(～を)…に翻訳する」(→**253**)などがあります。
参 divide ten dollars among[between] five children「10 ドルを5人の子どもで分ける」

> The children were divided into several groups.
> その子どもたちはいくつかのグループに分けられた。

232 by 〔標準〕

解説 ▸ **grow[increase / decrease] + by ～** 「～(だけ)増える[減る]」

ここでの by は増減の「差」を示し、「～(のぶん)だけ(増える[減る])」という意味を表します。
例 increase by eight kilograms「8 キロ増加する」 ただし、この by は省略されることもあります。また、次のような場面でも使います。**例** The horse won the race by a nose.「その馬は鼻差で勝った」 なお、increase to ～ は「増加した結果が～」の意味を表します。**例** The total amount would increase to 12,000 yen.「合計金額は、増加して 12,000 円になるだろう」

> GDP is expected to grow by 2% this year.
> 今年の GDP は 2 %（の差で）増加すると考えられている。

Lesson 12

233 on 〔標準〕

解説　be focused on ～　「～に重点を置いている」

ここでの on は「接触」から「意識の集中」を表します。自動詞として focus on ～「～に重点を置く、～に焦点を当てる」という形でも使います。concentrate on ～「～に集中する」は、主語は主に「人」ですが、focus on ～ は「物」が主語になる場合が多いです。
例 The show **focuses on** his dramatic life.「その番組は彼の波瀾万丈な人生に焦点を当てている」

> Our company's new policy is focused on the environment.
> 我が社の新しい方針は環境に重点を置いている。

234 into 〔標準〕

解説　look into ～　「～をのぞき込む、～を調査する」

「～の中を見る(のぞき込む)」がもとの意味ですが、そこから「(本格的に)調べる、調査する」という意味に発展しました。「～をのぞき込む」と「～を調べる」の両方の意味で使われます。後者の意味の場合、～には matter「問題」や case「事件」、cause「原因」などが置かれ、investigate ～「(警察、研究者などが)～を調査する」と同じ意味になることもあります。

> The police are looking into the murder case.
> 警察はその殺人事件を調査している。

235 at 〔基本〕

解説　aim at ～　「～をねらう」

at は「点」を示すので、まさに「(照準が)1点に向いている」という感じです。(→ p.136 コラム②) 直訳の「～をねらう」という意味から「～を目標にする」という意味まで使えます。　例 Randy **aimed at** a new world record.「ランディは世界新記録を目標にしていた」　他動詞で aim ～ at ...「～を…に向ける」という形でも使います。　例 This program is **aimed at** young people.「この番組は若者向けだ」　参 aim for ～「～を目ざして進む」

> The hunter aimed at his target and fired the gun.
> ハンターはねらいを定めて銃を撃った。

236 out (short も可能) 〔標準〕

解説　run out[short] of ～　「～を切らす」

out of ～ は「～の中から外へ」という意味なので、「～から(out of)出てしまう(run)」→「～を切らす」となります。run を be 動詞にすると、「S は～を切らしている(状態)」となります。
例 I'm **short of** cash at the moment.「今、現金がない[足りない]」「物」を主語にしても使えます。　例 Coffee is **running out**.「コーヒーがなくなりそうだ」(→ p.204 コラム⑤)

> We're running out of coffee again.
> またコーヒーを切らしそうだ。

Lesson 12

237 across 〔基本〕

解説 **come across（物）**「(主に物)に偶然出くわす」

across は「〜を横切って」の意味なので、「**〜を横切って(across)来る(come)**」→「**〜に出くわす**」となります。「何かを横切っているときにばったりと出くわす」イメージです。（人）より（物）を目的語に置くことが多い表現です。
参 cut across 〜「（公園など）を横切って近道する」、take a shortcut「近道する」

> I <u>came across</u> this picture when I was cleaning the attic.
> 屋根裏部屋を掃除していると、この写真<u>を偶然見つけた</u>。

238 into 〔標準〕

解説 **run into（人）**「(主に人)に偶然出会う」

直訳すると「〜の中に(into)走って行く(run)」なので、本来は、「ぶつかって食い込んでいく」イメージです。例 run into a wall「壁にめり込む」「**〜にぶつかる**」から発展して、「**〜に偶然出会う**」という意味になります。happen to meet 〜 と同じ意味です。（人）以外に「（困難な状況）に出くわす」といった場合に使うこともあります。
類似表現の bump into 〜「〜に(偶然)出会う、ぶつかる」は、（人）と（物）の両方に使えます。
例 The room was dark, and I **bumped into** the table.「部屋が暗くてテーブルにぶつかった」

> I <u>ran into</u> Kenji at the station this morning.
> 今朝、駅でケンジ<u>に偶然会いました</u>。

239 of 〔基本〕

解説 **die of 〜**「〜で死ぬ」

ここでの of は「**原因・理由**」を表し、〜には hunger「飢え」、cancer「ガン」、heart attack「心臓発作」など「死の直接的な原因」を表す名詞が置かれます。なお、die of 〜 は「病気」など「(直接的な原因)で死ぬ」で die from 〜 は overwork「過労」など「(間接的な原因)で死ぬ」とされていましたが、現在では die of 〜 と die from 〜 は区別なく使われる場合が多いです。

> My grandfather <u>died of</u> old age when he was 101 years old.
> 祖父は 101 歳のときに老衰<u>で亡くなった</u>。

240 around 〔基本〕

解説 **go around 〜**「〜のあちこちを回る」

around は基本的には The earth revolves around the sun.「地球は太陽の周りを回る」というように「〜の周り」という意味ですが、wander around the town「町をあちこちぶらつく」のように、「**〜の中をあちこち**」という意味でも使われます。

> We <u>go around</u> the campus picking up garbage every Saturday morning.
> 毎週土曜日の朝に、キャンパス<u>を回って</u>ゴミを拾っています。

Lesson 13 前置詞を用いた表現を理解しよう (4)

241 over 〔標準〕

解説 get over ~　「~を乗り越える」

直訳すると「~を超えた(over)状態になる(get)」→「~を乗り越える」となります。この over は副詞ではなく前置詞なので、代名詞が目的語に置かれても、[×]get it over とならずに、[○]get over it の語順になります。~には「困難」や「病気」などが置かれます。

例 It took me a long time to **get over** the loss of my dog.
「犬を失ったショックから立ち直るには随分と時間がかかった」

> Bruce soon got over the shock of losing the game.
> ブルースは試合に負けたショックからすぐに立ち直った。

242 for 〔標準〕

解説 A stand for B　「A(省略記号など)は B を表す」

直訳すると「A は B の代わりに(for)立っている(stand)」→「A は B を表す」となります。また、(人) stand for ~ は「(人)が~を支援する、~に立候補する」という意味でも使われます。

例 We **stand for** democracy.「私たちは民主主義を支持します」

> U.N. stands for the United Nations.
> U.N. は the United Nations (国際連合) を略したものだ。

243 in 〔標準〕

解説 in line　「列をなして」

この in は「形状」を表します。参 in a group (→186)　直訳すると「列(line)の形で(in)」→「列をなして」となります。多くの場合、stand in line「1列に並ぶ」あるいは wait in line「行列を作って待つ」の形で使われます。なお、line を動詞として用いた line up「1列に並ぶ」という表現も覚えておきましょう。

> There were a lot of people standing in line for tickets.
> チケットを求めて多くの人が列を作っていた。

244 for 〔基本〕

解説 ask (人) for ~　「(人)に~を求める」

この for は look for ~「~を探す」などの for と同じく、**「要求」**を表します。
~には advice「忠告」、information「情報」、help「助け」、money「お金」などが置かれます。なお、ask for the moon は「(月を求める→)ないものねだりをする」という表現です。

> When you have a problem, you should ask Mr. Jones for advice.
> 困ったことがあるときには、ジョーンズ先生にアドバイスを求めたらいいよ。

245 into 〔標準〕

解説 **break into ~** 「~に押し入る」

直訳すると「(窓や戸などを)破壊して(break)~の中に(into)入り込む」→「~に押し入る」となります。「空き巣に入られる」は、「空き巣」に対応する英語がないため My house was broken into while I was out.「留守中に押し入られた」などと表現します。
なお、〈break into+(名詞)〉は名詞が表す行為について、「急に~し始める」という意味でも使います。
例 break into tears [a run / a loud laugh / a song]「突然泣き[走り/大声で笑い/歌い]出す」

> Someone broke into Mrs. Brown's house and stole her jewelry.
> だれかがブラウンさんの家に押し入り、彼女の宝石を盗んだ。

246 on 〔標準〕

解説 **count on ~** 「~を当てにする」

count の基本的な意味は「数を数える」なので、count on ~ は「~を数に入れておく」→「~を当てにする」となります。**この on は「接触」→「依存」のイメージです。**
depend on ~「~に頼る」(→219) よりも、はるかに日常的な表現です。
count on ~ to (V)「~が V することを当てにする」という形でも使われます。

> Whenever you need help, you can count on me.
> 助けが必要なときはいつも、私を当てにしていいよ。

247 in 〔標準〕

解説 **major in ~** 「~を専攻する」

この in は be interested in ~「~に興味がある」と同様に「分野・範囲」を表し、「~の分野で(in)専攻する(major)」→「~を専攻する」となります。イギリス英語では specialize in ~ を用います。なお、名詞の major は「専攻科目、専攻学生」の、minor は「副専攻科目」の意味です。

> I have decided to major in mathematics at college.
> 私は大学で数学を専攻することに決めています。

248 for 〔やや難〕

解説 **allow for ~** 「(事情など)を考慮する」

allow oneself to go for ~「自ら(oneself)が~に向かう(go for)のを許す(allow)」→「~のほうに向かう」→「~を考慮する」から、oneself と to go が省略された形と考えましょう。
また、「~を可能にする」という意味になることもあります。
例 Our new system will allow for more efficient use of human resources.
「我々の新たなシステムによって、人材をもっと効率的に活用することができるだろう」

> Allowing for his youth, Nick did very well.
> 若さを考慮すれば、ニックはとてもよくやった。

Lesson 13

249 by (at も可能) 　標準

解説 stop by ～　「～に立ち寄る」

by の基本的なイメージは「～のそばに」なので、**直訳すると「～のそばに(by)止まる(stop)」**→「～に立ち寄る」となります。類似表現には drop in at (場所)「(場所)にちょっと立ち寄る」、drop in on (人)「(人)をちょっと訪ねる」(→**180**) があります。
例 Mr. Smith **dropped in at** a local cafe. 「スミスさんは近所の喫茶店に立ち寄った」

> On the way, I stopped by the post office and bought stamps.
> 途中で郵便局に立ち寄って切手を買った。

250 into 　標準

解説 change into ～　「(別のもの)に変化する」

この into は「変化の結果」を表し、**「変化して(change)～に(into)なる」**→「～に変化する」という意味です。また、change A into B「AをBに変える」の形でも使います。
例 **change** my US dollars **into** the local currency「アメリカドルを現地通貨に換える」
なお、turn into ～「～に変化する」も同じ意味です。

> When it is very cold, water changes into ice.
> とても寒いときには、水は氷に変わる。

251 on 　標準

解説 act on ～　「～に基づいて行動する」

ここでの on は「基盤」→「根拠」を表し、**「～に基づいて(on)行動する(act)」となります**。follow ～「～に従う」より堅い表現です。　例 **act on** orders from superiors「上役の命令に従って行動する」、**act on** impulse「衝動的に行動する」、**act on** principle「(道義に従う→)筋を通す」

> We acted on your advice and saved money.
> 私たちは君の忠告に従って(←基づいて行動し)、貯金をした。

252 for 　標準

解説 head for ～　「(方向を示して足早に)～に向かう」

この for は「方向」を表し、**「頭(head)が～のほうに(for)向いている」**→「～に向かう」という意味です。この for を用いた表現には leave for ～「～に向かって出発する」、be bound for ～「(電車などが)～行きで」(→**652**) などがあります。また、「(物理的に移動して)～に向かっている」だけでなく、比喩的に「(よくない状況)に向かっている」という意味でも使います。
例 Ann is **heading for** a nervous breakdown.「アンは神経が弱ってきている」
なお、反は head back to ～「～へ引き返す」です。

> Look at the cars. They are all heading for the beach!
> あの車を見て。みんな海岸に向かっているよ！

253 into

解説 translate (〜) into ... 「(〜を)…に翻訳する」

ここでの into は「変化の結果」を表し「〜を翻訳して(translate)…に(into)なる」→「〜を…に翻訳する」となります。**類例** divide 〜 into ...「〜を…に分割する」(→**231**) put 〜 into ... とすることもあります。また、自動詞として用いて、translate into 〜「〜に翻訳される」という意味にもなります。**参** read 〜 in translation「〜を翻訳で読む」、a translator「翻訳家」

> The novel was translated into twenty languages and made into a movie.
> その小説は 20 か国語に翻訳され、映画化された。

254 off

解説 fall off 〜 「〜から(離れて)落ちる」

この off は「離れて」の意味なので、「〜から離れて(off)落ちる(fall)」→「〜から落ちる」となります。〜には a chair「いす」、a horse「馬」、a bed「ベッド」などが置かれます。木などの高い所から落ちる場合は fall from 〜 を使います。また、「階段から落ちる」場合、階段から「離れる」わけではないので off は使わずに fall down the stairs とします。

> This morning, I hit a rock and fell off my bike.
> 今朝、石にぶつかって自転車から落ちた。

255 for

解説 apologize (to (人)) for 〜 「〜のことで((人)に)謝罪する」

ここでの for は「理由」を表し、**直訳すると**、「〜を理由に(for)、(人)に謝罪する(apologize to)」です。改まった状況で、特にあまり親しくない人に対して使います。日常的な言い方では S tell (人) that S is sorry for 〜です。
例 Sally told Shinya that she was sorry for being late.
「サリーはシンヤに遅刻したことを謝った」

> You should apologize to Mr. Brown for the delay in the reply.
> 返事が遅れたことに対してブラウンさんに謝罪すべきです。

256 for

解説 wish for 〜 「〜を願う」

ここでの for は「〜を求めて」という意味です。wish は「(実現困難と思われることを)願う」の意味で使われることが多い動詞ですが、wish for one's happiness「〜の幸せを願う」の場合、必ずしも「実現困難」と思っているわけではありません。

> We celebrate March 3rd to wish for the happiness of girls.
> 私たちは女の子の幸せを祈って3月3日を祝います。

Lesson 13

257 by 〔基本〕

解説　stand by ~　「~の力になる、味方をする」

by は「~のそばに」が基本的な意味なので、**直訳すると「~のそばに(by)立つ(stand)」→「~の味方をする」**となります。特に「人が困っているときに力になる」という意味です。なお、by を副詞として用いた stand by は「そばに立つ」→「(何もせずに)傍観する」という意味になります。
例 Don't **stand by** while others are working.「ほかの人が働いているのにぼうっとするな」

> Tracy always stands by her friends when they need help.
> トレーシーは友だちに助けが必要なときにはいつでも友だちの力になってやる。

258 over 〔基本〕

解説　run over ~　「(車などが)~をひく」

over の基本的なイメージは「全体を覆う」→「~の上に」なので、**直訳すると「~の上を(over)走る(run)」→「(車などが)~をひく」**になります。
参 jump over the fence「ジャンプしてフェンスを乗り越える」
　 walk over the pedestrian bridge「歩道橋を渡る」

> My poodle was nearly run over by a car while I was walking her.
> 散歩中、うちのプードルがもう少しで車にひかれるところだった。

259 out 〔基本〕

解説　look out (of) ~　「~から外を見る」

out of ~は「~の中から外へ」を表し、look は「視線を向ける」という意味なので、look out (of) ~は「**~の外へ(out of)視線を向ける(look)」→「~から外を見る」**となります。
look at ~ through ...「...を通して~を見る」という言い方もあります。
例 Hilary **looked at** the moon **through** the telescope.「ヒラリーは望遠鏡を通して月を見た」

> When Stephanie looked out of the train window, she saw the ocean.
> ステファニーが列車の窓の外を見ると、海が見えた。

260 after 〔基本〕

解説　name ~ after ...　「~の名前を...にちなんでつける」

after ... は「...の後」→「~を追いかける」というイメージなので(→**70**)、**直訳すると「...を追いかけて(after)~を名づける(name)」→「...にちなんで~を名づける」**となります。
類例 run after ~「~を追いかける」、After you.「(あなたの後を→)お先にどうぞ」、What are you after?「(君は何を追いかけて[探して]いるんだ→)君のねらいは何だ?」

> I named my cat Stevie after my favorite singer, Stevie Wonder.
> 私は大好きな歌手のスティービー・ワンダーにちなんで、猫をスティービーと名づけた。

[コラム③] 冠詞、名詞、前置詞が省略されてできた熟語

1．冠詞が省略されるときがある

　何度も使用すると、靴底がすり減っていくように、言語もよく使われる表現は「すり減り」ます。「メールアドレス」→「メルアド」→「メアド」という具合です。このような「すり減り」の現象として、英熟語では、冠詞の省略がしばしば見られます。たとえば、in person「本人自ら」(→656)、on purpose「故意に」(→277)、by chance「偶然」(→192) などです。

　at stake「危険にさらされて」(→734) は、at the stake「火あぶりのための柱の所で」から the が省略されてできた表現です。もちろん、in a hurry「急いで」(→276) のように冠詞が省略されていないものも多数あります。

2．名詞の省略

　本来、形容詞のはずの単語が、まるで名詞のように扱われる場合があります。たとえば、common は「共通の、一般的な」という形容詞ですが、have ～ in common「～という共通点を持つ」(→292) では、名詞の扱いです。この common は common characteristics「共通の特徴」などから名詞が省略されたものと考えればわかりやすいでしょう。in short「手短に言えば」は in short words「短い言葉で」から、in public「人前で」(→668) は in public places「公の場所の中で」から、それぞれ名詞が省略された表現だと考えましょう。

3．前置詞の省略

　be busy in (V)ing「V するのに忙しい」、have difficulty in (V)ing「V するのに苦労する」(→287)、spend + (時間) + in (V)ing「(時間) を V するのに使う」(→105)、take turns in (V)ing「交代で V する」(→338) などの in は、現在の英語では普通、省略されます。

　ほかにも these days「最近は」(→362) や this summer などのように、this や these，every などの後ろに「時を表す名詞」が置かれる場合、前置詞は省略されます。よって、in this summer などといった表現は一般的とは言えません。

4．主語の省略

　日本語と同様に、英語でも主語が省略されることがあります。Thank you.（＜ I thank you.）がその代表例です。Sounds like a good idea.「いい考えだね」(→412) は、It sounds like a good idea. から It が省略された形です。Couldn't be better.「今が最高の状態だ」は I couldn't be better than I am now. がもとの形です。as is often the case (with ～)「(～には) よくあることだが」は、as it is often the case (with ～) から it が省略された形です。

Lesson 14 名詞・代名詞の意味に注目しよう(1)

261 care 〈基本〉

解説 take care of A 「Aの世話をする」

「子どもの世話」、「体の手入れ」、「花の世話」など幅広く使えます。good をつけて take good care of A「Aを十分に世話する」でも使います。命令文で Take care of yourself [× your body]. にすると「お体を大切に」の意味です。なお、受動態は、A is taken care of (by 〜) となりますが、care に形容詞がつく場合 Good care is taken of A (by 〜) の形も可能です。　参 look after 〜「〜の面倒を見る、〜の世話をする」(→ 368)

> My husband takes care of our kid on weekends.
> 週末は夫が子どもの世話をしてくれる。

262 another 〈基本〉

解説 one another 「お互い」

each other (→ 284) と区別なく使われますが、one another のほうがやや堅い表現です。each other と同じく「お互いに」という副詞句ではなく、「お互い」という名詞句なので、注意しましょう。なお、one another の所有格は one another's です。

例 They stared into **one another's** eyes. 「彼らはお互いの目を見つめた」

> Bill and Tom are always arguing. They don't like one another.
> ビルとトムはいつも口論ばかりしている。お互いを嫌っているんだ。

263 attention 〈標準〉

解説 pay attention to 〜 「(人の言動など)に注意を払う」

この表現は attend to 〜「〜に注意を払う」を名詞化したものです。ここでの attention は不可算名詞なので、形容詞が前についても、a[an] がついたり、複数形になったりしません。

例 **pay** special **attention to** 〜「〜に特別注意を払う」、**pay** no **attention to** 〜「〜にまったく注意を払わない」　なお、他動詞の attend 〜 は「〜に出席する」という意味です。

> We should pay attention to the teacher's instructions.
> 我々は先生の指示に注意を払わなくてはならない。

264 part 〈基本〉

解説 take part in 〜 「〜に参加する」

part は「部分、役割」という意味なので、「〜の中で役割(part)を取る」→「(何かの役割を持って)参加する」という意味で使います。よって、「会議に参加する」という場合、司会者など「役割」を持つ人以外は go to the meeting といいます。なお、「参加する」の堅い表現は participate in 〜「(主に組織化された催し)に参加する」で、「参加者」は a participant です。(→ p.251 コラム⑦)

> A lot of college students from abroad took part in the discussion.
> 多くの海外からの大学生がその討論に参加した。

Lesson 14

265 deal 〔標準〕

解説 ▶ **a great deal of ＋ 不可算名詞**　「多くの〜」

deal は「分けられるもの」の意味で、a great deal of は「多くの取り分の」→「多くの」となりました。「どう分けるか」から a deal で「取引」という意味になりました。
また、この表現は a lot と同様に、of を省略して、副詞句としても使います。
例 You helped me **a great deal**.「本当に助かりました」

> Every newspaper gave <u>a great deal of</u> space to the case.
> 各新聞はその事件に多くの紙面を割いた。

266 friends 〔基本〕

解説 ▶ **make friends with 〜**　「〜と親しくなる」

be friends with 〜とすることもあります。**friends が複数形であることに注意しましょう**。「自分」と「相手」で複数になるからというのがその理由です。
類例 shake hands with 〜「〜と握手する」(→ 293)、be on good terms with 〜(→ 300)「〜とよい間柄である」

> Soon after I moved here, I <u>made friends with</u> my neighbors.
> ここに引っ越してきてまもなく、近所の人と親しくなった。

267 business 〔標準〕

解説 ▶ **mind your own business**　「人のことに口出ししない」

この business は「仕事」というより「(漠然と)物事」の意味で、**直訳すると「自分自身のこと(your own business)を気にする(mind)」→「(命令形で)人のことに口出しするな」となります**。That's none of your business.「それは何ひとつお前のことではない」→「お前の知ったことか」という表現もあります。

> Wilson said, "<u>Mind your own business</u>".
> ウイルソンは「人のことに口出しするな」と言った。

268 temper（cool も可能）〔標準〕

解説 ▶ **lose *one*'s temper**　「(突然)怒り出す」

temper は「気分」という意味なので、**直訳すると「気分(temper)を失う(lose)」→「(突然)怒り出す」となります**。**参** keep *one*'s temper「気分を保つ」→「平静を保つ」、have a quick temper「短い気分を持っている」→「すぐ怒り出す性格だ」

> George <u>lost his temper</u> and went out of the room.
> ジョージは怒り出し、部屋から出て行った。

Lesson 14

269 progress 〔標準〕

解説 **make ~ progress (in ...)** 「(…において)~の進歩をする」

progress「進歩、前進」は不可算名詞なので、形容詞が前についても a[an] はつきません。progress は名詞も動詞も同じ形ですが、アクセントは名詞が [prɑ́:gres]、動詞が [prəgrés] と異なるので注意しましょう。

> Asian countries are making remarkable progress in science and technology.
> 科学技術においてアジアの国々は著しい進歩を遂げている。

270 view 〔標準〕

解説 **from a ~ point of view** 「~の視点[観点]から」

view は、「景色」の意味よりも「(物の)見方」という意味で多く使われます。look at things from a different point of view「違う視点から物事を見る」→「視点を変える」もよく使う表現です。なお、from a ~ viewpoint「~の視点から」も同じ意味です。

> From a commercial point of view, this film is a failure.
> 商業上の観点から見ると、この映画は失敗作だ。

271 best 〔基本〕

解説 **do[try] one's best (to (V))** 「(V しようと)最善を尽くす、ベストを尽くす」

「最善のこと(the best)を行う(do)[試みる(try)]」という意味です。do the best one can となることもあります。
例 Though he **did the best he could**, he lost the election.「彼は最善を尽くしたが、落選した」

> I did my best, so I have nothing to regret.
> 全力を尽くしたので、悔いはない。

272 mistake 〔基本〕

解説 **make a mistake** 「間違う」

make mistakes と複数形にすれば、「ある(1つの)ミス」ではなく、一般に「ミスをする、間違う」という意味になります。例 Tom seldom **makes mistakes**.「トムはめったにミスをしない」日本語では「ミスをする」と言いますが、英語の miss ~ は「~を逃す、~がなくて寂しく思う」という意味なので、注意しましょう。例 **miss** lunch「昼食を食べ損ねる」、I **miss** you.「あなたがいなくて寂しいです(→あなたが恋しいです)」
mistake を動詞で使うのは mistake A for B「A を B と間違える」(→635)などの場合です。

> Don't worry too much if you make a mistake.
> 間違ってもそれほど気にしてはいけない。

273 effort 〔基本〕

解説 **make an effort to (V)** 「V するように努力する」

make an effort は宿題など軽いものに使われます。よって、**しばしば effort の前に形容詞を置いて強調します**。
例 make every effort「あらゆる努力をする」、make a great effort「大いに努力する」
複数形を用いた make efforts という表現は受動態にする場合を除くと、使われる頻度は低いです。

> I made a great effort to finish the task by the end of the month.
> 月末までに仕事を終えるようにずいぶんと努力した。

274 role[part] 〔標準〕

解説 **play a[an / the] ~ role in ...** 「…において~の役割を果たす」

role「役割」の代わりに part を用いることもあります。~には important「重要な」、active「積極的な」、leading「第 1 線の」などの形容詞が置かれます。

> Exercise plays an essential role in a healthy lifestyle.
> 運動は健康的な生活において不可欠な役割を果たしている。

275 hand 〔標準〕

解説 **give[lend] (人) a hand** 「(人)を手伝う、(人)に手を貸す」

口語的な表現です。この a hand は「援助、手伝い」の意味です。例 need a hand「援助が必要である」 よって、**直訳すると「(人)に援助(hand)を与える(give)」→「(人)を手伝う、(人)に手を貸す」となります**。give (人) a helping hand と言うこともあります。

> I'm sorry to bother you, but could you give me a hand?
> すみませんが、ちょっと手を貸してもらえませんか。

276 hurry 〔基本〕

解説 **in a hurry** 「急いで」

直訳すると「急ぎ(hurry)の状態で(in)」→「急いで」となります。hurry の前に形容詞がつくこともあります。例 in a big hurry「大急ぎで」 また、be in a hurry to (V)「急いで V する」の形でも使います。例 I was in a hurry to get the work done.「(終わったかどうかは別として)急いで仕事を終わらせようとしていた」 類似表現の in haste「急いで」は堅い表現です。
(→ pp.136,157 コラム②③)

> I overslept and went to school in a hurry.
> 寝過ごしたので急いで学校へ行った。

277 purpose 〔標準〕

解説 on purpose 「故意に」

通例、purpose「目的」は可算名詞ですが、この表現では冠詞が省略されているので注意しましょう。**直訳すると「目的(purpose)に基づいて(on)」→「故意に」となります。**なお、反 is by accident[accidentally]「偶然」(→ **192**)で、「偶然(誤って)それを壊した」なら I broke it by accident[accidentally]. となります。「故意に」を表すもう少し堅い語は deliberately です。(→ p.157 コラム③)

> Don't shout at me like that. I didn't break it on purpose.
> どなりつけないで。わざと壊したわけではないよ。

278 idea 〔基本〕

解説 have no idea 「まったくわからない」

直訳すると「何の考えも持っていない」→「まったくわからない」となります。強調表現として do not have the slightest[faintest] idea「かすかな考えさえもない」→「まったくわからない」という形にもなります。

> I have no idea what you are talking about.
> あなたが何を話しているのかさっぱりわからない。

279 walk 〔基本〕

解説 go (out) for a walk 「散歩に出かける」

go out for ~は「~のために外出する」という意味です。 例 go out for a meal「食事のために外出する」、go out for a drink「飲みに出る」 a walk は「散歩」なので、go (out) for a walk で「散歩に行く」という意味になります。take a walk でも同じ意味です。なお、「犬の散歩をする」は walk a dog で表現します。

> If it stops raining soon, shall we go out for a walk?
> 雨があと少しで止んだら、散歩に出かけませんか。

280 fault 〔標準〕

解説 ~ be *one*'s fault 「~は…の責任だ」

a fault は「欠点」という意味もありますが、**ここでは「責任」という意味で使われます。**主に、「失敗を犯した」場合に使われる表現です。be responsible for ~「~に対して責任がある」(→ **582**)のほうが使用範囲が広いです。

> Kevin played very well, and it is not his fault that we lost.
> ケビンはとてもいい活躍をした。私たちが負けたのは彼の責任ではない。

Lesson 15 名詞・代名詞の意味に注目しよう (2)

281 case 〔標準〕

解説 **in case S V** 「S V の場合に備えて」

この case は「場合」の意味です。「～するといけないから」と訳すこともありますが、「S V の場合に備えて」という意味で覚えておくのがよいでしょう。また、**in case of** fire [emergency]「火事の[非常の]場合には」、just **in case**「念のため」という表現も重要なので、覚えておきましょう。例 I will tell you my phone number **just in case**.「念のため、私の電話番号を教えておきます」アメリカ英語では if「もし～なら」とほぼ同じ意味になることもあります。

> I always carry my camera with me in case I see something beautiful.
> 私は美しいものに出会った場合に備えて常にカメラを持っている。

282 reservation (booking も可能) 〔標準〕

解説 **make a reservation** 「(席、部屋などの)予約をする」

reservation を目的語とする表現はほかに cancel [change] the reservation「予約を取り消す[変更する]」、have a reservation「予約をしてある」などがあります。**なお、イギリス英語では make a booking となることもあります。** 参 a non-reserved seat「自由席」

> Can you call the restaurant and make a reservation for us?
> レストランに予約の電話を入れてくれる？

283 appointment 〔標準〕

解説 **make an appointment** 「(美容院・病院・クライアントなどの)予約をする」

appointment は通例、「(面会の)予約」や「(美容院などの)予約」という意味です。例 forget the appointment「予約を忘れる」 なお、日常での「(友だちと会う)約束」などには promise などを用いるので注意しましょう。

> I'd like to make an appointment to have my hair cut this afternoon.
> 今日の午後にカットの予約を入れたいのですが。

284 other 〔基本〕

解説 **each other** 「お互い」

同じ意味の one another「お互い」(→ 262) と同様に、**直訳すると「それぞれの(each)他者(other)」→「お互い」となり、「お互いに」という副詞句ではないので注意しましょう。**よって、「お互いに言い争った」と表現する場合、設問文のように [○] argue with each other となり、[×] argue each other とは言えません。「彼らは互いの仕事をチェックした」は They checked each other's work. となります。もともとは 2 者の間で使われましたが、今では 3 者以上の間でも「お互い」という意味で使われます。

> We argued with each other about the best place for a holiday.
> 休日にどこに行くのが1番よいかについて、私たちはお互いに言い争いをした。

Lesson 15

285 difference 　　　　　　　　　　　　　　　　　　　　　　標準

解説 It makes no difference (to 人) ~ 「(人にとって)~は重要ではない」

直訳すると「違いを作らない」→「重要でない」となります。肯定文でも使います。**例** It makes a big **difference** ~ 「~は(大きな違いを作る→)とても重要だ」 次のように、多くの場合形式上の it を伴います。**例** What **difference** does **it** make whether it's blue or green?「(青か緑かで何の違いを作るのか?→)青でも緑でもどちらでも構わないだろう?」

> Morning or afternoon — it makes no difference to me.
> 午前でも午後でも。私はどちらでも構いません。

286 fear 　　　　　　　　　　　　　　　　　　　　　　　　標準

解説 for fear of (V)ing 「V することを恐れて、V しないように」

fear ~「~を恐れる」の名詞形 fear を用いた表現です。この of は対象を示す働きで、**直訳すると**「V することに対する恐怖(fear)のために」→「V することを恐れて、V しないように」となります。なお、同じく「~しないように」と訳す so that S will[can / may] not V「S が V しないように」のほうが使用範囲は広く、使われる頻度も高いです。　**例** Yuka woke up early **so that** she **would not** be late for school.「ユカは学校に遅刻しないように早起きした」

> The workers could not complain for fear of losing their jobs.
> その労働者たちは失業を恐れて文句を言えなかった。

287 difficulty[trouble] 　　　　　　　　　　　　　　　　　　標準

解説 have difficulty (V)ing 「V するのに苦労する」

この difficulty「困難、苦労」は不可算名詞なので、a はつきません。have difficulty in (V)ing とすることもありますが、現在では in を省略することが多いです。程度に応じて have no difficulty 「何の苦労もない」、have some difficulty「ある程度苦労している」などとなります。
have trouble (V)ing, have a hard time (V)ing も同じ意味です。(→ p.157 コラム③)

> You have difficulty getting a taxi on rainy days.
> 雨の日はタクシーをつかまえるのに苦労する。

288 particular 　　　　　　　　　　　　　　　　　　　　　　標準

解説 in particular 「特に」

particular は通例、形容詞ですが、この表現では particular の後ろにあった何らかの名詞が省略されたためか、名詞として扱われます。「(同種の中でも)特に」の意味です。なお、副詞の particularly「特に」も同じ意味です。

> I love most classical music, in particular Beethoven and Bach.
> 私はクラシックはたいてい好きだが、特にベートーベンとバッハが好きだ。

Lesson 15

289 advance 〔標準〕

解説 **in advance** 「あらかじめ、前もって」

advance は「前進」の意味なので、**直訳すると「前進の中で」→「前もって」となります。**多くの場合、pay the rent in advance「家賃を前払いする」などお金に関わる文脈で使われます。なお、「前売り券（あらかじめ販売される券）」は an advance ticket ですが、「当日券」は a ticket sold on the day of the game[match, *etc.*]と説明的に表現します。

> It would be good for you to send your baggage in advance.
> 荷物はあらかじめ送っておくほうがいいよ。

290 use 〔標準〕

解説 **make use of ～** 「～を利用する」

use の前に形容詞が置かれ、make ... use of ～となることもあります。
例 make full[good / free] use of ～「～を十分に[上手に／自由に]利用する」

> The ancient Romans made use of volcanic ash to produce concrete.
> 古代ローマの人々はコンクリートを作るために火山灰を利用した。

291 fun 〔基本〕

解説 **have fun** 「楽しむ」

fun は**不可算名詞なので、a[an]はつきません**。have a great time「おおいに楽しむ」と区別しましょう。「とても楽しい」と表現する場合には、have a lot of fun や have great fun などとします。なお、現在では fun を形容詞として用いることもあります。
例 a fun event「楽しい催し」

> We had great fun at the class reunion yesterday.
> 昨日の同窓会はおおいに楽しみました。

292 common 〔標準〕

解説 **have ～ in common** 「～という共通点を持つ」

common「共通の」は通例、形容詞ですが、**この表現では名詞として使われます**。～には具体的な名詞や、a great deal「かなりのもの」、nothing「ゼロのもの」などが置かれます。 例 have a lot in common「多くの共通点がある」、have something in common「いくらか共通点がある」
（→ p.157 コラム③）

> Tom and Ken have little in common, but they get along really well.
> トムとケンは共通点がほとんどないが、本当に仲がよい。

293 hands 〔標準〕

解説 shake hands (with ~) 「(~と)握手する」

握手は、相手の「手」と自分の「手」を必要とするので hands と複数形にします。
類例 change trains「列車を乗り換える」、change jobs「転職する(= change one's job)」、make friends with ~「~と親しくなる」(→266)　shake-shook-shaken の活用にも注意しましょう。

> We shook hands and parted at the end of our journey.
> 私たちは旅の終わりに握手をして別れた。

294 opinion 〔やや難〕

解説 have a good opinion of ~ 「~を高く評価している」

ここでの opinion は「意見」→「評価」の意味で、「~について(of)よい評価(good opinion)を持っている」です。「(優れた技術や仕事のために、その人(の才能))を賞賛する」という意味です。1語では admire ~「~を賞賛する」が近い意味を持ちます。**反**は have a poor opinion of ~「~を低く評価している」です。

> The boss seems to have a good opinion of our work.
> 上司は私たちの仕事を高く評価しているようである。

295 line[note] 〔標準〕

解説 drop (人) a line 「(人)に手紙を出す」

send (人) a letter「(人)に手紙を送る」の口語的な表現です。
line は「行」を意味するので、**直訳すると「(手紙の)1 行(line)を(人)に落とす(drop)」→「(人)に手紙を出す」** となります。日本語でも「一筆したためる」という表現がありますが、それに近い発想です。note「(短い)手紙」を用いて、drop (人) a note と言うこともあります。

> Drop me a line or give me a call sometime.
> いつか手紙(をくださいね。)または電話をくださいね。

296 most 〔標準〕

解説 make the most of ~ 「~を最大限に活用する」

直訳すると「~から(of)最大のもの(the most)を作る(make)」→「~を最大限に活用する」となります。~には the opportunity「機会」、time「時間」、the computer「そのコンピュータ」などが置かれ、「~を100%有効に使う」という意味です。

> A great jockey is able to make the most of a horse's ability.
> 名騎手は馬の能力を最大限に引き出せる。

297 best　　　　　　　　　　　　　　　　　　　　　　やや難

解説 **make the best of ～**　「(不利な状況など)を最大限に活用する」

直訳すると「～から(of)最高のもの(the best)を作る(make)」→「～を最大限に活用する」となります。「狭い部屋」や「短い時間」など「悪い状況から最高のもの(best)を作り出す」という意味で、「涙ぐましい努力」の感じです。この点で、make the most of ～(→296)とニュアンスが異なります。参 make use of ～(→290)、take advantage of ～(→716)

> I only have two days in London, but I'll make the best of my time.
> ロンドンでの時間は2日しかないが、(残っている)時間を最大限に活用するつもりだ。

298 charge　　　　　　　　　　　　　　　　　　　　　標準

解説 **in charge of ～**　「～を担当して、～の係で」

この charge は「責任」を意味し、直訳すると「～の責任を負う(charge)状態にある(in)」→「～をする担当だ」となります。学校や会社の「～の係」や「～の担当」などの意味に使います。

> Who is in charge of the ticket sales?
> どなたがチケットの販売を担当しているのですか。

299 cake　　　　　　　　　　　　　　　　　　　　　　やや難

解説 **a piece of cake**　「とても簡単なこと、朝飯前のこと」

口語的な表現で、直訳すると「一切れのケーキ」です。普通の英語では very easy to (V) などと言い換えられます。なお、「簡単だよ」と返答で用いる場合には、"That's a piece of cake." などと言います。　例 Can you finish the task by tomorrow?「その仕事を明日までに終えられますか」— That's a piece of cake.「わけないね」

> The test was a piece of cake because I had studied for it for weeks.
> 何週間も勉強していたので、そのテストは簡単だった。

300 terms　　　　　　　　　　　　　　　　　　　　　標準

解説 **be on good terms (with ～)**　「(～と)よい間柄である」

term のもとの意味「枠」から、直訳すると「よい枠組みの上に乗っている」→「よい間柄だ」となります。good のほか、bad「悪い」、speaking「言葉を交わすような」、friendly「友好的な」、distant「疎遠な」などが置かれます。

> The two used to be on good terms, but have become rivals lately.
> 昔はその2人は仲がよかったが、最近では競い合うようになった。

Lesson 16 名詞・代名詞の意味に注目しよう (3)

301 sight 〔標準〕

解説 at the sight of ~ 「~を見て」

sight は see 「~が見えている」の名詞形で「~が見えること」の意味です。よって、at the sight of ~ で「~が目に入ると、~を見て」という意味になります。
sight は次のような形でも使います。
例 The mere sight of the picture makes me feel sick.「その写真を見るだけでむかむかする」

> The thief ran away at the sight of a police officer.
> そのどろぼうは、警官が目に入ると、走って逃げた。

302 sight 〔標準〕

解説 catch sight of ~ 「~が見えてくる」

see ~ 「~が見えている」の名詞形 sight を用いた表現です。at the sight of ~(→301)は see が状態動詞なので「~が見えている」→「~を見て」という意味ですが、catch「つかまえる」は動作動詞なので、「~が見えてくる」という意味になります。反は lose sight of ~「~を見失う」です。(→316)

> On catching sight of the police, the pickpocket ran off.
> そのスリは警察の姿が見えたとたん逃げ出した。

303 on 〔標準〕

解説 get on *one*'s nerves 「~をいらいらさせる」

get は「到達」、on は「接触(~に触れて)」、nerve は「神経」を意味するので、「~の神経に触れる」→「(繰り返し行われる嫌な行為によって)いらいらさせる」となります。
主語は「(騒音などの)物」でも「人」でも可能です。「主に繰り返し行われる行為」に使われる get on *one*'s nerves に対して irritate ~ は「(単発の行為が)~をいらいらさせる」の意味でも使われます。

> What Jack says always gets on my nerves.
> ジャックの言うことはいちいち神経に障る。

304 turn 〔基本〕

解説 wait for *one*'s turn 「自分の順番を待つ」

turn のもとの意味は「回転」なのでそこから「ぐるっと回って来るもの」となり、*one*'s turn は「自分にぐるっと回ってくるもの」→「自分の順番」となります。 例 It's my turn.「私の順番だ」
参 They introduced themselves in turn.「彼らは順番に自己紹介した」

> Please take a number, and wait for your turn.
> 番号札をお取りの上、順番をお待ちください。

Lesson 16

305 loss　　標準

解説　be at a loss　「途方に暮れている」

loss は lose「～を失う」の名詞形です。よって、**「(我を)失った(loss)点に(at)いる」→「途方に暮れている」**となります。「動作」を強調する場合には get at a loss「途方に暮れる」となります。また、後ろに what to do などを続ける場合、設問文の about のほか、as to「～について」を補い、be at a loss as to what to do とすることがあります。(→ p.136 コラム②)
参 be at a loss for words「言葉が出ずに途方に暮れている」→「何と言っていいかわからない」

> I was at a loss about what to do with the difficult problems.
> それらの難しい問題をどうしてよいか途方に暮れた。

306 that　　基本

解説　that of ～　「名詞の反復を避けるための that」

英語では同じ語句の反復を嫌います。よって、The population of Tokyo is larger than the population of Osaka. と表現するのは不適切なので、2 回目の the population of を that of で言い換えます。なお、複数形の名詞を言い換える場合は those of ～とします。

> The population of Tokyo is larger than that of Osaka.
> 東京の人口は大阪の人口より多い。

307 distance　　標準

解説　in the distance　「遠くに」

この distance は「(遠い)距離」を表し、**直訳すると「遠い距離の中に」→「遠くに」**となります。「何かが遠くにあり、とても小さく見えている[音が微かに聞こえている]」という文脈で使います。より一般的な表現は、far away「遠くに」です。

> We saw a flash of lightning in the distance.
> 遠くに稲妻が光るのが見えた。

308 return　　標準

解説　in return（for ～）　「(～の)お返しに」

動詞の return ～は「～を返す」なので、その名詞形の return は「お返し」という意味になります。この in は「方法・形状」を示す前置詞で、**直訳すると「お返し(return)という形で(in)」→「お返しに」**となります。　例 I'll give you a book in return.「お返しに本をあげるよ」

> I bought Karen lunch in return for the chocolate she gave me.
> カレンがくれたチョコレートのお返しにランチをごちそうした。

Lesson 16

309 exaggeration 　標準

解説 It is no exaggeration to say (that) S V 「S V と言っても過言ではない」

an exaggeration は「誇張」の意味です。It is not too much to say that S V「S V と言っても度が過ぎるということはない」も同じ意味ですが、使われる頻度は高くありません。

> It is no exaggeration to say that Miller earns more than anyone else.
> ミラーがだれよりも稼いでいると言っても過言ではない。

310 order 　標準

解説 in ~ order 「~の順序で」

order は「順番」の意味です。　例 in the order of the Japanese syllabary「50音順で」、in ascending [descending] order「昇[降]順で(=数値、レベルが下から上[上から下]の順で)」、in the order of age「年齢順に」、in the order of height「身長順に」
しばしば、設問文のように arrange ~「~を配列する」と共に使われます。

> It would be convenient to arrange these books in alphabetical order.
> これらの本は ABC 順に整理したほうが便利だよ。

311 work[employment] 　基本

解説 out of work 「失業した状態で」

work は「仕事」の意味では不可算名詞で、冠詞は必要ありません。**直訳すると「仕事(work)から外れて(out of)」→「失業した状態で」となります。**　例 I have been out of work for two months now.「2か月間、仕事がない」　なお、throw[put] ~ out of work は「~を失業に追いやる」という意味です。「就職する」は get a job です。

> Hundreds of men were thrown out of work when the mine closed down.
> その炭鉱が閉鎖されたとき、何百人もの男たちが失業に追いやられた。

312 glance[look] 　標準

解説 give ~ a glance 「~をちらりと見る」

glance at ~「~をちらりと見る」と同じ意味で、glance を名詞として用いた表現です。英語で言い換えると、look at ~ quickly です。at a glance「一目見て」も覚えておきましょう。　例 I saw that Shuji was tired at a glance.「一目見てシュウジが疲れているのがわかった」

> The woman next to me sometimes gave me a meaningful glance.
> 私の隣の女性は、時折意味ありげに私のほうをちらっと見た。

313 face 〔標準〕

解説 **in the face of ～**　「～に直面して、～にもかかわらず」

face ～「～に直面する」を名詞化して、対象を示す of をつけた表現だと考えるとわかりやすいでしょう。例 in the face of illness「病気に直面して」 設問文のように逆接的な文脈では、「～にもかかわらず」という意味にもなります。

> In the face of economic difficulties, Brad continued to help the poor people.
> 経済的に苦しかったにもかかわらず、ブラッドは貧しい人々を助け続けた。

314 honor 〔標準〕

解説 **in honor of ～**　「～に敬意を表して、～のために」

動詞の honor ～は「～に敬意を表する」という意味で、それを名詞化すると honor of ～となります。in honor of ～は直訳すると「～に敬意(honor)を表する形で(in)」です。「(晩餐会や儀式を)～のために(行う)」といった文脈で用います。次のような訳も可能です。　例 A banquet was held at the Imperial Palace in honor of the ambassador.「大使を迎えて宮中晩餐会が開かれた」

> The President and the First Lady held a banquet in honor of the queen.
> 大統領夫妻は、女王に敬意を表して晩餐会を催した。

315 tendency 〔標準〕

解説 **There is a tendency for ～ to (V)**　「～には V する傾向がある」

S tend to (V)「S は V しがちだ」から、tend を名詞化してできた表現です。「S が V するという傾向」と表現する場合、英語では [×] tendency that S V という形にはならず、a tendency for ～ to (V)などとするので注意しましょう。for の代わりに among が置かれる場合もあります。

> There is a tendency for young people to move from the country to big cities.
> 若者は田舎から大都市に引っ越す傾向がある。

316 sight 〔標準〕

解説 **lose sight of ～**　「～を見失う」

sight は see の名詞形なので、直訳すると「～が見えている状態(sight)を失う(lose)」→「～を見失う」となります。「(人・物)を見失う」という具体的な意味から「(事実・目標など)を見失う」という比喩的な意味にまで使えます。　参 lose one's sight「失明する」

> You should not lose sight of your goal of swimming in the Olympic Games.
> オリンピックで泳ぐという君の目標を見失うべきでない。

Lesson 16

317 mercy　　やや難

解説 at the mercy of ~　「~のなすがままに(なって)、~に左右されて」

mercy は「哀れみ、慈しみ」の意味なので、**直訳すると「~の慈しみ(mercy)を受ける場所にいて(at)」**です。立場が下の者を慈しむことを表します。
例えば、孫悟空はお釈迦様の慈しみを受けていましたが、その状況は、お釈迦様に操られていたともいえます。よって、「~の慈しみを受ける」→「~のなすがまま」となります。
例 at the mercy of the weather「天候のなすがままに」

> Our small fishing boat was at the mercy of the storm.
> 我々の小型の漁船は嵐にほんろうされた(←嵐のなすがままであった)。

318 effect　　やや難

解説 to the effect that S V　「S V という趣旨の」

effect は「効果」の意味なので、**直訳すると「S V という効果(effect)のほうへ」→「S V という趣旨の」**となります。例 I thought he was mistaken and I said something to that effect at dinner.「彼は間違っていると思ったので、夕食の席でそのような趣旨のことを言った」

> Tom said something to the effect that he didn't remember you.
> トムは君のことを覚えていないという趣旨のことを言っていたよ。

319 emphasis　　標準

解説 put[place] emphasis on ~　「~を強調する」

emphasis は「強調」の意味で、**直訳すると「~の上(on)に重点(emphasis)を置く(put)」→「~を強調する」**となります。受動態で Emphasis is placed on ~「~に重点が置かれる」の形で使われることもあります。また、great[special / a lot of / too much]などを emphasis の前に置くこともあります。例 Mr. Tanaka put great emphasis on the importance of teaching English.「田中氏は英語教育の重要性を特に強調した」

> I think we should not put too much emphasis on the individual gain.
> 個人の利益を強調しすぎるべきではないと思います。

320 definition　　難

解説 by definition　「当然ながら」

definition は「定義」の意味なので、**直訳すると「定義(definition)によって(by)」→「当然ながら」**となります。「(ある人や事物について)当然のこと」をいう場合に使います。
例 Children, by definition, are active and energetic.
「子どもたちは当然ながら活発でエネルギーに満ちあふれている」

> By definition, an overcoat is a long warm coat worn in cold weather.
> オーバーとは、当然ながら寒い日に着る長く暖かいコートのことだ。

Lesson 17 名詞・代名詞の意味に注目しよう (4)

321 place 〔基本〕

解説 take place 「(主に計画されたことが)行われる」

直訳すると「場所(place)をとる(take)」→「行われる」となります。日本語では「行われる」と受動態で表現されますが、[×]be taken place とはしないので注意しましょう。受動態で表現する場合は be held とします。
例 Jim's lecture **was held** on 6th May in Kyoto.「ジムの講演会が5月6日に京都で行われた」

> In Ireland, the big art festival <u>takes place</u> in July.
> アイルランドでは、7月に大きな芸術祭が<u>開催されます</u>。

322 behalf 〔やや難〕

解説 on behalf of ～ 「(団体、国など)を代表して、(人)に代わって」

behalf は「傍ら」がもとの意味で、**直訳すると「～の(of)傍ら(behalf)に(on)(立って)」→「～を代表して」**となります。公式のスピーチや決定を、団体の代表として行う場合に使われます。「(人)に代わって」の意味にもなります。 例 act **on behalf of** the manager「部長を代行する」

> <u>On behalf of</u> everyone here, I'd like to wish Mr. Lee a happy retirement.
> お集まりの皆様を<u>代表して</u>、リー氏の幸福な引退後の生活を祈りたいと思います。

323 attempt (effort も可能) 〔やや難〕

解説 in an attempt[effort] to (V) 「Vするために、Vする目的で」

直訳すると「Vする試みの中で」→「Vするために」となります。
例 New talks will begin on Wednesday **in an effort to solve** the problem.「その問題を解決するために、水曜日に新たな会談が始まる」 参 for ～ purpose(→**727**)

> We are visiting Seoul <u>in an attempt to</u> develop ties between the two countries.
> 我々は2国間のきずなを強化する<u>目的で</u>ソウルを訪問する予定だ。

324 case (truth も可能) 〔標準〕

解説 This is[is not] the case (with ～). 「(～に関して)これは事実だ[ではない]」

ここでの case は「事実」を意味し、この表現は肯定文でも否定文でも使えます。
例 If **this is the case**, I will apologize.「もしこれが事実なら、私は謝ります」
This is[is not] true of ～とほぼ同じ意味です。また、case を用いた表現として、As is often the case with ～「～にはよくあることだが」も覚えておきましょう。 例 **As is often the case with** him, Ben was not at home.「ベンにはよくあることだが、彼は家にいなかった」

> You often think of these books as unworthy, but <u>that is not the case</u>.
> あなたはこれらの本のことを価値がないと思いがちだが、<u>それは正しくない</u>。

Lesson 17

325 sense 〈基本〉

解説 make sense 「意味をなす」

ここでの sense は「意味」を表し、**直訳すると「意味(sense)を作る(make)」**です。「(人の発言などが)意味をなす」といった場面で使います。「私の言うことがわかりますか?」を Can you understand what I'm saying? と言うと「理解する力があるのですか?」と相手の能力をあからさまに尋ねることになり、挑発的な感じがするので、設問文のように言うのが一般的です。
参 in a sense「ある意味では」

> Am I making sense to you?
> 私の言うことがわかりますか。

326 access 〈標準〉

解説 have access to ~ 「~を手に入れる、~に接近する」

access は「ある物を入手したり[使ったり]、だれかに会ったりする権利」を意味します。よって、**直訳すると「~を手に入れる[使用する etc.]権利(access)を持つ(have)」→「~に接近する、~を利用する」**となります。また、動詞の access「~にアクセスする、接近する」は access the Internet「インターネットにアクセスする」などで使います。

> In developing countries, many people do not have access to drinking water.
> 発展途上国では、多くの人が飲み水を手に入れることができずにいる。

327 living 〈標準〉

解説 make[earn] a living 「生計を立てる」

直訳すると「生活(living)を作る(make)」です。例 Jeff made his living by writing essays then.「ジェフは当時、エッセイを書くことで生計を立てていた」
「~の収入で生計を立てる」は live on the income from ~ と表現します。なお、bring home the bacon は口語的な表現で「ベーコンを家に運ぶ」→「生活の糧を稼ぐ」の意味です。

> Oliver found it difficult to make a living as a musician.
> オリバーはミュージシャンとして生計を立てるのが難しいとわかった。

328 rise 〈標準〉

解説 A give rise to B 「A が B を引き起こす、A の結果 B が始まる」

堅い書き言葉です。rise「上がる」の名詞形 rise「上昇、台頭」を用いた表現で、**直訳すると「A が B に対して台頭(rise)を与える(give)」→「A が B を引き起こす」**となります。日常的には cause ~「~を引き起こす、~の原因となる」を使います。

> Emily's behavior may give rise to misunderstanding.
> エミリーの行動は誤解を生むかもしれない。

329 problem（dilemma も可能） 　基本

解説　have a problem　「問題を抱える」

「困難にぶつかる」「困ったことになる」「トラブルに見舞われる」などの日本語に対しては、この表現が適切かつ無難です。さまざまな表現を駆使して間違うより、この表現をしっかり使えるほうが大切です。もし、problem を「深刻な問題」としたければ a serious problem とします。また「～に関する問題」は、a problem with ～となります。　例 I **have a problem with** my computer.「コンピューターに関する問題を持っている」→「コンピューターで困っている」

> When you **have a problem**, you should do your best to solve it.
> 困難にぶつかったときには、解決に向けて最善を尽くすべきだ。

330 fun 　標準

解説　make fun of ～　「～をからかう」

make A of B「B から A を作る」からできた表現です。fun「楽しみ」は不可算名詞のため冠詞はつきません。make a fool of ～も似た意味です。参 pull *one*'s leg →400

> His brother **made fun of** Joey because he wore such a strange hat.
> ジョーイがとても変な帽子をかぶっていたので彼の兄は彼をからかった。

331 manners 　標準

解説　teach ～ good manners　「～に作法を教える」

a manner は「1 つの流儀」の意味です。「作法」にはさまざまなものがあるので、**「作法」と表現する場合、必ず複数形 manners になります**。なお、「マナー」は知識として「知る」ものではなく「身につけておく」もののため、「マナーを知っている」は have [× know] good manners と表現します。参 It is bad manners to (V)「V するのはマナー違反だ」

> It is the responsibility of parents to **teach** their children **good manners**.
> 子どもに作法を教えるのは親の責任だ。

332 terms 　標準

解説　in terms of ～　「～の観点から」

term は「枠」がもとの意味です（参 terminal「終点」は term「枠」から派生した）。in terms of ～を直訳すると「～の枠組みの中で」→「～の観点から」となります。in ～ terms の形でも使います。　例 **in** our **terms**「我々の観点では」

> This may be cheaper, but **in terms of** quality, that one would be a better choice.
> これのほうが安いかもしれないけれど、質という観点からはあれのほうがよい選択だ。

Lesson 17

333 circumstances 【難】

解説 under ~ circumstances 「~の状況で」

circumstance は「事情、状況」で通例、複数形で用います。よって、**直訳すると「~の状況(circumstances)の下で(under)」**です。 例 **Under the circumstances**, I think the only thing you can do is apologize.「その状況下で君にできる唯一のことは謝ることだと思う」
なお、~に no が置かれ、Under no circumstances「どんな状況でも~ない」という否定的な形で文頭に置かれる場合、設問文のように後ろの文は倒置の形になるので注意しましょう。

> Under no circumstances should you accept such a ridiculous offer.
> どんな状況でもそのようなばかげた申し出を受け入れるべきではない。

334 way 【やや難】

解説 A give way to B 「A が B に取って代わられる」

この way は「道」の意味なので、**直訳すると「~に道(way)を譲る(give)」→「~に取って代わられる」となります**。「ある感情が別の感情に変わる」場合にも使えます。
例 My anger **gave way to** depression.「怒りが落胆に変わった」

> Radio gave way to television.
> ラジオはテレビに取って代わられた。

335 place 【標準】

解説 take the place of ~ 「~に取って代わる、~の代わりをする」

この place は「場所」を表し、**直訳すると「~の場所(place)を取る(take)」→「~に取って代わる」となります**。「新しい人[物]が従来いた人[旧式の物]に取って代わる」という文脈で使います。take *one*'s place の形になることもあります。

> Our teacher says computers will never take the place of books.
> 私たちの先生は、決してコンピュータが本に取って代わることはないと言う。

336 sake 【標準】

解説 for the sake of ~ 「~のため」

sake は「ため」「目的」「利益」の意味で、**for the sake of ~は「~のため」と「目的・利益」を示す表現です**。for the sake of convenience「便利さのため」→「便宜上」、for the sake of economy「節約のため」などで使います。なお、「~は健康によい」は be good for *one*'s health と表現しますが、それ以外で for *one*'s health とするのは一般的ではなく、「健康のため」と表現する場合、設問文のように for the sake of *one*'s health とするのが普通です。

> Rob gave up smoking for the sake of his health.
> ロブは健康のため禁煙した。

337 costs 〔標準〕

解説 **at all costs / at any cost** 「あらゆるものを犠牲にしてでも、なんとしても」

cost は「費用」を表し、**直訳すると「すべての(all)費用(costs)で(at)」→「すべてを犠牲にしても」**です。all を用いるときは costs と複数形にし、any を用いるときは cost と単数形にします。なお、at the expense[cost] of ～「～を犠牲にして」(→ 722) と異なり、この表現では costs を expenses と置き換えることはできません。[×]at all expenses

> The worst situation must be avoided at all costs.
> 最悪の事態はどんな犠牲を払っても阻止しなければならない。

338 turns 〔標準〕

解説 **take turns (in) (V)ing** 「交代で V する」

turn のもとの意味は「回転」で、そこから発展して「順番」の意味になります。(→ 304)
例 It's your **turn**.「君の順番だ」 よって、take turns (in) (V)ing は**直訳すると「V することにおいて順番(turns)を取る(take)」→「交代で V する」**となります。in は省略されることが多いです。(→ p.157 コラム③)

> My brother and I take turns mowing the lawn.
> 芝刈りは兄と私で交代でやっている。

339 notice 〔標準〕

解説 **take notice of ～** 「～に注意を払う」

notice は「注意」の意味で、pay attention to ～「～に注意する」とほぼ同じ意味です。**否定の「～に注意を払わない」は設問文のように、do not take any notice of ～ または take no notice of ～ となります。**

> Zack didn't take any notice of my warning.
> ザックは私の警告を無視した(←注意を払わなかった)。

340 end 〔標準〕

解説 **put an end to ～** 「～を終わらせる」

直訳すると「～に対して終わり(end)を置く(put)(終止符を打つ)」→「～を終わらせる」となります。「～にとどめを刺す」といった文脈で使います。
例 That injury **put an end to** her dancing career.
「そのけがのため彼女のダンサーとしての道は絶たれた」

> The outbreak of war put an end to their romance.
> 戦争の勃発によって彼らの恋愛は終わった。

[コラム④]「oneself の省略」という考え方

1. oneself を補って考えてみよう！

　make believe (that) S V「S V のふりをする」(→ 93)という表現は、動詞が2つ並んでいます。help to do ～「～することを手伝う」の to が省略されて help do の形になることがありますが、このような場合を除けば、非常にまれな形です。この make は使役「～させる」の意味なので、まず〈make＋O＋動詞の原形〉の形である make oneself believe that S V「自分自身に S V ということを信じさせる」という形を考えてみましょう。そこから oneself が省略された形だと考えれば、意味が理解しやすくなるのではないでしょうか（なお、この表現は oneself ではなく、people が省略された形だとする説もあります）。また、keep up with ～「～に遅れずについていく」(→ 489)も同様に考えることができます。keep oneself up with ～「自らを～に到達して(up)いっしょにいる(with)状態を保つ(keep)」から oneself が省略された形だと考えればよいでしょう。ほかにも let go of ～「～から手を放す」(→ 49)は let oneself go of ～「自らが～から離れて行くのを許す」から oneself が省略されてできた表現だと考えるとわかりやすくなります。

2. そのほかの「oneself の省略」の英語表現

　本書には未掲載ですが、「oneself の省略」と考えると理解しやすい英語表現はほかにもあります。

　　例・come to「意識を取り戻す」
　　　　⇒ come to oneself「自分自身に戻る」から oneself を省略
　　・relate to ～「～の考えを理解する」
　　　　⇒ relate oneself to ～「～に自分自身を関連づける」から oneself を省略
　　・pull through「生き延びる、切り抜ける」
　　　　⇒ pull oneself through「（トンネルなどから）自分自身を引っ張りだして抜ける」から oneself を省略

　この「oneself の省略」という考え方は、厳密な歴史的考察に照らし合わせれば、必ずしも当てはまらない部分もあるかもしれませんが、長年私が英語を教え、さまざまな文献を調べてきた結果、高校生のみなさんにとって、最も理解しやすいのではないかと考えたものです。この考え方が少しでもみなさんの理解の助けになれば幸いです。

Lesson 18 英語の感覚と使い分けを学ぼう(1)

341 until[till] 〔基本〕

解説 until ～ 「～までずっと」

until は前置詞あるいは接続詞として使います。**意味は「～まで(ずっと)」〈継続〉であることに注意しましょう**。till も意味は同じですが、頻度が高いのは until(l(エル)は 1 つ)です。なお、by は「～までには」〈期限〉という意味です。例 I'll be back **by** 10:00.「10時までには戻ってきます」

> I cannot start cooking <u>until</u> Mom gets home.
> お母さんが戻って来るまで料理を始めることはできない。

342 another 〔基本〕

解説 another 「もう 1 つの、別の」

「別のもう 1 つの」と言う場合は、an other ではなく、another〈an + other〉とします。**3 つ以上のものがある場合に、「ある 1 つ」に対して「別のもう 1 つの」という意味になります**。設問文は「明日はもっとよい日になる」という励ましのことばです。
例 Could you lend me **another** book?「本をもう 1 冊貸していただけませんか」
A is one thing; B is another.「A と B とはまったく別のものだ」という表現も覚えておきましょう。
例 It is **one thing** to speak English; it is quite **another** to teach it.
「英語を話すことと、英語を教えることはまったく別のことだ」

> Tomorrow is <u>another</u> day.
> 明日は明日の風が吹く(←明日はまた別の日だ)。

343 the 〔基本〕

解説 the other 「(残りの 1 つを指して)もう 1 つ」

「最後の 1 つ」は特定できるため、定冠詞 the をつけて the other と表現します。日本語では「最後の 1 つ」でも「もう 1 つ」と言うことがありますが、そのような状況で another(→ 342)を使わないように注意しましょう。なお、the others は「(3 つ以上あるうちの)残り全部」を意味します。

> I have two cars. One is old, but <u>the other</u> is brand-new.
> 私は車を 2 台持っています。1 台は古いですが、もう 1 台は新品です。

344 so 〔やや難〕

解説 so +(形容詞／副詞) 「(話し手と聞き手の共通認識として)それほど、そんなに」

many だけでは「10 人」か「1 億人」か、どのくらい「多い」のかはっきりしませんが、**so をつけることで「(後ろに置かれる形容詞／副詞の程度に関して)話し手同士の暗黙の了解」**が示されます。一方、very にはこのような共通の認識は含まれません。
なお、日本語では、この so は訳さなくてよい場合も多いです。

> There are <u>so</u> many people waiting outside.
> (とても)たくさんの人が外で待っていますね。

Lesson 18

345 lot（口語では bunch, stack, pile なども可能） 　基本

解説 a lot of ～　「多くの～」

～には可算名詞の複数形、あるいは不可算名詞の単数形が置かれます。**many や much は通例、否定文や疑問文で使われ、肯定文では a lot of が使われます**。ただし、堅い書き言葉では、肯定文でも many や much（特に主語で好まれる）を用います。なお、副詞として、a lot の形で使うこともあります。　例 talk **a lot**「多く話す」、eat **a lot**「たくさん食べる」　なお、a lot はもともと「（割り当てられた）1 区画」という意味なので、a parking lot「駐車場」などでも使います。

> There is a lot of furniture in my grandmother's house.
> 祖母の家にはたくさんの家具がある。

346 talks 　基本

解説 talk about ～　「～の話をする」

talk は基本的には自動詞（目的語をとらない動詞）として用いられ、「～と話をする」という場合には talk with [to] ～という形をとります。speak は「（講演などで）一方的に話をする」場合にも使えますが、**talk は「だれかと話をする」場合に使います**。

> Gabrielle talks about her kids all the time.
> ガブリエルは四六時中自分の子どもの話をしている。

347 over 　標準

解説 over (a cup of) coffee　「コーヒーを飲みながら」

「身を乗り出して（コーヒーを覆うように）話をしている」感じです。over に「食べながら、飲みながら」という意味があるのではなく、**over coffee の直訳「コーヒーを覆って」が「コーヒーを飲みながら」に発展しました**。なお、人が複数でも a cup of coffee で構いません。この表現は普通「話をする」という動詞と共に使われ、たとえば「コーヒーを飲みながらテレビを見る」といった場合には使いません。

> Fred and I were talking over coffee in the cafeteria.
> フレッドと私は食堂でコーヒーを飲みながら話していた。

348 out 　基本

解説 find out (that) S V　「S V と知る」

find out that S V は、「（調査や研究によって、もしくはだれかに聞いて）S V と知る、探り出す、発見する」という意味です。find that S V「（見たり、聞いたり、自分の経験によって）S V とわかる」との意味の違いに注意しましょう。
例 I **found** that his lesson was helpful.「彼の授業は役立つとわかった」

> Karen was sad to find out that Kim was going to move to Japan.
> カレンはキムが日本に引っ越すと知って悲しかった。

349 front 〔基本〕

解説 **in front of ~** 「~の正面に[で]、~の前に[で]」

in front of ~は「~の正面に位置する」という意味なので、日本語の「~の前に」とはニュアンスが異なることに注意しましょう。例えば、日本語の「駅前の本屋」は「駅の近く[向かい]にある本屋」の意味合いのため、near（~の近くに）やopposite[across from]（~の向こう側に）を使って表し、「道をへだてず真正面に」を表すin front ofは普通使いません。例 a bookstore **near** / **opposite**[**across from**] the station「駅前の（←駅近くの／駅の向かいの）本屋」（→**20**）

> Sophie danced **in front of** the mirror.
> ソフィーは鏡の前で踊った。

350 borrowed 〔基本〕

解説 **borrow ~ from ...** 「…から~を（無料で）借りる」

borrowは「（移動可能なものを無料で）借りる」という意味です。また、「（人や銀行からお金を）借りる」場合にも使います。トイレなど移動が不可能なものを「借りる」場合はuseを、「（お金を払って）借りる」場合はrent ~ from ... を用います。borrowの反はlend「（物や金）を貸す」です。
例 I **rented** a car **from** the rent-a-car company.「私はそのレンタカー会社から車を借りた」

> I have to return the books I **borrowed from** the library last week.
> 先週図書館から借りた本を返さないといけない。

351 own 〔基本〕

解説 **of** *one*'**s own** 「自分自身の」

名詞の後ろに置かれます。ownは所有格を強調する働きで、単独では使えません。なお、~ be *one*'s own「~は自分自身のものだ」の形でも使えます。
例 This sports car **is my own**.「このスポーツカーは私自身のものだ」

> Our neighbors let us use their garage, but we need one **of our own**.
> 近所の人たちが駐車場を使わせてくれているが、自分たちのガレージが必要だ。

352 about 〔基本〕

解説 **know a lot about ~** 「~について詳しい」

know ~を他動詞で使う場合、~に置かれる名詞には限りがあります。よく使われるものは、直接の知り合い、住んでいる街、that節、it、疑問詞節などです。 例 I **know** Ken.「私はケンと知り合いです」 それ以外の場合は普通knowを自動詞として用い、know a lot[something / little] about ~ という形をとります。
例 I **know something about** Einstein.「アインシュタインのことはある程度知っています」

> Evan is a computer geek and **knows a lot about** computers.
> エヴァンはコンピュータオタクだから、コンピュータには詳しいよ。

Lesson 18

353 out 〈標準〉

解説 carry out ～ / carry ～ out 「(約束、義務、命令、実験など)を実行する」

ここでの out は「最後まで、徹底的に」を表すので、直訳すると「～を最後まで(out)運ぶ(carry)」→「実行する」となります。「(義務や命令など)を実行する」といった比較的堅い文脈で使う表現です。よって「個人のちょっとした計画を実行する」というような文では不適切です。

> Tracy is working hard to carry out her duties more effectively.
> トレーシーは義務をもっと効果的に実行できるよう努力している。

354 on 〈標準〉

解説 rely on ～ 「(人、機械など)を頼りにする、信頼する」

「決して裏切らない[故障しない]ので信頼する」という意味です。
You can rely on this weather report. なら「この天気予報はあてにできる」です。
depend on ～「～に(全面的に)依存する」と同じ「依存」の on を使った表現ですが、両者の意味は異なるので注意しましょう。I rely on him. は「(決して裏切らないので)彼を信頼している」ですが、I depend on him. は「(自分が無力なので)彼に全面的に依存している」という意味です。

> I would like to marry someone I can really rely on.
> 結婚するなら頼りがいのある(←本当に信頼できる)人がいい。

355 supposed 〈標準〉

解説 be supposed to (V) 「V することになっている」

通例、「(実際にはやっていないが、本当は)V することになっている」という意味で使います。
例 We were supposed to start the meeting at 10 a.m.
「私たちは午前 10 時に会議を始めることになっていた(しかし、実際には始まらなかった)」
なお、you を主語にする場合は、「君、だめじゃないか、V することになっているのに」という軽い命令文のような感じで使います。また、「V すると思われている」となることもあります。

> When you enter a Japanese house, you are supposed to take off your shoes.
> 日本の家に入るときには靴を脱ぐことになっています。

356 afraid (sorry も可能) 〈基本〉

解説 I'm afraid S V 「残念だけど S V」

「言いにくいことを言う」ときに使います。 例 I'm afraid I won't be able to attend the party.
「残念ながら、そのパーティーには参加できません」 同じ意味で、I (really) hate to say it, but S V「申し上げにくいのですが S V」という表現を用いることもあります。なお、「残念ながらそうじゃないと思う」は I'm afraid not. で表現します。

> I'm afraid I can't.
> 残念だけどできないな。

357 managed 〔標準〕

解説 **manage to (V)** 「(懸命に努力することで)なんとかVする」

過去に1回限り「できた」ことを表現する場合、could は使えず、managed to (V) や was able to (V) を使います。could は「(いつでも)V できた」という「それを行う能力があった」ことを意味します。was able to (V) は「(能力があって)V することができた」の意味です。なお、manage to (V) は succeed in (V)ing 「V することに成功する」より口語的な表現です。

> Anne worked hard on a paper and **managed to** get it done on time.
> アンはレポートに懸命に取り組み、時間どおりになんとか終えた。

358 on 〔標準〕

解説 **(all) on *one*'s own** 「独力で」

ここでの on は「〜に基づいて」という意味で、直訳すると「自分自身(*one*'s own)に基づいて(on)」→「独力で」となります。by *one*self「ひとりで」が「孤独であること」に重点があるのに対して、on *one*'s own は「自分ひとりの力だけで」に重点がある表現です。ただし、「孤独」である場合にも on *one*'s own は使えます。
例 I was bored because I was at home **on my own**.「たったひとりで家にいたので退屈した」

> Working and bringing up kids **on your own** is quite an achievement.
> 仕事と育児の両立を自分だけの力でやり遂げるなんてたいしたものだよ。

359 none 〔標準〕

解説 **none of 〜** 「〜のうちどれも…ない」

〜には the three boys などの「3 以上」の可算名詞の複数形、あるいは、不可算名詞の単数形が置かれます。設問文の it は前の不可算名詞 advice を受けています。なお、「2つ[2人]のうちどちらも…ない」は neither of 〜と表現するので注意しましょう。例 **Neither of** us really wants to break up.「私たち(2人)はどちらも本当は別れたくない」 (参 break up → 470)

> I got a lot of advice from Ken, but **none of it** was of much help.
> ケンから多くの忠告を受けたが、そのうちどれもたいして役に立たなかった。

360 couple 〔基本〕

解説 **a couple of (複数形名詞)** 「いくつかの〜」

「多くはないけれど、少なくとも2はある」ということを示す口語的な表現です。a couple が「2」であることが明確な文脈では「2」の意味にもなります。
例 a married **couple**「夫婦(=結婚している2人)」
なお、dozen「ダース(12個)」を用いた、dozens of 〜「多数の〜」という表現にも注意しましょう。

> I only have **a couple of** dollars with me right now.
> 今は数ドルの持ち合わせしかありません。

Lesson 19 英語の感覚と使い分けを学ぼう(2)

361 aware 〈標準〉

解説 be aware of ~ 「~に気づいている、知っている」

しばしば明確な根拠などなく「(感覚的に、なんとなく)~に気づいている、知っている」場合に使います。be conscious of ~にも「~に気づいている」という意味がありますが、conscious には「意識がある」という意味があり、こちらは「(心の中で意識して)~に気づいている、意識している」の意味にもなります。be aware that S V「S V に気づいている」の形も可能です。

> All boxers are well aware of the dangers they face in the ring.
> すべてのボクサーはリングで直面する危険をよく知っている。

362 These 〈基本〉

解説 these days 「最近は、今日では」

通例、過去と比較して現在時制で使います。nowadays「最近は、近ごろ」も同じ意味です。recently「最近」は「(近い過去の)ある時点」を指し、主に現在完了形や過去形とともに使われるので区別しましょう。this summer「この夏に」や this week「今週」など、〈this +(時を表す名詞)〉には前置詞をつけないのと同様に these days にも前置詞はつけません。ただし、in those days「その当時」には前置詞 in が必要です。(→ p.157 コラム③)

> These days, newspapers and magazines are often recycled after they are read.
> 最近では、新聞や雑誌は読まれた後リサイクルされることが多い。

363 smaller 〈基本〉

解説 a large[small] population 「多い[少ない]人口」

設問文のように日本語の「多い」「少ない」を large / small を用いて表現する場合があります。このような名詞には population のほか、number「数字」、income「収入」、vocabulary「語彙」、audience「観衆」などがあります。
例 There was a **large audience** in the stadium.「スタジアムには多くの観衆がいた」

> The population of Japan is smaller than that of Brazil.
> 日本の人口はブラジルよりも少ない。

364 wrong 〈基本〉

解説 the wrong ~ 「(本来とは違う)間違った~」

「(本来のものに対して)間違った~」なので、特定のものを指す the がつきます。
もし、a wrong station と言えば「道徳的に間違った、邪悪な駅」などの意味になってしまいます。
例 I went there on **the wrong day**.「行く日を間違えていた」 I took **the wrong bus**.「バスに乗り間違えた」 I wrote **the wrong address**.「住所を書き間違えた」などで使います。

> I got off at the wrong station.
> 駅を間違えて降りてしまった。

365 woke 〈基本〉

解説 **wake up**　「目が覚める」

wake up は「眠ることをやめる」→「目が覚める」という意味です。get up「起き上がる(起きてベッドから出る)」と区別しましょう。get up の反は go to bed「寝に行く」です。なお、wake を他動詞として用い、wake up ~ で「~の目を覚まさせる」という意味でも使います。wake の活用変化は wake-woke-woken です。

> I woke up at seven, but I went back to sleep again.
> 7時に目が覚めたが、二度寝してしまった。

366 out 〈標準〉

解説 **(人) work out**　「(ジムなどで定期的に)運動する」

普通、「運動する」は exercise や get exercise ですが、work out は「(ジムなどで筋肉を鍛えるために定期的に)運動する」という意味です。イギリス英語では keep fit「健康を維持する」がほぼ同じ意味を表す場合があります。また、「物」が主語の場合「うまくいく」という意味になります。
例 Our marriage didn't work out.「私たちの結婚はうまくいかなかった」

> I go jogging every morning and work out in the gym twice a week.
> 私は毎朝ジョギングをし、週に2回はジムで運動しています。

367 robbed 〈標準〉

解説 **rob (人) of ~**　「(人)から~を奪う」

rob ~は「~を襲う」という意味です。　例 rob the bank「銀行強盗をする」 of ~ は off ~「~から離れて」の変形で、直訳すると「(人)を(力ずくで)襲って(rob)~から離れ(of)させる」という意味です。steal ~ from (人)「(人)から~を(こっそり)盗む」と区別しましょう。
参 deprive (人) of ~(→172)

> Suddenly two men robbed me of my bag and ran away.
> 突然2人組の男が私からかばんを奪って逃走した。

368 after 〈基本〉

解説 **look after ~**　「~の面倒を見る、~の世話をする」(主にイギリス英語)

もとは「~の後を追いかけて見る」なので、目的語が「親」や「子ども」だと「(親や子ども)の面倒を見る」、「金銭」だと「(金銭)の管理をする」、「利益」だと「(利益)を図る」という意味になります。
例 Jennifer tends to look after her own interests.「ジェニファーは自分の利益を図りがちだ」
類似表現の take care of ~「~の世話をする」(→261)のほうが使用範囲が広く、「(物)の手入れをする」「(物事)の処理、始末をする」という意味にもなります。

> David looks after my goldfish whenever I go on vacation.
> 私が休暇で留守にするときはいつも、デイビッドが金魚の世話をする。

Lesson 19

369 local 〔基本〕

解説 local「地元の、局地的な」

日本語の「ローカル」は「田舎の」の意味にも使いますが、英語の local にそのような意味はありません。(ただし、local government「地方行政」では「地方の」という意味になります。)
日本語の「田舎の」にあたる英単語は rural で、その反は urban「都会の」です。
例 10:00 a.m. local time「現地時間午前 10 時」、a local newspaper「地方紙」、a local train「各駅列車、普通列車」、a local shower「局地的なにわか雨」、a local dish「郷土料理」

> I learned this shortcut from a local resident.
> この近道は地元の住人から教わった。

370 the 〔基本〕

解説 the country「田舎」

単に「都会」に対して「田舎」と表現する場合には the country とします(「その国で」と表現するには in that country とするのが普通です)。不特定な「田舎」を表す場合でも the がつくことに注意しましょう。city は普通 a city / cities ですが、「田舎」と対比する場合には the city / cities「都会」とします。

> Jake is from the country, but now he lives in the city.
> ジェイクは田舎出身だが、今では都会に住んでいる。

371 fell 〔基本〕

解説 fall asleep「(不意に)寝てしまう」

asleep は「眠って」という意味の形容詞なので、**直訳すると「眠りに落ちる」となります。**「眠る」を表す最も一般的な言い方は go to sleep で、こちらは fall asleep と違い、「寝ようとして寝る」場合に用います。参 go to bed(→365) なお、「ぐっすり眠っている」は be fast asleep と表現します。

> Jill fell asleep in class and started snoring.
> ジルは授業中に寝入ってしまい、いびきをかき始めた。

372 covered 〔基本〕

解説 be covered with[by] ~「~で覆われている」

「全体が覆われる」というイメージです。
例 The bread was covered with green mold.「そのパンには一面緑のカビが生えていた」
be covered with snow なら「うっすらと覆われている」の可能性もありますが、be covered in snow の場合には「すっぽりと雪の中に」という意味なので区別しましょう。

> The tennis court was covered with plastic sheets.
> テニスコートはビニールシートで覆われていた。

373 seriously 〔基本〕

解説 **think seriously about ～**　「～について真剣に考える」

think は自動詞なので、目的語の前には前置詞 of か about が必要です。of の場合は「ちょっと考える」という感じなので、設問文のような堅い文の場合は about が適切です。また、seriously の位置は、think の直後が適切です。　参 take ～ seriously「～を真面目に受け取る」

> We must think seriously about whether it is right or not to build nuclear power plants.
> 原子力発電所建設の是非について真剣に考えるべきだ。

374 said 〔基本〕

解説 **～ be said to (V)**　「～は V する[である]と言われている」

「(だれもが知っている「人」や「物」などが世間で)…と言われている」という意味です。It is said that S V. でもほぼ同じ意味になります。本文は It is said that Aloha shirts were first used as simple work clothes. と言い換え可能です。なお、be told to (V)「V するように言われる、命じられる」(→398)とは区別しましょう。例 Ben **was told to visit** the client by nine.「ベンは9時までにその客を訪問するように言われた」

> Aloha shirts are said to have been first used as simple work clothes.
> アロハシャツは簡素な作業着として使われたのがその始まりだと言われている。

375 away (now も可能) 〔基本〕

解説 **right away**　「すぐに」

soon は「今から短時間で」の意味で、少しの時間の猶予がありますが、**right away**(イギリス英語では straight away)は「ただちに」の意味で、より緊急な感じです。immediately「ただちに、すぐに」も同じ意味です。

> Could you send me the latest catalogue right away?
> 最新のカタログをすぐに送ってもらえませんか。

376 matters 〔標準〕

解説 **It matters little (to 人) ～**　「(人にとって)～はどうでもいい」

ここでの matter は動詞で、「重要である」という意味です。普通、設問文のように形式上の it を伴い、疑問文、または否定的な文で用います。なお、～に if 節や whether 節を置く場合、未来の話でも will や would は用いません。　参 It is ～ that counts[matters]「大切なのは～だ」(→567)

> It matters little to me whether Mike agrees or not.
> マイクが同意するかどうかなど私にはどうでもいいことだ。

Lesson 19

377 occurred ※rは2つ！（cameも可能） 〈標準〉

解説 ～ occur to（人）「（ふと考えなど）が（人）に思い浮かぶ」

occur は「起こる」という意味なので、**直訳すると「（人）に起こる」→「（人の頭）に生じる」→「（人）に思い浮かぶ」**となります。類似表現の ～ strike（人）は「（主に何かを見たり聞いたりして）～を突然思いつく」、～ hit（人）は「～が突然、完全にわかる［ピンと来る］」というイメージです。
例 It **struck** me that I was probably the only Japanese there.「そこには日本人は私しかいないかもという考えがよぎった」 Suddenly it **hit** me. He was trying to get me to lend him some money.「突然ピンと来た。彼は私にお金を貸してもらおうとしていたんだ」

> A good idea <u>occurred to</u> me at that time.
> そのとき私にいい考えが浮かんだ。

378 keep 〈標準〉

解説 keep on (V)ing 「V を続ける」

しばしば「V を続ける」ことに対していら立ちを示唆する表現です。
keep on (V)ing に対して keep (V)ing は「同じ動作の断続的な繰り返し」を強調して用いることが多いです。なお、carry on (V)ing も類似表現です。例 My grandmother complains that she **keeps waking** up at night.「夜に何度も目が覚めるとおばあちゃんはぶつぶつ言っている」

> We were all tired out, but we had no choice but to <u>keep on walking</u>.
> 私たちは疲れ切っていたが、歩き続けるしかなかった。

379 without 〈標準〉

解説 do without ～ 「～なしで済ます、やっていく」

主観的な表現で、live without ～ と言うこともあります。 I can't do without a cell phone.「私は携帯電話がないとやっていけない」という文には適していますが、「日本は水力発電なしではやっていけない」というような客観的な文は Hydropower generation is <u>essential</u> to Japan. のようにします。

> I couldn't get up early this morning, so I had to <u>do without</u> breakfast.
> 今朝、早く起きられなかったので、朝食なしで済まさなければならなかった。

380 passed 〈標準〉

解説 pass away 「亡くなる」

die「死ぬ」の婉曲的な表現です。pass は「去る」で、away は「遠くへ」という意味なので、直訳すると「遠くへ去る」→「亡くなる」となります。
die は人間以外にも使えますが、pass away は人間にしか使えないので注意しましょう。

> The actor had been in the hospital for some time and <u>passed away</u> last month.
> その俳優はしばらくの間入院していて、先月亡くなった。

Lesson 20　英語の感覚と使い分けを学ぼう(3)

381　after　　　　　　　　　　　　　　　　　　　　　　　[標準]

解説　take after ～　「(遺伝的につながりのある家族のだれか)に似ている」

take oneself after ～ 「～から自分を取っている(受け継いでいる)」から oneself が省略された形だと考えましょう。**「～から遺伝的に受け継いでいる」→「～に似ている」**の意味です。
口語的な表現では look like ～ のほうが一般的で、look like ～ は resemble ～ と同様に、**「(単に見た目)似ている」など遺伝的な類似以外でも使えます。**

> Jimmy really takes after his elder brother. They look like twins.
> ジミーはお兄さんに本当に似ている。双子に見える。

382　ashamed　　　　　　　　　　　　　　　　　　　　　　[標準]

解説　be[feel] ashamed of ～　「～のことを恥ずかしく思う」

「(道徳的な観点から何か悪いことをして)恥ずかしく思う」の意味です。be embarrassed は「(人前で転ぶなど、公衆の面前での失態などに対して)恥ずかしく感じる、当惑する」という意味なので区別しましょう。なお、「物」が主語の場合には、(物) be shameful となります。
例　John's behavior at the ceremony was **shameful**.
　　「その式典でのジョンのふるまいは恥ずべきものだった」

> I felt ashamed of what I had said to Jimmy.
> 私はジミーに言ったことを恥ずかしく感じた。

383　order　　　　　　　　　　　　　　　　　　　　　　　[標準]

解説　be out of order　「(主に公共物が)故障中で、調子が悪い」

ここでの order は「秩序」の意味で、**「秩序(order)から外れて(out of)いる」→「(主に公共物が)調子が悪い、故障している」**の意味です。公衆電話やエレベーターなどの張り紙などでも見られる表現です。「(一般に)壊れている」は be broken を用い、「壊れているかわからないが動かない」なら do not work で表現します。　例　My TV **doesn't work** at all.「テレビがまったく映らない」

> The elevator is not out of order, but it is being serviced.
> エレベーターは故障ではありませんが点検中です。

384　about　　　　　　　　　　　　　　　　　　　　　　　[標準]

解説　be anxious about ～　「～を心配している」

be worried about ～ 「～を心配している」と同じ意味ですが、be anxious about ～ のほうが**より強い不安感を示し、また、書きことばで使われます。**be anxious for ～ 「～を切望する」、be anxious to (V)「V したい」といった表現も覚えておきましょう。
例　I was very **anxious to** study abroad at that time.「当時、私はとても留学をしたかった」

> Gail is so anxious about the interview this afternoon.
> ゲールは午後の面接のことを心配している。

Lesson 20

385 tell 〈基本〉

解説 **tell (人) how to get to ~** 「(人)に~までの道を教える」

tell (人) the way to ~ も同じ意味です。日本語で「教える」「説明する」とあっても、**道案内の場合には teach や explain は使わず tell を使います**。teach は「(数学などの学科)を教える」、explain は「(定理などの複雑なもの)を教える」場合に使います ([×] explain O_1 O_2 の形はとらないので注意)。また、「いっしょに行って案内する」というときには、show (人) ~ で表現します。
例 I'll **show** you to your room. 「(ホテルで)お部屋までご案内致します」

> Could you <u>tell me how to get to</u> the city hall?
> 市役所<u>までの道を教えて</u>いただけませんか。

386 about 〈標準〉

解説 **be angry about (物・事柄)** 「(ある物・事柄)について怒っている」

be angry with (人)「(人)のことを怒っている」、be angry at (人・物)「(人・物)に対して怒っている」を原則として覚えておきましょう。なお、「怒っている」という「状態」ではなく、「怒る」という「動作」を表す場合には get [become / grow] angry とします。

> Mr. Smith <u>is angry about</u> never being invited to parties.
> スミスさんは1度もパーティーに招待されないこと<u>に関して怒っている</u>。

387 face 〈標準〉

解説 **face up to ~** 「~に立ち向かう、直面する」

「ある困難な状況から目を背けず、それを受け入れて対処する」という意味です。
be faced with ~、be confronted with ~「~に直面している」が受動的な意味であるのに対して、face up to ~ は「無視せず、目を背けず立ち向かう」という意味の強い表現です。

> We have to <u>face up to</u> the problem.
> 我々はその問題<u>に立ち向かわ</u>なければならない。

388 for 〈標準〉

解説 **for good** 「永遠に」

「ある場所から永久に出ていく」「ある場所に永久にとどまる」という文脈で使われることが多い表現です。for a good many years「かなり長い間」から a と many years が省略された形だと考えるとわかりやすいでしょう。なお、似た意味の permanently や forever は「長時間」などの意味もあり、より使用範囲が広い副詞です。

> Noel has left the team <u>for good</u>.
> ノエルは永久にチームを去った。

Lesson 20

389 last 〔基本〕

解説 **at last** 「(プラスイメージ)ついに、とうとう」

「ずいぶんと待った[努力した]が、とうとうできた」という場合に使います。in the end「(結末を示して)最後には」(→183)は、必ずしも「成功した」場合だけでなく、「失敗に終わった」場合にも使います。

At last the little boy succeeded in reaching the biscuits on the shelf.
ついにその小さな少年は手を伸ばして棚のビスケットを取ることに成功した。

390 put 〔基本〕

解説 **put on ~ / put ~ on** 「(服、帽子、靴、ある表情など)を身につける」

ここでの on は「~をつけて」という「着用」を意味し、直訳すると、「~をつけた(on)状態にする(put)」→「~を身につける」となります。反は take off ~ 「~を脱ぐ」です。「~を身につける」という「動作」を表す put on ~ に対して、wear ~ は「~を身につけている」という「状態」を表します。なお、be wearing ~ は「(一時的に)~を身につけている」という意味です。
例 Students should wear [× put on] their uniforms. 「学生は制服を着ていなければならない」
I have lost my contact lenses, so I'm wearing glasses.
「コンタクトレンズをなくしたのでめがねをかけている」

The kids put on their rubber boots and went out in the rain.
子どもたちはゴムの長靴を履いて、雨の中を出て行った。

391 forgive 〔標準〕

解説 **forgive (人) for ~** 「~のことで(人)を許す」

「(罪や重大な過ち)について(人)を許す」という意味です。excuse (人) for ~ は「(不注意、遅刻など)ささいなことについて(人)を許す」という意味なので区別しましょう。

I will never forgive Oliver for what he said to me at the party.
私はオリバーがパーティーで私にした発言を絶対に許さない。

392 mountains 〔基本〕

解説 **in the mountains** 「山の中を」

通常 the をつけて複数形で用いるので、注意しましょう。「山登りをする」を climb mountains と表現すれば本格的な「登山」という感じがします。山道を散策するぐらいなら go hiking in the mountains「山へハイキングに行く」となります。

Graham's summer vacation starts next month. He plans to go hiking in the mountains.
グラハムの夏休みは来月から始まる。彼は山(の中)をハイキングする予定だ。

Lesson 20

393 gave 〔標準〕

解説 give up the idea of (V)ing 「(将来)Vすることをあきらめる」

日本語で「あきらめる」ことを「お手上げ」と言いますが、give up も同じ感じです。
ただし、give up (V)ing の場合は「(やってきたこと)を(途中で)あきらめる、断念する」という場合にのみ使い、「(将来)Vすることをあきらめる」場合は使えないので注意しましょう。
例 I've **given up** try**ing** to persuade Jim.「(今まで説得してきたが)ジムの説得をあきらめた」

> I <u>gave up the idea of</u> studying in the U.K. because I didn't have the money.
> 金銭的な問題のために、イギリス留学を断念した。

394 give 〔標準〕

解説 give (人) a party 「(人のために)パーティーを開く」

「開く」ですが open を使わないように注意しましょう。hold a party「(公的な)パーティーを開催する」は堅い表現です。日常的な英語で「パーティーを開く」は give (人) a party あるいは have a party と言うのが一般的です。ただし、大きなパーティーの場合には throw a party と言うこともあります。なお、〈(V) (人) a party〉の形がとれるのは give だけです。

> We are going to <u>give</u> Judith <u>a</u> surprise <u>party</u> at a local restaurant.
> 近所のレストランでジュディスのためにサプライズパーティーを開くつもりだ。

395 heart 〔基本〕

解説 learn 〜 by heart 「〜を暗記する」

一般に「(詩、文学作品の一節など)を暗記する」は learn 〜 by heart を用いることが多いです。似た意味の語には memorize があります。「〜を(機械的に)丸暗記する」は、rote「機械的な繰り返し」を用いて learn 〜 by rote と表現することもできます。なお、「(人の名前)を覚える」は、思い出すことに重点があるので remember 〜「〜を覚えている」を使います。
例 I can't **remember** his name.「彼の名前を覚えられない」

> Children in this school are required to <u>learn</u> these poems <u>by heart</u>.
> この学校の子どもたちはこれらの詩を暗記することになっています。

396 some 〔基本〕

解説 some 「〜なものもある」

some は、**具体的な数字を表す形容詞ではなく、「存在はするがよくわからない数・量の」**という意味です。several「(具体的に 3 以上で)いくつかの」と区別しましょう。
例 I have been to Korea **several**[× some] times.「韓国には何回か行ったことがある」

> In <u>some countries</u> the tap water is not safe enough to drink.
> 水道水が飲用に適さない国もある。

397 each 〈基本〉

解説 each 「(個別に重きをおいて)それぞれの」

every は「どの〜もすべて」の意味で全体をカタマリとして捉え、3つ以上の「人」「物」について使われますが、each は「1つ1つ」に重きがあり、2つ以上の「人」「物」について使われます。「面接会場には生徒がひとりひとり(別々に)呼ばれた」などという場合には、each が適切です。また、each や every を形容詞として使った〈each＋名詞〉や〈every＋名詞〉は単数扱いになります。
例 Each student was called into the interview room.

> The principal presented a graduation certificate to each student.
> 校長が卒業証書を生徒ひとりひとりに渡した。

398 told 〈基本〉

解説 tell (人) to (V) 「人に〜するように言う」

tell は、①〈tell(＋人)＋a story[a lie]〉「物語を話す、うそを言う」、②〈tell＋(人)＋about 〜〉「〜について(人)に言う」、③〈tell＋(人)＋that S V〉「S V ということを(人)に言う」、④〈tell (人) to (V)〉「(人)に V するように言う」の形をとります。tell a lie などの〈tell＋物語[話]〉の形以外は、**目的語に「人」が必要なので注意しましょう。**(→ 65)

> I was told to come here to take an English test.
> ここへ来て英語のテストを受けるように言われました。

399 into 〈標準〉

解説 be (really) into 〜 「〜にはまっている、夢中である」

口語的な表現で、日本語では「はまっている」にあたります。be absorbed in 〜「〜に夢中だ」は「一時的な熱中」ですが、be into 〜 は通例「一定期間続く状態」に使います。なお、「〜にはまる、夢中になる(動作)」は get into 〜 です。

> My mother is really into Korean movies.
> 私の母は韓国映画にはまっている。

400 leg 〈やや難〉

解説 pull *one*'s leg 「(言葉で)からかう」

「本当ではないことを言って人をからかう」の意味で、しばしば親しい仲で使う口語的な表現です。make fun of 〜「(人・事)を(ばかにして)からかう」(→ 330)という表現もあります。tease にも「からかう」という意味がありますが、悪意を持っている場合にも使うので注意しましょう。日本語の「人の足を引っ張る」を英語で表現すると、get in *one*'s way「人の邪魔をする」(→ 34)になり、意味が異なるので注意しましょう。

> Don't believe her. She's just pulling your leg.
> あの子の言うことを信じてはだめだよ。からかっているだけだよ。

Lesson 21 英語の感覚と使い分けを学ぼう（定型表現）

401 on 【標準】

解説　Come on!　「（人をせかしたり、たしなめて）おいおい」

準備に手間取っている人や、映画などに誘ったのにどうしようか迷っている人などを、**たしなめたり、せかしたりするときに使う表現です**。なお、「頑張れ」と激励するときにも使います。

> **Come on!**　This puppy won't hurt you.
> おいおい。この子犬は何もしないよ。

402 matter（problem, deal も可能） 【基本】

解説　What is the matter?　「（相手を心配して）どうしたの？」

相手の体調が悪そうだったり、不安そうなときに心配して使う表現です。
What is the matter with you? とすると、相手が明らかに普通ではない状態（包帯を巻いている、異常に興奮しているなど）の場合や、相手をとがめる場合に使います。目上の人には、通例、Is there anything the matter? / Is anything the matter?「どうかなさいましたか」などと言います。普通に「どうしたの（何が起こったの）？」と尋ねる場合は What happened? で十分です。

> **What's the matter?**　Have you forgotten your password?
> どうしたの？　パスワードを忘れたの？

403 How 【基本】

解説　How are you doing?　「（あいさつで）元気？」

How are you?「こんにちは、元気？」の変形で、知り合い同士のくだけたあいさつです。
ほかにも同じ意味で、How are things (going)? などさまざまな表現がありますが、How are you doing? を使う人が多いようです。返事は Great!「元気だよ」や Not so bad.「悪くない」などです。

> **How are you doing?**
> 元気？

404 mention 【標準】

解説　Don't mention it.　「（お礼に対して）どういたしまして」

お礼に対しての返事で、You are welcome. No problem. も同じ意味です。
mention ～は「～に言及する」という意味なので、「それに言及しないでください」→「お礼を言う必要はありません」→「どういたしまして」となります。

> **Don't mention it.**　Please let me know if you need my help.
> どういたしまして。助けが必要ならいつでも教えてくださいね。

405 way 〔基本〕

解説 No way!「絶対だめ」

No を強く言う場合に使い、Absolutely not! とも言います。
また、There is no way S V.「S V なんてありえない」の形でも使います。
例 There's no way I'll ever believe Ben again.「2度とベンを信じたりするもんか」

> No way!
> 絶対だめ。

406 miss 〔基本〕

解説 You can't miss it.「(道案内をした最後に)必ず見つかりますよ」

道を尋ねられて、案内するときの最後のことばとしてよく用います。miss はここでは「見逃す」を表すので、「それを見逃すことは不可能だ」→「必ず見つかる、行けば必ずわかる」の意味になります。

> Turn left at the corner and walk two blocks. You can't miss it.
> 角を左に曲がって2筋目です。きっと見つかりますよ。

407 kidding 〔基本〕

解説 No kidding!「冗談でしょう」

相手の言ったことが信じられないときなどに用います。kid は「冗談を言う」という意味です。同じ意味で You're kidding. Are you kidding? などの表現もあります。

> You have a Mercedes? No kidding!
> ベンツ持っているって？ 冗談でしょう。

408 have (know も可能) 〔基本〕

解説 Do you have the time?「時間をお聞きしてもいいですか？」

時間を尋ねるときの表現です。What time is it? や What time do you have? のほか、Have you got the time? なども同じ意味で使われます。
なお、the のない Do you have time? は「お時間はありますか？」の意味なので注意しましょう。

> Do you have the time?
> 時間をお聞きしてもいいですか？

Lesson 21

409 See 〔基本〕

解説 See you. 「さよなら」

日常よく使われる別れ際のあいさつです。あとですぐに会う予定があるのなら See you later.「さよなら、またあとで」としますが、普通は See you. で十分です。金曜日なら Have a nice weekend!「よい週末を」などと付け加えてもいいでしょう。

参 See you later, alligator.「(子どもが使って)じゃあ、またね」– In a while, crocodile!「(返事で)じゃあ、またね」このように韻を踏んだあいさつ表現はいかにも英語らしいです。

> See you.
> さよなら。

410 Here (There も可能) 〔標準〕

解説 Here you go. 「(頼まれた物を渡しながら)はい、どうぞ」

テーブルの上の何かを取るように頼まれてそれを渡す場合や、切符などを見せるように言われて相手に見せるような場合などに使う表現です。Here it is. Here you are. も同じ意味です。

> Here you go.
> はい、どうぞ。

411 pardon 〔基本〕

解説 I beg your pardon? 「もう1度繰り返してください」

相手の発言を聞き返す表現で、直訳すると「私はあなたの許しを請う」です。文末を上げて(↗)発音します。なお、文末を下げて(↘)発音すると、「(小さな過失に対して)すみません」の意味になるので区別しましょう。後ろに Could you say that again more slowly?「もう1度もう少しゆっくり話していただけませんか」などと付け加えてもいいでしょう。I を省略して Beg your pardon? と言うこともあります。

> I beg your pardon, Ms. Suzuki?
> 鈴木先生、もう1度繰り返していただけますか?

412 Sounds (Seems も可能) 〔標準〕

解説 Sounds like a good idea. 「いい考えだね」

sound like ～は「～に聞こえる」という意味で、It sounds like a good idea.「それはいい考えに聞こえる」から It が省略された形です。また、Sounds good [great, nice].「いいね」とも言います。(→ p.157 コラム③)

> Sounds like a good idea.
> いい考えだね。

Lesson 21

413 take

解説 Can[May] I take a message? 「伝言を承りましょうか？」 　標準

take ～は「～を取る」なので、「(あなたから)伝言を取りましょうか？」が直訳です。なお、Would you like to leave a message?「伝言を残しますか？」→「何かお伝えいたしましょうか？」という表現もあります。

> I'm sorry, Tanaka's not here at the moment. Can I take a message?
> 申し訳ございません。田中は今席を外しています。伝言を承りましょうか。

414 depends

解説 That depends. 「ケースバイケースだね、時と場合によるね」 　基本

depend on ～「～次第だ」から on ～が省略された形で、**何かを質問されて、明確な回答を避けるときに用いる表現です**。It depends. とも言います。なお、It's case by case. でも通じますが、英語の case by case は普通「1件1件、個別に」を意味するため、使わないほうがよいでしょう。

> That depends.
> ケースバイケースだね。

415 take

解説 I'll take this. 「これください」 　基本

店で買い物をするときに用いる表現です。[×]I'll buy this.「買うつもりです」(購入時にまだ購入を決定していないという不自然な状況になる)や、[×]Please give it to me.「どうぞそれを私に恵んでください」などは奇妙な表現になるので注意しましょう。

> I'll take this.
> (店で店員に)これください。

416 permitting

解説 weather permitting 「天気が許せば、天気がよければ」 　標準

if the weather is good enough「もし天気が(～できるほど)よければ」と同じ意味の口語的な表現です。なお、weather は不可算名詞なので注意しましょう。
例 We have had lovely **weather** all week.「今週はずっと天気がよい」

> We'll play softball in the park tomorrow, weather permitting.
> 天気がよければ、明日は公園でソフトボールをします。

Lesson 21

417 Between 〔基本〕

解説 **between you and me**　「ここだけの話だけど、ないしょの話だけど」

ないしょの話をするときに使う口語的な表現で「あなたと私の間だけで」→「ここだけの話だけど」という意味です。主に文頭で使いますが、This is just **between you and me**.「これはここだけの話です」と言うこともあります。

> **Between you and me**, I hate physics.
> ここだけの話だけど、私は物理が嫌いだ。

418 best 〔やや難〕

解説 **to the best of my knowledge**　「私の知る限りでは」

to は「程度」を示し、直訳すると「私の知識の最高の程度では」→「私の知る限りでは」になります。堅い表現で、類似表現の as far as I know のほうがくだけた言い方です。(→ **90**)

> **To the best of my knowledge**, this is the first time we've heard this about Jimmy.
> 私の知る限りでは、ジミーに関してこんなことを聞いたのは今回が初めてです。

419 Congratulations 〔標準〕

解説 **Congratulations on ~**　「~おめでとうございます」

祝福するときの決まり文句です。① Congratulations と複数形にすること(Thanks「ありがとう」と同様に強調のための複数形)、②動名詞が続くときは、[×]your (V)ing とはせず、on の直後に動名詞を置くことに注意しましょう。　**例** **Congratulations on** getting a job.「就職おめでとう」I offer you my congratulations on ~「~のお祝いを申し上げます」と言えばさらに改まった感じになります。動詞としての congratulate (人) on ~「~のことで(人)を祝う」もいっしょに覚えておきましょう。なお、この on は「~に関して」という意味です。(→ p.272 コラム⑧)

> **Congratulations on** winning the award!
> 受賞おめでとうございます。

420 convenience 〔やや難〕

解説 **at** *one*'s **earliest convenience**　「都合がつき次第」

手紙文の最後に使われる正式な表現です。直訳すると「最も早い都合で」→「都合がつき次第」となります。友だち同士なら asap (= as soon as possible)という略語も用います。
例 Please let me know **asap**.「できるだけ早く教えてね」

> We should be grateful if you would reply **at your earliest convenience**.
> ご都合がつき次第お返事をいただけると幸いです。

Lesson 22 疑問の表現を学ぼう

421 about 〔基本〕

解説 **How[What] about 〜?** 「〜しませんか？」

提案したり、申し出たりする口語的な表現です。通常、疑問詞の how と what は異なりますが、この表現では言い換え可能です。この about は前置詞なので後ろには名詞や動名詞が置かれます。
例 What about karaoke on Saturday?「土曜日にカラオケでもどう？」 参 go out(→ 279)

> How about going out for lunch one day next week?
> 来週いつか昼ご飯を食べに行かない(＝行くのはどうですか)？

422 long 〔基本〕

解説 **How long ...?** 「…するのはどれくらい時間がかかりますか？」

「時間的な長さの程度」を聞く疑問文ですが、訳は文脈に応じてさまざまです。
例 How long have you known her?「彼女とはいつからの知り合いですか？」
　 How long are you planning to stay here?「こちらにはどれくらいご滞在ですか？」

> How long does it take to go to Kyoto by train?
> 京都までは電車でどれくらい時間がかかりますか？

423 Could（Would も可能） 〔基本〕

解説 **Could you 〜?** 「〜をしていただけませんか？」

人に頼み事をするとき、親しい間柄でない場合には、この表現が適しています。please を用いた命令文は「頼むからやっておいてよ」といった厚かましい感じになることもあるので注意しましょう。また、さらにていねいに言う場合は、possibly「なんとか」を用いて Could you possibly 〜?「なんとか〜していただけませんか？」と言います。(→ 458)

> Excuse me. Could you tell me where the aquarium is?
> すみません。水族館がどこにあるのか教えていただけませんか？

424 why 〔基本〕

解説 **Why don't you 〜?** 「〜してみたら？」

「なぜ〜しないのですか」という意味で、怒気を含めて使うこともありますが、**多くの場合設問文のように〈提案〉の意味で使われます**。Why not 〜? の形になることもあります。

> If you like this apple pie so much, why don't you make one yourself?
> このアップルパイがそんなに気に入ったのなら、自分で作ってみたら。

Lesson 22

425 Shall 〔基本〕

解説 Shall we ～?「～しませんか？」

相手に提案し、意志を尋ねるときに用いる比較的ていねいな言い方です。
Let's ～ は「（相手とすでにある程度の合意ができている場合に、その行為を）始めよう」という意味で使います。この 2 つを組み合わせた Let's ～, shall we?「～しませんか？」は Let's の付加疑問で、「ある程度合意ができて（肯定の返事を期待して）いる」場合に使います。なお、Shall I ～? は「（私が）～しましょうか？」という意味です。

> **Shall we** split the bill?
> 割り勘にしませんか？

426 What 〔基本〕

解説 What if S V?「S V ならどうなる[する]の？」

What will happen if ...?「もし…なら何が起きるのか」から will happen が省略された形だと考えましょう。反語的に「～したって構うものか！」の意味で使うこともあります。
例 What if I fail?「失敗したって構うものか」

> **What if** it rains?
> 雨だったらどうなるの？

427 often 〔基本〕

解説 How often ...?「何回…？」

「回数・頻度」を尋ねる表現です。How many times ...? でも同じ意味ですが、こちらは How many times do I have to tell you?「何回言えば気が済むの？」のような感情的な言い方に使われることがあります。

> **How often** do you update your blog?
> ブログはどれくらいの頻度で更新していますか？

428 How 〔基本〕

解説 How do you like ～?「（感想を求めて）～はどうですか？」

「好きか嫌いか」を尋ねているわけではないので、**Yes や No で答えてはいけません**。
例 How did you like that movie?「あの映画はどうでしたか？」- Very interesting.「とてもおもしろかった」 また、似た表現に調理の仕方(好み)を尋ねる How would you like your steak?「ステーキの焼き加減はどうしましょうか？」や、支払いの仕方(カード払いか現金払いかなど)を尋ねる How would you like to pay?「お支払いはどうなさいますか？」などがあります。

> **How do you like** your new teacher?
> 新しく来られた先生のことどう思う？

429 What 〔基本〕

解説 What do you think of 〜? 「〜のことをどう思いますか？」

ここでの of は「〜に関して」の意味で、think は例外的に他動詞として使われており、what が目的語です。「**どう思う**」という日本語につられて How do you 〜? としないように注意しましょう。How do you think 〜? は「どのような手段で考えるか？」という意味になります。

<u>What do you think of</u> the new Prime Minister?
今度の首相のことどう思う？

430 How 〔標準〕

解説 How come S V? 「なぜ S V か？」

Why do[does] S V? と同じ意味の口語的な表現です。もともとの How did it come about that ...?「…ということがどのようにして生じたの？」(※ come about「生じる」)から did it と about that が省略された表現です。よって、How come の後ろは疑問文の形にならないことに注意しましょう。また、How come?「なぜ？」と単独でも用います。

<u>How come</u> you're home so late?
なぜこんなに帰宅が遅いの？

431 up 〔基本〕

解説 What's up (with 〜)? 「(〜は)どうしたの？」

ここでの up は「出現」を表し、**直訳すると「(〜に関して)何が生じたの？」**です。What happened to 〜? も同じ意味になります。なお、アメリカ英語では What's up? を How are you?「こんにちは、お元気ですか」の代わりにあいさつで使うこともあります。

<u>What's up with</u> Jack? He looks so happy.
ジャックはどうしたの？　うれしそうだね。

432 mind 〔基本〕

解説 Do you mind if S V? 「S が V してもいいですか？」

ここでの mind は「気にする」の意味で、**直訳すると「もし S が V したら気にしますか？」**です。ていねいに言う場合は Would you mind if S V?「S が V してもよろしいですか？」とします。また、Do you mind my sitting here? という形になることもあります。「気にならない」「構わない」ときは Not at all.「(まったく気にしません→)構いません、いいですよ」などの否定の形で返事をし、「気になる」「困る」場合は、I'd rather you didn't.「(できたら)してほしくない」などと返事をします。　参 I don't <u>mind</u> being posted overseas.「海外赴任でも支障ございません」

<u>Do you mind if</u> I sit here?
ここに座ってもいいですか？

Lesson 22

433 playing 〔標準〕

解説 What do you say to (V)ing? 「V しませんか？」

人に何かを提案するときに用います。直訳すると「V することに対してあなたは何と発言するか？」となります。to は前置詞なので、後ろには名詞か動名詞が置かれることに注意しましょう。How about (V)ing?(→421)と同じ意味です。なお、to (V)ing を省いて、What do you say?「(何かの提案に対して)どう思う？」という表現もあります。

What do you say to playing cards during the lunch hour?
昼休みはトランプをしない？

434 soon 〔基本〕

解説 How soon ...? 「あとどれくらいで…ですか？」

「あとどれくらい時間が経過すれば」の意味です。How long ...? は「どれくらいの間(何かの動作が続くのか)…？」を尋ねる表現で、答えは「期間」を示し(例 For two weeks.「2週間です」)(→422)、How soon ...? は「あとどれくらいで(何かの動作が始まる/終わるのか)？」を尋ねる表現で、答えは「所要時間・残り時間」を示します(例 In two hours.「2時間です」)。

How soon will we arrive?
あとどれぐらいで到着しますか？

435 favor 〔標準〕

解説 Could you do me a favor? 「(1つ)お願いがあるのですが」

人に何かの頼み事をする場合に使う表現です。favor は「好意」の意味なので、do me a favor は直訳すると「1つの好意を私に与える」です。参 do ～ good[harm](→89) もし、複数の頼み事がある場合には a couple of favors と言うこともあります。

Could you do me a favor?
(1つ)お願いがあるのですが。

436 became 〔標準〕

解説 What became of ～? 「(安否や消息を案じて)～はどうなったのか？」

多くの場合、長らく見かけない人などについて尋ねる場合に使います。
この become は、come to be「存在するようになる」を意味するので、直訳すると「～に関して何が(存在するようになったか→)生じたか」です。なお、What happened to ～?「～はどうしたの？」は特に心配していない場合も含め、広範囲に使えます。

What became of Lucy after that?
あの後ルーシーはどうなったの？

437 What

解説 **What ... for?** 「何のために…？」

目的を尋ねる表現です。what は前置詞 for の目的語で、疑問詞 what だけが文頭に出た形です。…の部分を省略して What for?「何のために？」ということもあります。

> **What** do you need three cars **for**?
> 何のために3台の車が必要なの？

438 Guess

解説 **Guess ＋〈疑問詞＋ S V〉** 「〜を当ててごらん」

人に何かを推測させるときに使う慣用表現です。
例 Guess what I'm thinking.「私が何を考えているか当ててごらん」
Guess what? は会話の切り出しに「(何か相手が驚くかもしれないことを打ち明ける前に)ねぇ、なんだと思う？」という意味で使います。　例 Guess what! John broke his leg yesterday.「ねえ(知ってる)？ ジョンが昨日、足を折ったんだって」

> **Guess** how old I am.
> さて私はいったい何歳でしょうか(←私が何歳か当ててごらん)。

439 mean

解説 **You mean ...?** 「…という意味ですか？」

相手の真意を確認するときなどに使います。
Are you telling me that ...?「…ということを言っているのですか？」と同じ意味です。また、What do you mean by that?「それはどういう意味ですか？」という表現も覚えておきましょう。

> **You mean** you don't want to do this job?
> この仕事はやりたくないってことですか？

440 earth

解説 **〈疑問詞〉＋ on earth ...?** 「いったい全体…？」

on earth「いったい全体」は疑問詞を強調する働きをしています。口語的な表現では〈疑問詞〉＋[in the world / the hell]〉「いったい全体…？」などもありますが、the hell はかなりくだけた表現のため使い方に注意しましょう。
例 What **in the world** did you do it for?「いったい全体何のためにお前はそんなことをしたんだ」

> Sam, what **on earth** are you doing in the classroom on Sunday?
> サム、いったい全体日曜日に教室で何をしているんだ。

[コラム⑤] 副詞 up, out の語感

1．up のイメージ
①「上昇」のイメージ
　up は「上昇」が基本イメージです。この意味の場合、日本語の「アップ」と同じイメージです。go up「上昇する」、speed up「速度を上げる」などがその例です。

②「出現」のイメージ
　up は「上昇」→「出現」の意味にもなります。舞台などの「せり」が床下から「上がって」きて、出演者が「出現」するイメージです。show up「現れる」(→463) などが、その例です。

③「停止・完了」のイメージ
　練習を終えるとき「今日は、これで上がりにする」などと言いますね。すごろくなどでも「上がり」と言えば「終了」の意味です。また、ボールを真上に投げると、上空に「上が」っていき、一番上で「止まり」、その後は地面に「落ち」ます。英語も同じで、up は「上昇」→「停止」→「完了」に意味が発展します。たとえば、pull up (→499) なら「(車、列車などが)止まる」で「停止」のイメージ、end up (V)ing「結局〜に終わる」(→137)、break up (with 〜)「(〜と)別れる」(→470) は「完了」のイメージです。

2．out のイメージ
①「外に」のイメージ
　go out は「外へ行く」、eat out (→7) は「外食する」です。watch out for 〜「〜に向かって外を見る」→「〜に気をつける」(→531) の out も同様のイメージです。

②「なくなる」のイメージ
　「外に」出てしまえば「なくなり」ます。よって、out には「なくなって」というイメージもあります。put 〜 out「(火など)を消す」(→511)、run out of 〜「〜を切らす」(→236) などがこのイメージです。

③「わかる」のイメージ
　out には、見えなかったものが「外に」出る→「わかる」というイメージもあります。
　make 〜 out「〜見[聞き]分ける、わかる」(→525)、figure 〜 out「〜がわかる」(→462)、turn out (to be 〜)「〜だと判明する」(→504) などがこのイメージです。

Lesson 23 副詞を中心とした表現を学ぼう(1)

441 too 〔基本〕

解説 too ~ to (V) 「あまりに~だから V できない」

too は「~すぎる」を表す副詞で、**この表現を直訳すると「V するには~すぎる」となります**。She is very beautiful.「彼女はとても美しい」は褒めことばですが、She is too beautiful. は「彼女は美しすぎる(近付きがたい)」といった否定的な意味になることもあります。なお、to (V)の意味上の主語をつけると、〈too ~ for (人) to (V)〉「(人)が V するには~すぎる」という形になります。
例 This book is **too** difficult for children **to** read. 「この本は子どもが読むには難しすぎる」

> The story is too good to be true.
> その話はうますぎて本当とは思えない。

442 enough 〔基本〕

解説 ~ enough to (V) 「V できるぐらい~」

enough は副詞として形容詞や副詞と共に用いる場合、設問文のように形容詞、副詞の後ろに置かれます。形容詞として名詞と共に用いる場合には通常、〈enough ＋名詞〉の語順です。
例 Mr. Lee doesn't have **enough** data to make a decision about that matter.
「リー氏はその事に関して結論を下すのに十分なデータを持っていない」

> John is only thirteen. He is not old enough to get a driver's license.
> ジョンはまだ 13 歳だ。運転免許証をとれる(←とれるぐらいの)年齢ではない。

443 hardly [scarcely] 〔基本〕

解説 hardly 「ほとんど~ない」

「ほとんど~ない」と「**程度**」を示す副詞です。(→444) 普通、形容詞に -ly がつくと副詞になりますが(例 形容詞 sudden「突然の」→副詞 suddenly「突然に」)、hardly は、hard「難しい、熱心な」とはまったく違う意味になるので注意しましょう。参 late「遅い」lately「最近」

> I was so excited that I could hardly write.
> 私は興奮して字がほとんど書けなかった。

444 rarely (seldom でも可) 〔基本〕

解説 rarely 「めったに~ない」

「めったに~ない」と「**回数・頻度**」を示す副詞です。(→443) seldom は rarely よりも堅い表現です。これらは「回数が少ない」ときに使います。反は often「しばしば」です。日本語では「めったに映画に行かない」と「ほとんど映画に行かない」はほぼ同じ意味になりますが、hardly(程度)と rarely(頻度)の意味は違うので注意しましょう。
なお、hardly ever「めったに~ない」は、rarely とほぼ同じ意味です。

> We love to cook at home, so we rarely go out to eat.
> 家で料理をするのが大好きなので外食することはめったにない。

Lesson 23

445 so

解説 so far 「今までのところは」

far は「遠くに」を意味する副詞で、so は「それほど」の意味なので(→**344**)、「**ここまでの距離では**」→「**今までのところは**」となります。
So far, so good. なら「今のところ順調だ」という意味です。

> I have not finished this book yet, but so far I agree with the author's ideas.
> この本はまだ読み終えていませんが、これまでのところは筆者の意見に賛成です。

446 least

解説 at least 「少なくとも」

at の基本的な意味は「(点)で」で、little の活用変化は little - less - least なので、at least を**直訳すると「最小の点で」**です。主に〈at least＋(数字)〉の形で用い、まれに、at the least の形になることもあります。反は at (the) most「(量的に)せいぜい、多くても」、at (the) best「(質的に)せいぜい、よくても」です。(→ p.136 コラム②)　参 in advance(→**289**)　例 It's almost two o'clock so we have only ten more minutes **at most**.「もう2時だ。せいぜいあと10分しかない」

> Let me know at least a week in advance.
> 少なくとも1週間前にはお知らせください。

447 All

解説 all of a sudden 「突然に」

ここでの all は、all over the world「世界中で[に]」の all と同様に「強調」を表す副詞です。
また、〈of＋名詞〉で副詞句を作ります。　例 of late「最近」、of necessity「必然的に」
all of a sudden は suddenly「突然」と同じ意味ですが、主に物語や過去の出来事に使われます。

> All of a sudden, the lights went out.
> 突然、電気が消えた。

448 up

解説 up to ＋(数字 etc.) 「〜まで」

この up to は「上がって(行って)〜のほうへ」→「〜まで」を意味します。up to の後ろには数字以外も置かれます。例 Read **up to** the end of chapter three.「第3章の終わりまで読みなさい」
また、It is up to ＋(人) to (V)で「V するのは(人)次第だ」という意味になります。
例 **It is up to you to** decide where to eat.「どこで食べるのかは君次第だ」
なお、to (V)のない形でも使えます。　例 It's **up to** you.「それは君次第だ」

> This bus can hold up to 50 people.
> このバスには50人まで乗れます。

449 far

解説 **far from ~** 「決して~ではない」

直訳すると「~から遠い」で、比喩的に「~からほど遠い」→「決して~ではない」という意味です。~には名詞や形容詞が置かれます。また、Far from ~, S V.「~どころかSVだ」という形でも使われます。(→ p.136 コラム②)
例 Far from respecting Matt, I look down on him.
「マットを尊敬するどころか、私は彼を見下している」

> I am **far from** satisfied with your behavior.
> 私は君の行動にはまったく満足なんかしていない。

450 more

解説 **more or less** 「ほとんど」

「多かれ少なかれ」とか「うすうす」と訳すこともありますが、more or less は almost「ほとんど」と同じ意味で、**はっきり言わず和らげて言うときの表現だと理解しましょう**。I'm more or less aware of this fact.「私はこの事実をほとんど知っている」は I'm aware of this fact.「私はこの事実を知っている」を和らげた表現です。
似た形の表現には sooner or later「遅かれ早かれ」があります。

> I have **more or less** finished the research paper.
> 研究レポートはほとんど完成した。

451 over

解説 **over and over (again)** 「何度も何度も」

over and again、again and again も似た意味ですが over and over (again)は特に「**好ましくないことが繰り返される**」ときに用います。

> Angie was told to practice her lines **over and over again**.
> アンジーは何度も何度もせりふを練習するように言われた。

452 quite

解説 **quite a few ~** 「かなり多くの~」

「**数が多い**」ことを言うときに使います。「**量が多い**」場合には quite a bit ~ などとなります。
例 Tim has earned **quite a bit of** money as a movie actor.
「ティムは映画俳優としてかなりの大金を稼いできた」
類似表現の not a few「(数が)かなり多くの~」は堅い表現なので英作文では避けたほうが無難です。

> There are **quite a few** people here tonight.
> 今夜ここにはかなり多くの人がいる。

Lesson 23

453 longer　　　　　　　　　　　　　　　　　　　　　　　　基本

解説 no longer 「もはや〜ない」

直訳すると「(今)より長くは決してない」→「これ以上には〜ない」で、not 〜 any longer とも表現します。not 〜 anymore も同じ意味ですが、通常、anymore の部分を文末におき、「(突然)〜でなくなった」という意味合いを持ちます。
例 I can't agree with you **anymore**.「もはや、あなたには同意できません」

> Kate is no longer afraid of her father.
> ケイトはもはや父親を恐れていない。

454 while　　　　　　　　　　　　　　　　　　　　　　　　標準

解説 once in a while 「時折」

while は名詞で「しばらくの間(期間)」という意味なので、**直訳すると「ある一定期間(in a while) に 1 度(once)」→「時折」になります**。occasionally と同じ意味です。頻度は下がりますが once in a blue moon「めったに[ほとんど]〜ない」というくだけた表現もあります。青い月はめったに見られないため、「青い月に 1 度」→「めったに〜ない」となります。

> Angela works at a fine restaurant, so she meets famous people once in a while.
> アンジェラは高級レストランで働いていて、時折有名人に会う。

455 now　　　　　　　　　　　　　　　　　　　　　　　　標準

解説 (every) now and then 「時々」

ここでの then は「その時」を表し、**直訳すると「今とその時(ごとに)」で、例えば「今日と(次の)月曜日に」といったイメージになります**。(every) now and again と表現することもあります。sometimes と同じ意味ですが、sometimes は一般動詞の前か be 動詞／助動詞の後ろに置かれることが多いのに対して、(every) now and then は多くの場合、文頭や文末に置かれるので注意しましょう。参 「頻度」を表す副詞　always ＞ often ＞ sometimes (＝ every now and then)＞ occasionally (＝ once in a while)

> Every now and then I get homesick for Los Angeles.
> 時々、ロサンゼルスに帰りたくなる。

456 apart (aside も可能)　　　　　　　　　　　　　　　　　　標準

解説 apart from 〜 「〜を別にすれば」

apart は「離れている」という意味です。
例 The two towns are ten miles **apart**.「その 2 つの町は 10 マイル離れている」
「〜から(from)離れて(apart)」→「〜のことを考慮から外せば(を別にすれば)」という意味です。

> This essay is excellent, apart from a couple of spelling mistakes.
> いくつかのつづりの間違いを別にすれば、この作文はすばらしい。

457 by 標準

解説 **as time goes by** 「時がたつにつれて」

この by は「そばを」を意味する副詞です。よって、直訳すると「時(time)が私たちのそばを通り過ぎていく(go)につれて(as)」→「時がたつにつれて」となります。この「そばを」を表す副詞の by は訳さないことが多いです。
例 fly **by**「飛んでいく」、drive **by**「(車が)走りすぎる」、Two weeks went **by**.「2週間が過ぎた」

> I hope your sorrow will disappear <u>as time goes by</u>.
> 時がたつにつれてあなたの悲しみがいえますように。

458 possibly やや難

解説 **cannot possibly** 「絶対〜できない」

possibly が cannot と共に使われる場合、**cannot を強調して、「絶対〜できない」という意味になります**。なお、can[could]を伴って疑問文にすると「なんとか〜していただけませんか」と「ていねいな依頼」を示します。(→**423**)
例 Could you **possibly** spare a minute?「なんとかお時間を割いていただけないでしょうか」

> I <u>can't possibly</u> answer all the questions.
> その問題に全部答えるなんて絶対にできない。

459 after 基本

解説 **one after another** 「(3つ以上のものが)次々と」

one after another は全体として副詞句の扱いです。another が「(3つ以上のうちの)ほかの1つ」ということを理解していればわかりやすいでしょう。「(3つ以上あるものが)次々と」という意味です。設問文は、One cat after another came out of the wooden box. とすることもできますが、この場合、下線部が主語となり名詞の扱いとなります。

> Cats came out of the wooden box <u>one after another</u>.
> その木箱から猫が次々と出てきた。

460 alike 標準

解説 **A and B alike** 「AもBも同様に」

この alike は「同様に」を意味する副詞で A and B alike で「AもBも同様に」となります。both A and B「AもBも両方とも」と言い換え可能です。alike には「似ている」の意味の形容詞もあります。
例 My mother and I are very much **alike** in many ways.「母と私は多くの点でとても似ている」
なお、形容詞として使う場合、alike は前から名詞を修飾することはできないので注意しましょう。
例 **similar**[× alike] appearance to 〜 「〜に似た外見」

> Tourists <u>and</u> local people <u>alike</u> enjoyed the festival.
> 観光客も地元の人々も同様に祭りを楽しんだ。

Lesson 24 副詞を中心とした表現を学ぼう(2)

461 on　　　　　　　　　　　　　　　　　　　　　　　　　　基本

解説 turn[switch] on ~ / turn[switch] ~ on 「(電気・ガスなど)~をつける」

この on は「接触(電極がついた状態)」を意味します。例 The heater was **on**.「ヒーターがついていた」 turn は「回す」を意味し、turn on ~ を**直訳すると「~(のスイッチ)を回して(turn)、(電極が)ついた状態(on)にする」**です。反 は turn[switch] off ~「(電気・ガスなど)~を消す」です。なお、turn up[down] ~「(ボリュームなど)を大きく[小さく]する」も覚えておきましょう。
例 Could you **turn up** the TV?「テレビの音量を上げてくれませんか」

> When I **turned on** the lights in the room, I saw a cat on the floor.
> 部屋の明かりをつけると床に猫がいた。

462 out　　　　　　　　　　　　　　　　　　　　　　　　　　標準

解説 figure out ~ / figure ~ out 「~がわかる」

「姿(figure)が外に出る(out)」→「全体像が見えてくる」→「~がわかる」です。~ には設問文のように疑問詞で始まる句や wh 節、the answer to ~「~に対する答え」などが置かれ、「(推測したり、情報を駆使することで)理解をし、答えを出す」という文脈で使われます。(→ p.204 コラム⑤)

> I bought a tablet PC last week, but I still haven't **figured out** how to use it.
> 先週タブレット PC を買ったけど、いまだにどう使えばいいのかがわかっていない。

463 up　　　　　　　　　　　　　　　　　　　　　　　　　　標準

解説 show up 「(約束の時間や場所に)現れる」

up は「上がってくる」→「出てくる」を表す副詞で show *one*self up「自らを示して出てくる」→「**現れる**」から *one*self が省略された形だと考えるとわかりやすいでしょう。設問文のようにしばしば、「(遅れて)現れる」といった場合に使われます。また、設問文では turn up も可能です。同じ「現れる」と訳す appear は、主語が(人)の場合、「(舞台やテレビなどに)現れる」の意味でよく使われます。(→ p.204 コラム⑤)

> Ben **showed up** one hour late for the meeting.
> ベンは会議に1時間遅れで現れた。

464 well (great も可能)　　　　　　　　　　　　　　　　　　基本

解説 do well 「うまくやる」

「うまくやる」という意味でさまざまな文脈において使えます。
do well at[in] school「学校の成績がよい」、**do well** at my new job「新しい仕事でうまくやる」、**do well** after the operation「術後の経過がよい」 反 は do badly「失敗する」です。
例 Liam **did badly** on the end of term exam.「リアムは期末試験で失敗した」

> I think I **did well** on the English listening test.
> 英語のリスニング試験はうまくいったと思います。

Lesson 24

465 down 〔基本〕

解説 break down 「(機械などが)故障する」

「壊れて(break)下に(down)行く」が直訳です。多くの場合、機械などが主語となり、「故障する」の意味で使いますが、「人」が主語の場合、「取り乱す」という意味になります。
例 Kail **broke down** in tears to hear the news.「カイルはその知らせを聞いて泣き崩れた」

> This refrigerator broke down after seven months of normal use.
> この冷蔵庫は普通に7か月使っただけなのに故障した。

466 away (out も可能) 〔標準〕

解説 throw away ~ / throw ~ away 「~を捨てる」

直訳すると「遠くに(away)~を投げる(throw)」→「~を捨てる」になります。throw out ~ も同じ意味です。具体的に場所を示す副詞を伴う場合には away[out] は不要です。
例 **throw** it into the garbage can「それをゴミ箱に捨てる」

> You should throw away these cardboard boxes.
> これらの段ボール箱を捨てたほうがよい。

467 together 〔標準〕

解説 put together ~ / put ~ together 「~をまとめる、組み立てる」

直訳すると「~をいっしょに(together)置く(put)」→「~をまとめる」になり、文脈によってさまざまな訳語が可能です。~ には例えば次のようなものが置かれます。
one's thoughts「考え(をまとめる)」、different colors「さまざまな色(を組み合わせる)」、a plastic model「プラモデル(を組み立てる)」、*one*'s shoes「靴(をそろえる)」

> Following the instructions, I managed to put together a cupboard.
> 指示に従いながら、何とか戸棚を組み立てた。

468 off 〔標準〕

解説 show off ~ (to (人)) / show ~ off (to (人))
「(人に)(物や力量など)を見せびらかす」

off は「離れて」の意味なので、「(自分の体から)少し離して(off)、(相手に)見せる(show)」→「見せびらかす」になります。なお、show off は「目立とうとする」という意味でも使います。
例 Cliff **was showing off** during the party.「クリフはそのパーティーで目立とうとしていた」

> Nick is always showing off his knowledge of wine.
> ニックはワインに関する知識をひけらかしてばかりいる。

Lesson 24

469 put 〈基本〉

解説 put off ~ (until A) / put ~ off (until A) 「~を(Aまで)延期する」

この off は「離れて」の意味なので**直訳すると「(Aまで)~を離して(off)置く(put)」→「(当初の予定など)を(Aまで)延期する」**になります。~には名詞あるいは動名詞が置かれます。postpone「~を延期する」と同じ意味です。なお、「滞在を延長する」は「出発を延期する」と考え、put off *one*'s departure とします。put off *one*'s stay は「((出発前に)今後行う)滞在を先延ばしにする」という意味になるので注意しましょう。

> Mary has **put off** going to Mexico <u>until</u> next Monday.
> メアリーはメキシコ行き<u>を</u>次の月曜日<u>まで</u>延期した。

470 up 〈標準〉

解説 break up (with ~) 「(~と)別れる、(練習、パーティーなどが)終わる」

ここでの up は「完了」を表し、break のもとの意味は「(突然)ばらばらになる(する)」なので、**直訳すると「すっかり(up)ばらばらになる(break)」**です。we を主語にすることもできます。
例 We have **broken up**.「私たちは別れた」 The group has **broken up**.「そのグループは解散した」
(→ p.204 コラム⑤)

> It has been five years since I **broke up with** Emmy.
> エミーと別れて5年になる。

471 out 〈標準〉

解説 stand out 「(人、物、建物などが)目立つ」

out は「外に」なので、**「外に(out)立っている(stand)」→「何かがひときわ目を引く、目立つ」**という意味です。しばしば、from ~を伴い、「~の中ですぐれているため目立つ」という形で使います。「突き出ている」の意味でも使います。例 Several nails **stood out from** the wall.「くぎが何本か、壁から突き出ていた」 なお、形容詞の outstanding は「目立った、傑出した」という意味です。例 That movie was **outstanding** in every way.「その映画はあらゆる点で傑出していた」

> Angela **stood out** in the contest.
> アンジェラがそのコンテストで目立っていた。

472 filling 〈標準〉

解説 fill out ~ / fill ~ out 「(用紙など)に記入する」

ここでの out は「完了」を表すので、**申込用紙などの記入欄を「すっかり(out)埋める(fill)」→「(用紙など)に記入する」**という意味です。~には an application「申込書」、the blank「空欄」などが置かれます。また、イギリス英語では fill in ~ となることもあります。

> I'm **filling out** an entry form to run in this year's Honolulu Marathon.
> 今年のホノルルマラソンで走るために参加申込書に記入しているところです。

473 off

解説 go off 「(目覚まし時計が)鳴る」

この off は「離れて」の意味なので、「(目覚まし時計の音が)時計の中心部から離れて(off)行く(go)」→「(目覚まし時計が)鳴る」というイメージです。「(爆弾が)爆発する」という意味もあります。なお、「目覚まし時計を6時にセットする」は set the alarm (clock) for six o'clock です。

> My alarm clock went off, but I turned it off and went back to sleep.
> 目覚まし時計は鳴ったけど、止めてまた寝てしまった。

474 out

解説 break out 「(戦争(war)、暴動(riot)などが)勃発する、(火事などが)発生する」

「何かの殻を破って(break)外に出て(out)くる」→「勃発する」というイメージです。
主語にはほかに revolution「革命」や laughter「笑い」などが置かれます。
例 Laughter broke out among the students.「学生の間で笑い声が起こった」

> Forest fires broke out in many places because the air was so dry.
> 空気が乾燥していたため各地で森林火災が発生した。

475 down

解説 settle down to ～ 「(腰を据えて)～に取りかかる」

直訳すると「下へ(down)置く(settle)」→「(混乱した状況が)落ち着く」「定住する」となります。 例 I think things will settle down soon.「事態はすぐに落ち着くだろう」
設問文のように to ～がつくと、「(腰を据えて)～に取りかかる」となります。
なお、ほぼ同じ意味で get down to ～と表現することもあります。

> We cannot settle down to our studies because of our preparations for the festival.
> 祭りの準備のせいで、勉強に手がつかない(←に落ち着くことができない)。

476 over

解説 look over ～ / look ～ over 「～にざっと目を通す」

over は「全体を覆う」イメージなので、「～の全体を覆って(over)見る(look)」→「～にざっと目を通す」となります。examine ～「(注意深く、徹底的に)～を調べる」との違いに注意しましょう。なお、look は通例自動詞ですが、この表現では他動詞なので、[○]look it over [×]look over it です。

> Tommy handed in his report after looking it over.
> トミーはざっと読んでからレポートを提出した。

Lesson 24

477 off 〔基本〕

解説 take off ~ / take ~ off 「(服、帽子、靴など)を脱ぐ」

直訳すると「~を取って(take)離れた状態(off)にする」です。
反 は put[× take] on ~「(服、帽子、靴など)を身につける」です。また、自動詞の take off「離陸する」(⇔ land「着陸する」)は、take oneself off「自らを離す」から oneself が省略された形だと考えるとわかりやすいでしょう。

> I took off my sweater because it was warm in the restaurant.
> レストランが暖かかったのでセーターを脱いだ。

478 out 〔標準〕

解説 leave out ~ / leave ~ out 「(人・物)を(名簿などに)入れない、入れ忘れる」

out は「外に」なので、「外に出した(out)ままにしておく(leave)」→「(名簿などに)入れない」となります。
omit「除外する、省く」も同じ意味ですが堅い表現です。leave out ~は「(意図的あるいはミスで)入れない」ですが、exclude は「~を(意図的に)排除する」という意味です。

> My name was left out of the candidate list.
> 私の名前は候補者リストに入っていなかった。

479 back 〔標準〕

解説 hold back ~ / hold ~ back 「~を抑える」

直訳すると「後ろ(back)のほうで保持する(hold)」→「(それ以上前に行かないように)抑える」となります。「人」など具体的なものだけではなく、「怒り」など抽象的なものにも使えます。
例 The police were trying to **hold back** the advancing crowds.
「警官たちは前へ前へと進んでくる群衆を抑えようとしていた」

> Milton held back his tears and pretended not to be disappointed.
> ミルトンは涙をこらえ、失望していないふりをした。

480 off 〔やや難〕

解説 give off ~ / give ~ off 「(におい、光、熱など)を発する」

off は「離れて」という意味の副詞なので、直訳すると「~を外へ(off)与える(give)」→「発散させる」となります。~にはほかに「煙や蒸気、雰囲気」などが置かれます。
例 Rubber **gives off** a strong smell when it is burned.「ゴムは燃やされると強い臭いを出す」

> The cake that Mom was baking in the oven gave off a delicious smell.
> 母がオーブンで焼いているケーキはおいしそうな匂いがした(←匂いを出した)。

Lesson 25 副詞を中心とした表現を学ぼう (3)

481 out 〔標準〕

解説 **hand out ~ / hand ~ out** 「(多くの人々に)~を配布する」

直訳すると「外に(out)手渡す(hand)」→「~を配布する」です。give out ~ / give ~ out とも言います。 例 finish **giving out** the question papers「問題用紙を配布し終わる」
「(学校などで配布する)プリント」は a handout といいます。反は hand in ~「~を提出する」です。
例 I have to **hand in** my report by noon.「私は正午までにレポートを提出しなくてはならない」

> Some students were handing out leaflets to the freshmen.
> 何人かの生徒たちが新入生にチラシを配布していた。

482 on 〔標準〕

解説 **hold [hang] on** 「(少しの間)待つ、(電話を切らずに)待つ」

ここでの on は「継続」を表し、hold は「(動きのあるものを一時的に)止める」という意味なので、「止めた(hold)ままにする(on)」→「(少しの間)待つ、(電話を切らずに)待つ」になります。「(電話を切らずに)待つ」は hold the line とも表現します。参 hang up → 568
また、hold [hang] on to ~ で「~に(しっかり)つかまる」という意味です。
例 **hold on to** the side of the cart「荷車の横にしがみつく」

> Can you hold on a minute? I'll be back in a few minutes.
> ちょっと待っててくれない? すぐに戻るから。

483 down 〔標準〕

解説 **calm down** 「冷静になる」

この down は settle down(→475)と同じく「下に」→「安定」を表し、「(気が動転していたり、強い怒りを感じている場合に)頭を冷やす」という意味です。他動詞として calm down ~「~を冷静にさせる」でも使います。参 die down「(騒音、興奮などが)次第に収まる」
例 I waited for the noise in the classroom to **die down**.「クラスの騒がしさが収まるのを待った」

> I waited for Hilary to calm down before I started talking.
> ヒラリーが落ち着くのを待って、私は話し始めた。

484 on 〔標準〕

解説 **go on to (V)** 「(続いて)Vを始める」

ここでの on は「継続」を表します。「A(グラフを見せる)という動作が終わり、B(説明する)という別の動作に進み続ける(go on)」という意味です。go on (V)ing「Vし続ける(同じ動作を継続(on)する)」とは区別しましょう。
例 Bill **went on** explaining it.「ビルはそれを説明し続けた」

> After showing the graph, Bill went on to explain it.
> ビルはグラフを見せたあと、続いてそれについて説明した。

Lesson 25

485 out 〔標準〕

解説 speak out 「はっきりと言う、率直に言う」

直訳の「ことばを外に出す」→「(大声で)はっきり言う」から、比喩的に「(ある意見を)率直に述べる」という意味にまで使われます。参 cry out「大声で泣く」、shout out「大声で叫ぶ」
設問文の speak out against ~「~に反対意見をはっきり述べる」もいっしょに覚えておきましょう。

> Truth was the first black woman to speak out against slavery.
> トルースは奴隷制度反対を唱えた[強く主張した]最初の黒人女性だった。

486 down 〔標準〕

解説 hand down ~ / hand ~ down 「~を(後世に)伝える」

hand out ~(→481)と同様に、hand は「手渡す」という意味で「川が上流から下流に流れる(down)ように、祖先から子孫へ手渡していく(hand)」イメージです。個人的な「物」に対しても使えます。
例 The watch was handed down to Tony from his grandfather.
「その時計はおじいさんからトニーに伝えられた(引き継がれた)」

> This folk tale has been handed down for generations.
> この民話は何世代にもわたり伝えられてきた。

487 easy 〔標準〕

解説 take it easy 「気楽にやる、落ち着く」

ここでの take は「受けとめる」を意味し、it は「状況」を表します。easy は通例、形容詞ですが、この表現の場合、「気楽に」という意味の副詞になります。直訳すると「(状況を)気楽に受けとめる」で、口語的な表現です。設問文のように命令文で使われることも多いですが、I took it easy for a few days.「何日かのんびりしていた」といった文でも使われます。反は take it seriously「真面目に考える、深刻に受けとめる」です。

> Take it easy and tell me what happened.
> 落ち着いて、何があったのか話して。

488 along 〔標準〕

解説 get along with ~ 「~とうまくやっていく」

along は「~に沿って」という意味の副詞なので、直訳すると「~とともに(with)沿った状態(along)を手に入れる(get)」→「~と並走していく」→「~とうまくやっていく」になります。「人間関係」を表す際には必須の表現です。覚えておきましょう。

> Through play, children learn how to get along with others of their own age.
> 子どもたちは遊びを通して同年代のほかの子どもとうまくやっていくやり方を学ぶ。

Lesson 25

489 keep 〔標準〕

解説 **keep up with ～** 「～に遅れずについていく」

up は「接近・到達」を表し、keep *one*self up with ～「自らを～に到達して(up)いっしょにいる(with)状態を保つ(keep)」→「～に遅れずについていく」から *one*self が省略された形だと考えるとわかりやすいでしょう。(→ p.178 コラム④)～には his class「授業」、world events「世界の出来事」、the times「時代」、the latest trend in hairstyle「最新の髪型の流行」などが置かれます。

> I found it difficult to <u>keep up with</u> Jim. He was a really fast walker!
> ジムに<u>遅れずについていく</u>のは大変だった。彼は本当に歩くのが速かった！

490 catch 〔標準〕

解説 **catch up with ～** 「～に追いつく」

keep up with ～(→489)と同様に、up は「接近・到達」を表す副詞で、「～に到達して(up)いっしょにいる(with)状態を捕らえる(catch)」→「～に追いつく」という意味です。keep up with ～「～に遅れずについていく」と混同しないように注意しましょう。

> I ran as fast as possible to <u>catch up with</u> my dad.
> お父さんに<u>追いつく</u>ために必死で走った。

491 off 〔標準〕

解説 **set off (for ～)** 「(～へ向けて)出発する」

set *one*self off「自らを(家から)離れた(off)場所へ置く(set)」から *one*self が省略された形だと考えましょう。「**(旅行などに)出発する**」という意味です。ここでの for は「方向」を示します。leave for ～「～に向かって出発する」のほうが使用範囲は広いです。なお、他動詞として用いると set off ～「(爆弾などを)爆発させる」という意味になります。(参 → 473)
例 Fireworks were **set off** in the park.「公園で花火が上がった」

> What time are we <u>setting off</u> tomorrow?
> 明日は何時に出発するのですか。

492 up 〔やや難〕

解説 **sign up for ～** 「(講習会や定期購読など)の申し込みをする」

ここでの up は「完了」を示すので、**直訳すると「～を求めて(for)署名(sign)を完了(up)する」→「(書き込むことで)～の申し込みをする」**となります。なお、subscribe to ～「～を定期購読する」という表現もあります。
参 sign for the Yankees「ヤンキースと契約を結ぶ」

> <u>Sign up for</u> a subscription online at www.world.ABC.com
> (ホームページ)www.world.ABC.com でオンライン購読の<u>申し込みをして</u>ください。

Lesson 25

493 away 〈標準〉

解説 **get away from ～**　「((具体的 / 抽象的な)嫌なもの)から逃げ出す」

away は「離れて」を表し、get(自動詞)のもとの意味は「～の状態に達する」なので、**「～から離れた(away)状態に達する(get)」→「～から逃げ出す」になります**。escape from ～ と似ていますが、get away from ～ は「逃げ切る」ことを示唆し、～には chaser「追っ手」や stress「ストレス」など好ましくないものが置かれます。参 get away with ～「～を罰せられない」

> I wish to **get away from** my busy life from time to time.
> 時々、忙しい生活から逃げ出したくなる。

494 down 〈やや難〉

解説 **close down**　「(倒産などの理由で)閉店する」

be closed は「(営業時間ではないので)閉店している」という意味ですが、**close down は、「閉鎖[廃業]する」という意味です**。ここでの down は「下へ」のイメージで、そこから「休止の状態」を意味します。

> That convenience store **closed down** last month.
> あのコンビニは先月閉店した。

495 through (done, finished も可能) 〈標準〉

解説 **be through with ～**　「～を終えている」

アメリカ英語です。この through は副詞で「通り抜けて」→「終えて」という意味になります。**直訳すると「～といっしょに通り抜けている」→「～を終えている」となります**。なお、「状態」(終えている)ではなく「動作」を強調する場合は get through with ～「～を終える」と表現します。参 fall through「失敗に終わる」

> **Are** you **through with** today's newspaper?
> 今日の新聞を読み終えましたか？

496 up 〈標準〉

解説 **S be up to date**　「S は最新のものだ」

up は「完了」を表し、up to で「～に至るまで」という意味になります。**直訳すると「まさに今日に至るような」→「最新のものだ」です**。反 is be out of date「時代遅れだ」です。名詞の前に置く場合は up-to-date と -(ハイフン)を入れるのが一般的です。例 **up-to-date** information「最新の情報」　また、keep up to date with ～「～に遅れないようにする」(→489)、bring ～ up to date「～を最新のものにする」という形でも使います。なお、up のない to date だけなら「現在まで」の意味です。例 It is the only evidence **to date**.「それは現在までに得られた唯一の証拠だ」

> This guidebook isn't **up to date**.
> このガイドブックは最新のものではない。

497 down

解説 let (人) down 「(人)をがっかりさせる」

この let は「(〜の状態)にさせる」の意味で「(人)を下がった(down)状態にさせる」→「がっかりさせる」です。disappoint (人)「(人)を失望させる、がっかりさせる」よりも口語的な表現です。受動態にして be 動詞の代わりに feel を用いた feel let down「がっかりする」という表現もあります。

> "Don't let me down," is Mike's favorite phrase.
> 「がっかりさせるなよ」がマイクの口癖だ。

498 off

解説 lay off 〜 / lay 〜 off 「〜を解雇する」

直訳すると「〜を(仕事から)離れた(off)場所に置く(lay)」→「(従業員)を解雇する」です。
口語表現では「(健康上の理由で、ある食べ物)を控える」という意味もあります。
例 I'm trying to **lay off** rich food for a while.「しばらく脂っこいものを控えようと努力している」
なお、fire も同じく「解雇する」という意味ですが、「(会社の財政難などにより)解雇する」という意味の lay off に対して、fire は「(従業員に問題があり)解雇する」という意味合いがあります。

> Due to financial problems, the company laid off 20 percent of its employees.
> 財政事情により、その会社は従業員の20％を解雇した。

499 up (over も可能)

解説 pull up 「(車、列車などが)止まる」

ここでの up は「上昇」→「完了・停止」を表し、直訳すると「(馬の手綱を)引っ張って(pull)、停止(up)する」→「止まる」となります。交通関係の表現の多くには、このように馬を用いた用語のなごりがあります。**類例** pull in「(車などが)入ってくる」、pull away「(車などが)出て行く」、pull out of 〜「(車などが)〜から出て行く」、pull over「(車などが)道の片側[わき]に止まる」 全部を暗記せずとも pull「(手綱を)引っ張る」のイメージをつかんでおけば十分です。(→ p.204 コラム⑤)

> A red Porsche pulled up behind us and a woman got out of it.
> 赤のポルシェが私たちの後ろに止まり、女性が降りてきた。

500 over

解説 turn over 〜 / turn 〜 over 「〜をひっくり返す、〜をめくる」

直訳すると「弧を描いて(over)回す(turn)」→「ひっくり返す」です。
例 **turn over** one's answer sheet「答案用紙をひっくり返す」、**turn over** the pages「ページをめくる」 なお、turn over a new leaf は「新たなページをめくる」→「心を入れ替える、生活を一新する」という意味です。

> Turn the fish over in five minutes.
> 5分したら魚をひっくり返しなさい。

Lesson 26 副詞を中心とした表現を学ぼう(4)

501 away 〔標準〕

解説 put away ~ / put ~ away 「~を片づける」

away は「離れた所へ」という意味の副詞なので、「~を離れた所へ(away)置く(put)」→「~を片づける」となります。例 I put my clothes away in the drawers.「服を引き出しにしまった」

> Your toys are all over the floor. Put them away.
> 床一面、あなたのおもちゃだらけ。それらを片づけなさい。

502 out 〔標準〕

解説 pick out ~ / pick ~ out 「~を選び出す」

直訳すると「拾い上げて(pick)外へ出す(out)」→「~を選び出す」となります。
「(類似のものや人の中から最も好きな(適切な)もの)を選ぶ」という意味です。
なお、single ~ out は「(主に称賛や批判の対象として)~を選び出す」という意味です。
例 Luca was singled out as the MVP.「ルカは MVP に選ばれた」

> The editor picked out the best model for the shoot.
> 編集者は撮影会に最適のモデルを選んだ。

503 out 〔標準〕

解説 work out ~ / work ~ out
　　　　「(問題など)を解決する、(価格、合計など)を計算する」

この work(他動詞)は「~に働きかける」という意味で、out は「結果が出る」ことを示す副詞なので、**直訳すると「~に働きかけて(work)、結果が出る(out)」→「解決する」**です。なお、work (自動詞)の場合、work out は「うまくいく」という意味になります。
例 The construction plan will work out.「その建設計画はうまくいくだろう」

> I can't work out this math problem in my head. I need a calculator.
> この数学の問題を私は暗算では解けない。計算機が必要だ。

504 out 〔標準〕

解説 turn out (to be) ~ 「~だと判明する」

「(隠れていたものが)くるっと回って(turn)外に出てくる(out)」→「~だと判明する」です。
It turns out that S V「S V だとわかる」の形にもなります。　例 It has turned out that Sylvia told us a lie.「シルビアが私たちにうそをついていたとわかった」　また、接続詞 as を伴って As it turns out, S V「(判明したことによると→)結局、S V」の形でも使われます。(→ p.204 コラム⑤)
例 As it turned out, Tina didn't show up on time.「結局、ティナは時間通りに現れなかった」
(参 show up→463)　prove (to be) ~「~だと判明する」も同じ意味です(→149)。

> The rumor about Jessica's office romance turned out to be false.
> ジェシカの社内恋愛のうわさはうそだと判明した。

505 in 　標準

解説 hand[give] in ～ / hand[give] ～ in
「((教師、警察など)責任のある人・機関に)～を提出する」

直訳すると「～を(手の)中に(in)渡す(hand)」→「～を提出する」です。hand in your key at the reception desk「フロントにかぎを返す」のような使い方もあります。もう少し堅い表現だと submit ～「～を提出する」になります。submit は主に plan「計画」、proposal「提案」などを「(考慮、承認してもらうために)提出する」という意味です。例 Taylor **submitted** a proposal regarding the security system.「テイラーはセキュリティシステムに関しての提案を提出した」

> I have not handed in my English assignment yet.
> まだ英語の課題を出していない。

506 up 　標準

解説 pick up ～ / pick ～ up 「～を(車で)迎えに行く」

「拾い(pick)上げる(up)」→「～を(車で)迎えに行く」に意味が発展しました。「車で」という意味をもともと含んでいるので、by car などは不要です。pick up は、直訳の「拾い上げる」という意味でも使いますが、ほかにも「(単語)を聞き覚える」、「(スピードなど)を増す」などでも使えます。（→ p.115 コラム①）

> I'll pick you up at Kyoto Station.
> 京都駅まで車で迎えに行くよ。

507 about 　標準

解説 bring about ～ / bring ～ about 「(問題、変化、好ましい状況など)をもたらす」

about は「周りに」を意味する副詞なので、直訳すると「～を周りに(about)持ってくる(bring)」→「～をもたらす」となります。changes「変化」や economic development「経済発展」など「好ましい状況を表す名詞」が～に置かれることが多いのに対して、類似表現の cause ～「～を引き起こす」は普通、病気や事故など「マイナスイメージの語句」が～に置かれます。

> The Internet has brought about changes in the way we work.
> インターネットは我々の働き方に変化をもたらした。

508 out 　やや難

解説 rule out ～ / rule ～ out 「(可能性など)を排除[否定]する」

rule ～「～を支配する」out「外に」から、「**支配して(rule)外へ出す(out)**」→「～を排除する」という意味です。「すでに決めていた計画や、何かの可能性を打ち消す」という文脈で使われます。

> Allen has refused to rule out the possibility of retirement.
> アレンは引退の可能性を否定することはなかった。

Lesson 26

509 down 　標準

解説 turn down ~ / turn ~ down 「(応募者、申し出など)を断る」

直訳すると「~を回して(turn)落とす(down)」→「(提出物を)裏返して床に落とす」→「~を断る」となります。~には the bill「その議案」、his invitation「彼の招待」など「物・事」のほかに、him「彼(の申し出)」、the refugees「その難民」など「人」も置かれます。

> I was disappointed to hear that Jennifer had turned down the offer.
> ジェニファーがその提案を断ったと聞いて私はがっかりした。

510 out 　標準

解説 point out ~ / point ~ out 「~を指摘する」

point は「~を指さす」で out は「外に」の意味なので、「~を指さして(point)、外に出す(out)」→「指摘する」です。「(相手が気がついていないこと)を指摘する」という文脈で使います。
例 No one likes to have their faults **pointed out**.「自分の欠点を指摘されるのが好きな人はない」
また、as S point out「S が指摘しているように」という形でも使います。

> I didn't notice my mistake. Thank you for pointing it out.
> 私は自分のミスに気づいていなかった。指摘してくれてありがとう。

511 put 　標準

解説 put out ~ / put ~ out 「~を消火する、~を消す」

ここでの out は、turn out「(電気など)を消す」の out と同じく「消えて」を意味し、~には例えば fire「火災」、blaze「炎」、cigarette「タバコ」などが置かれます。
類似表現の extinguish「~を消す」は堅い表現です。参 a fire extinguisher「消火器」
なお、誕生日などで「ロウソクを吹き消す」は blow out the candle(s)です。(→ p.207 コラム⑤)

> It took the firefighters about three hours to put out the fire.
> 消防士たちがその火事を消火するのにおよそ3時間かかった。

512 about 　やや難

解説 go about ~ 「(日常業務)に取りかかる、(普段通りに)~を続ける」

about は「周りに」という意味なので、**直訳すると「(自らの仕事の)周りに(about)行く(go)」**→「(仕事)に取りかかる」で、「(いつものやり方で)取りかかる」という意味です。
例 The staff **went about** their own business on arriving at the office.
「そこのスタッフたちはオフィスに着くとすぐに、各自の仕事に取りかかった」

> Carl hummed to himself as he went about his gardening.
> カールは鼻歌を歌って庭いじりを始めた。

513 set 〔標準〕

解説 set in 「(嫌なことが)始まる」

set oneself in「自ら(oneself)を中に(in)置く(set)」→「始まる」から oneself が省略された形だと考えましょう。主語に置かれるものは「悪天候、病気、不況」などマイナスイメージのものに限定されます。なお、set を用いて「始まる」を示す表現にはほかに set off「出発する」(→491)、set up「〜を設立する」(→528)、set about「〜に取りかかる」(→698)などもあります。

> The weather forecast says that the rainy season will set in next week.
> 天気予報によると来週から梅雨入り(←梅雨が始まる)ということだ。

514 came (fell も可能) 〔標準〕

解説 come off 「(ボタンなどが)取れる」

ここでの come は、come true「現実になる」などと同じく、プラスイメージの「〜になる」という意味です。ボタンがとれると人間は困りますが、設問文の場合、主語のボタンは自由になるというプラスイメージがあります。off は「離れて」の意味で、**直訳すると、「離れた(off)状態になる(come)」→「取れる」という意味です**。なお、off の後ろに名詞が置かれて「〜から」の意味になることもあります。例 The stain hasn't come off my coat.「コートから汚れが落ちなかった」

> The button came off, so I sewed it back on.
> ボタンが取れたので縫い付け直した。

515 along 〔標準〕

解説 along with 〜 「〜といっしょに」

along は「〜に沿って」を示すので、**直訳すると「〜と(with)沿って(along)」→「〜といっしょに」になります**。主に「〜と(同じ場所に)いっしょに」の意味で使われます。例 I sent a photo along with the letter.「手紙といっしょに写真を送った」 参 get along with 〜(→488)

> I keep my passport in the top drawer, along with my other documents.
> パスポートはほかの書類といっしょに一番上の引き出しに保管している。

516 yet 〔やや難〕

解説 have yet to (V) 「まだ V していない」

yet は普通、否定文「まだ〜ない」、疑問文「もう〜ですか」で用い、肯定文ではあまり使いませんが、この表現では肯定文で使われています。(ただし、結果として「まだ V していない」と否定の意味になっています) **直訳すると「まだ(yet)V しなければならない(have to)」→「まだ V していない」です**。また、be yet to (V)の形になることもあります。
例 The best is yet to come.「最良の時はまだ来ていない(これから来る)」

> Women have yet to achieve full equality with men in the workplace.
> 女性は職場における完全な男女平等をまだ獲得していない。

Lesson 26

517 over 〔標準〕

解説 take over ～ / take ～ over 「～に取って代わる」

over は、「上からすっかり覆う」イメージなので、**take one**self over ～「自ら(*one*self)を～を覆っている(over)ところまで連れて行く(take)」→「～に取って代わる」から *one*self が省略された形だと考えてみましょう。「(何かの仕事)を引き継ぐ、乗っ取る」という意味です。

例 Vegetable juices **took over** a considerable portion of the soft drink market.
「野菜ジュースがソフトドリンク市場のかなりの部分を占めるようになった」

> You've been driving for hours. Shall I take over?
> 君は何時間もずっと運転してるね。代わろうか？

518 gave 〔標準〕

解説 give in 「(言い争いなどの後に、相手の要求などを飲む形で)折れる」

give *one*self in「自ら(*one*self)を(相手の懐の)中に(in)入れる(give)」→「折れる」から *one*self が省略されたと考えるとよいでしょう。give in to ～「～に屈する」という形で使うこともあります。

例 Bob struggled not to **give in to** his anger.「ボブは怒りに負けないように努力した」

> At first my mother wouldn't let me travel alone, but finally she gave in.
> 最初母は私が一人旅するのを許そうとしなかったけれど、最後に折れてくれた。

519 through 〔標準〕

解説 put through ～ / put ～ through 「(電話で)～をつなぐ」

直訳すると「～を通るように(through)置く(put)」→「～をつなぐ」となります。次の例のような使い方もできます。例 **put** the plan **through**「計画が最後まで行くように置く」→「計画を実行する」 次のように through を前置詞としても用います。例 **put** her **through** great sufferings(「彼女を大きな苦難を通り抜けるように置く」→)「彼女に大きな苦難を経験させる」

> Please hold the line and I'll put you through.
> 切らずにそのままお待ちください。おつなぎします。

520 only 〔やや難〕

解説 only have to (V) to (V') 「V さえすれば V' できる」

「V' のためには V さえすればよい」という意味です。なお、only have to (V) を単独で使うこともあります。例 You **only have to** sit here.「君はここに座っていさえすればよい」 その場合 All you have to do is to (V).「あなたがするべきすべては V だ」→「V しさえすればよい」と同じ意味になります。

> You only have to fill out this application to get the ticket.
> この申込用紙に記入するだけでそのチケットは手に入ります。

Lesson 27 副詞を中心とした表現を学ぼう (5)

521 forward 〔基本〕

解説 **look forward to 名詞 / (V)ing** 「〜を／Vすることを楽しみに待つ」

look forward は「前方を見る」の意味で、そのあとに to 〜を置き、「〜のほうを」と具体的に示します。「〜のほうを(to)前を向いて(forward)見る(look)」→「〜を楽しみに待つ」となります。to は前置詞なので後ろには名詞か動名詞が置かれます。口語的な表現では be looking forward to 〜と進行形にしますが、ビジネスレターではより堅い現在形を用います。

例 We **look forward to** your reply.「お返事をお待ちしております」

> I **am looking forward to** see**ing** you again.
> あなたにまたお会いすることを楽しみにしています。

522 home 〔やや難〕

解説 **bring 〜 home to (人)** 「(人)に〜を痛感させる」

設問文のように〜が長い場合、しばしば bring home to (人) 〜 の語順になります。この home は副詞で、「家に」→「中心に」→「ねらった位置に」という意味なので、bring 〜 home to (人) は「人の中心となるねらった所(→心の真ん中)に持ってくる」→「〜を痛感させる」となります。なお、S come home to 〜「Sが〜に痛感される」という表現もあります。

例 The difficulty of studying English **came home to** me.「私は英語学習の大変さを痛感した」

> Dr. Thomas' lecture **brought home to** me the importance of water.
> トーマス博士の講演で、私は水の重要性を痛感した。

523 across 〔やや難〕

解説 **get 〜 across (to ...) / get across 〜 (to ...)** 「(…に)〜を伝える」

across は「(端から端まで)横切って」という意味の前置詞ですが、ここでは副詞として使われています。get 〜 to go across to ... 「〜が…まで(to)横切って行く(go across)ようにする(get)」(get は「使役」の意味)から to go が省略された形だと考えるとわかりやすいでしょう。なお、S get across 「Sが伝わる、理解される」という形でも使います。

例 Paul's words didn't **get across to** her.「ポールの言葉は彼女に伝わらなかった」

> Mr. Wallace tried to **get** his message **across to** children.
> ウォレス氏は子どもたちに自分のメッセージを伝えようとした。

524 off 〔標準〕

解説 **see off 〜 / see 〜 off** 「〜(が出発するの)を見送る」

直訳すると「〜が離れている状態(off)を見る(see)」→「見送る」になります。なお、「〜を駅まで見送る(送り届ける)」なら see 〜 to the station となります。

> Lin's family went to **see** her **off** at the airport.
> リンの家族は空港まで彼女を見送りに行った。

Lesson 27

525 out 〔標準〕

解説 make out ~ / make ~ out 「(否定・疑問文で can を伴って)~を見[聞き]分ける、わかる」

この out は「外へ」を示し、make は「(~の状態に)する」なので、**直訳すると「外に出した(out)状態にする(make)」→「外に出て見えてくる」→「わかる」**となります。(→ p.204 コラム⑤)「(不明瞭でわかりにくいもの)を判別する」という意味にもなるので、I can't **make out** what the sign says.「(文字が不明瞭なので)看板に書いてあることがわからない」と I can't **understand** what the sign says.「(知識不足などで)看板に書いてあることが理解できない」は同じ意味ではありません。

> The hallmark on this silver spoon is so worn that I can't make it out.
> この銀スプーンの刻印はすり切れていて、何が書いてあるかわからない。

526 up 〔基本〕

解説 look up ~ / look ~ up 「(単語など)を(辞書などで)調べる」

直訳すると「見て(look)、それを(拾い)上げる(up)」→「~を調べる」となります。look は通例、自動詞として用いますが、この表現では他動詞として使われています。「辞書で~を調べる」と言う場合、前置詞は in を用いるので注意しましょう。なお、「辞書を引く」は consult[see] a dictionary です。また、次のように「(長らく会っていない人)を訪れる」という意味でも使います。
例 I **looked up** a few old friends while I was in Boston.「ボストンに滞在中旧友たちに会った」

> When you come across a new word, look it up in your dictionary.
> 新しい単語に出会ったら、辞書で調べなさい。

527 off 〔標準〕

解説 take +(期間)+ off 「~(期間)の休みを取る」

take ~ off は「(衣類など)を体から外す」→「脱ぐ」(→ 477)という意味でも使いますが、**take +(期間)+ off** だと「仕事から離れた状態(off)で(期間)を取る(take)」→「(期間)休みを取る」となります。参 take a paid holiday[vacation] / take paid leave「有給休暇を取る」、take childcare leave「育児休暇を取る」(→ 725)

> Could I take a day off next week?
> 来週1日休暇を取ってもいいでしょうか。

528 up 〔標準〕

解説 set up ~ / set ~ up 「(会社など)を設立する、(テントなど)を立てる」

ここでの up は「直立した状態」を表すので、**直訳すると「まっすぐに(up)置く(set)」→「設立する」**となります。「~を設立する」では establish と同じ意味です。
例 The company **set up** a branch in Shanghai.「その会社は上海に支店を開いた」

> Kramer resigned and then set up his own company.
> クレイマーは退職し、それから自分の会社を立ち上げた。

Lesson 27

529 up 〔標準〕

解説 **put up with ~**　「(嫌な状況や行動)をがまんする、に耐える」

ここでの up は「停止」を示し、put *one*self up with ~「~を持って(with)、自ら(*one*self)を停止の状態(up)に置く(put)」→「~に耐える」から *one*self が省略された形だと考えましょう。肯定文でも否定文でも使えます。なお、類似表現の can't stand [bear] ~「~に耐えられない」は否定文で使うことが多いので注意しましょう。
例 I **cannot stand** the noise of the road works.「道路工事の騒音に耐えられない」

> Ms. Lee is very strict. She won't <u>put up with</u> any talking in class at all.
> リー先生は非常に厳格だ。授業中の私語をがまんすることはまったくない。

530 down 〔標準〕

解説 **cut down on ~**　「(食べ物や出費など)を減らす」

直訳すると「~に関して(on)切り(cut)落とす(down)」→「~を減らす」となります。多くの場合、「(健康のために食べ物)を控える」、「(酒量やタバコの本数)を減らす」といった場面で使います。似た意味の語に reduce ~「(サイズや数量など)を減らす」があります。

> In order to stay healthy, I am trying to <u>cut down on</u> sugary and fatty foods.
> 健康のため、甘い食品と油っこい食品を減らすように努力しています。

531 out 〔標準〕

解説 **watch out for ~**　「(注意の対象として)~に気をつける」

直訳すると「~に向かって(for)外を(out)見る(watch)」→「~に気をつける」となります。~には cars「車」、falling rocks「落石」などが置かれます。look out for ~となる場合もありますが、これは「~を探す」という意味にもなるので注意しましょう。参 look out for number one「自分の利益しか考えない」は one がアラビア数字では I に見えること(look out for I)に由来します。(→ p.204 コラム⑤)

> When driving near a school, <u>watch out for</u> children crossing the road.
> 学校の近くを車で通るときには、道路を横断する児童に注意しなさい。

532 up 〔標準〕

解説 **stand up for ~**　「(人、権利など)を守る、擁護する」

直訳すると「~のために(for)立ち上がる(stand up)」→「~を守る」の意味です。stand up to ~だと「(人、危険など)に立ち向かう」となります。
例 Matt **stood up to** bullying.「マットはいじめに立ち向かった」

> We will <u>stand up for</u> the rights of children.
> 我々は子どもたちの権利を擁護するつもりだ。

Lesson 27

533 back 〔標準〕

解説　look back on ～　「(過去)を振り返る」

look back は「後ろを(back)見る(look)」→「振り返る、回想する」、on は「～に関して」なので、look back on ～は「～に関して後ろを見る」→「～を振り返る」となります。～には the good old days「古きよき時代」、what I did then「あのときやったこと」などが置かれます。

> Mrs. Thomas closed her eyes and looked back on her life.
> トーマス夫人は目を閉じて彼女の人生を振り返った。

534 down 〔標準〕

解説　come down with ～　「(かぜなど軽い病気)にかかる」

直訳すると「～といっしょに(with)倒れた状態で(down)くる(come)」→「～にかかる」となります。～には「(深刻ではない)軽い病気」が置かれ、深刻な病気の場合、get ～ や suffer from ～などを用います。　**例** get the measles「はしかにかかる」、be suffering from the flu「インフルエンザにかかっている」

> I'm afraid I can't come this weekend. I've come down with a cold.
> 今週末は残念ながら行けません。かぜをひきました。

535 in 〔標準〕

解説　be taken in by ～　「～によってだまされる」

受動態で使います。直訳すると「～によって中に(in)取り込まれる(be taken)」→「～によってだまされる」です。しばしば、「(うまく言いくるめられて)～にだまされる」といった文脈で使われます。能動態の take ～ in は「～を取り入れる」「(否定文で)～を理解する」という意味です。
なお、deceive ～「(本当でないことを信じさせるように)～をだます」、trick ～「(何かをやらせるように)～をだます」との違いに注意しましょう。(→ p.115 コラム①)

> Don't be taken in by appearances.
> 見た目にだまされてはいけない。

536 up 〔基本〕

解説　bring up ～ / bring ～ up　「(人)を育てる」

直訳すると「～を上に(up)持ってくる(bring)」→「～を育てる」です。
アメリカ英語では raise ～ を使うこともあります。bring up ～「～を育てる」が他動詞なのに対して、grow up「成長する」は自動詞なので区別しましょう。　**例** Lucas grew up in Auckland, New Zealand.「ルーカスはニュージーランドのオークランドで育った」
なお、他動詞の grow ～は「(農作物など)を栽培する」の意味です。

> Although I was born in New York, I was brought up in California.
> 生まれはニューヨークだけど、育ったのはカリフォルニアだ。

Lesson 27

537 up 〔基本〕

解説 **make up** *one*'s **mind (to (V))** 「(V すると)決心する」

この up は「完了」を表す副詞なので、**直訳すると「心(mind)をすっかり(up)作る(make)」** →「〜と決心する」となります。decide to (V)「V することを決める」と同じ意味です。

例 Ken **hasn't made up his mind** if he'll attend Waseda or Keio.
「ケンは早稲田と慶応のどちらに通うか決めていなかった」

> The singer finally **made up her mind** to retire.
> その歌手はついに引退する決心をした。

538 out 〔基本〕

解説 **take out 〜 / take 〜 out** 「〜を外へ出す」

直訳すると「外へ(out)持って行く(take)」ですが、意味は文脈によって決定され、広範囲に使える表現です。　例 **take out** *one*'s wallet「財布を取り出す」、**take out** *one*'s contact lenses「コンタクトレンズを外す」、**take** a dog **out** for a walk「犬を散歩に連れ出す」(→279)、**take** her **out** for a drive「彼女をドライブに連れ出す」

> Adam, can you **take out** the garbage for me?
> アダム、ゴミを出してくれない？

539 aside (away も可能) 〔標準〕

解説 **put aside 〜 / put 〜 aside** 「(お金などを使わないで)とっておく」

直訳すると「〜をわきへ(aside)置く(put)」で、「(お金などを使わないで)わきにのけておく」→「〜をとっておく」という意味です。書店で本の在庫はあるけど、(何らかの事情で)今は買えない場合などに言う「とっておいてくださいね」などの「とっておく」も put aside 〜 です。
例 We'll **put** one **aside**.「1 つとっておきますね」

> I tried to **put aside** some money every month for a trip to the U.K.
> イギリスに旅行するため、毎月少しずつお金をとっておく[貯める]ようにした。

540 off 〔標準〕

解説 **call off 〜 / call 〜 off** 「(催しなど)を中止にする、(捜索など)を打ち切る」

ここでの off は「(活動状態から)離れて」→「休止・停止」を表すので、直訳すると「休止(off)を叫ぶ(call)」→「中止にする」となります。①「予定していた催しや試合などを取りやめにする」場合(= cancel)と、②「すでに行われていた催しや試合などを途中で中止する」場合(= stop)の 2 つの意味がありますが、主に後者で使われます。「雨などで中止になった試合」を表す called game「コールドゲーム」はこの表現に由来します。

> Because of heavy rain, the tennis match **was called off**.
> 大雨のため、テニスの試合は(途中で)中止になった。

[コラム⑥]「主語に(人)が割り込む」という感覚

1．I was done with the job. の不思議

　I was done with the job.「私はその仕事を終えていた」(→ **41**)は、不思議な形です。直訳すると「私はその仕事に関してなされていた」となります。The job was done.「その仕事は終えられていた」なら理解できますが、「私がなされていた」では意味が通じません。英語の中には、このような不思議な形をした表現がいくつかありますが、こうした表現は、「主語の割り込み」＋「本来の主語を with で補う」と考えると理解しやすくなるでしょう。

　The job was done. の主語の位置に I が割り込んで I was done. となり、本来の主語である the job を with で補ってできたのが I was done with the job. だと考えましょう。I was finished with the job.「私はその仕事を終えていた」も同様です。

2．I came up with a good idea. の不思議

　come up with ～「～(考えなど)を思いつく」(→ **42**)も be done with ～ と同様のケースです。come up は「上がってくる」という意味なので、I came up だと「私が上がってきた」という意味になってしまいます。この表現も先ほどの変形のルール(「主語の割り込み」＋「本来の主語を with で補う」)を当てはめると理解しやすくなるでしょう。

　A good idea came up. → I came up. ＋ with a good idea

　come to terms with ～「～を受け入れる」(→ **710**)も同様です。I came to terms with the fact.「私はその事実を受け入れた」は、The fact came to terms.「その事実が(現実という)枠内に入ってきた」の主語の位置に I が割り込んで、I came to terms. となり、本来の主語である the fact を with で補ってできたと考えればよいでしょう。

3．replace の意味は？

　(人) replace A with B「(人)は A を B と入れ替える[A を B で取って代える]」という表現がありますが、replace(→ **118**)は、もともと X replace Y.「X が Y に取って代わる」の意味です。(人)が主語になることで、「取って代わる」→「取って代える」と意味が変化するわけですが、この場合も先ほどの変形のルールをあてはめるとわかりやすくなるでしょう。

　X replace Y. → (人) replace Y. ＋ with X となり、もとは「～に取って代わる」ですが、(人)を主語にする場合、「～を入れ替える[取って代える]」という意味になります。

　なお、この「主語の割り込み」＋「本来の主語を with で補う」という変形のルールも「[コラム④]oneself の省略」(→ *p*.178)と同様に、表現を理解するためのヒントととらえてもらえればと思います。

Lesson 28 動詞の意味をよく知ろう (5)

541 regretted 〔標準〕

解説 regret (V)ing 「V したことを後悔している」

この形では (V)ing が「V したこと」と過去を表すことに注意しましょう(過去形 regretted にも注意)。regret ＋名詞、あるいは regret that S V の形でも使います。「〜するべきだったのにと後悔する」と表現する場合、〈[×]regret that I should have ＋過去分詞〉の形はとりません。
例 I regret that I did not study English harder.「私は英語をもっと一生懸命(勉強しなかったことを→)勉強するべきだったと後悔した」 regret to (V) は「残念ながら V する」の意味です。

> I have always regretted giving up my piano lessons.
> ピアノのおけいこを(途中で)あきらめたことをいつも後悔しています。

542 drives 〔標準〕

解説 drive (人) crazy 「(人)を非常にいらだたせる」

drive はもともと「馬にむちを当てて、前へ追いやる」という意味です。そこからこの表現は「(人)を追いやって(drive)気も狂わん(crazy)ばかりにする」→「(人)を非常にいらだたせる」という意味になります。参 drive (人) out of one's mind「(人)の正気を失わせる」

> I can't stand the noise of my neighbor's drums. It drives me crazy!
> 隣の家のドラムの音にはがまんできない。(私をいらだたせる→)気が狂いそうだ。

543 compete 〔標準〕

解説 compete with 〜 (for ...) 「(…を求めて)〜と張り合う、競争する」

compete は com-「共に」＋ -pete「求める」→「競争する」の意味です。compete の名詞形は competition「競争」で、日本語の「コンペ」はこの語がもとになっています。with は agree with (人)「(人)と意見が同じである」(→**200**)といった場合だけでなく、この表現のように「戦う」「競争する」「対立する」という場合にも使えます。また、堅い表現で、使われる頻度は下がりますが contend with 〜も同じ意味です。

> Japanese companies must compete with foreign ones today.
> 今日では、日本の企業は外国の企業と張り合わなくてはならない。

544 correspond 〔やや難〕

解説 A correspond with B 「A が B に一致する」

correspond は cor-「(= together)いっしょに」＋ -respond「反応する」から「反応し合う」→「一致する」という意味になります。また、「(手紙やメールなどで)やりとりする」の意味でも使います。 例 I correspond with a friend in London by email.「私はロンドンにいる友だちと E メールでやりとりをする」

> Frank's behavior does not correspond with his words.
> フランクの行動は、発言と一致していない。

Lesson 28

545 spreads（puts も可能） 〔基本〕

解説 spread ~ on ... 「…(パンなど)に~を塗る」

spread は「~を広げる、広がる」という意味ですが（例 The rumor was **spread** by the Internet.「そのうわさはインターネット経由で広まった」）、「~を(薄く)塗る」という意味でも使われます。なお、「塗る」は、状況に応じてさまざまな言い方をします。
例 **put on** lipstick「口紅を塗る」、**paint** the pillar green「柱を緑色に塗る」

> Graham usually only spreads butter on his toast at breakfast.
> グラハムは朝食のとき、普段はトーストにバターしか塗らない。

546 interfere 〔標準〕

解説 (人) interfere in ~ 「(人が)~に口出しする、~に干渉する」

interfere は「邪魔をする」「干渉をする」という意味なので、**直訳すると「~の中に(in)入って干渉する(interfere)」**となります。　例 **interfere in** China's internal affairs「中国に内政干渉をする」　なお、**interfere with** ~「~の邪魔をする」は、主語が「人」でなくても可能です。
例 Compulsory ID cards would **interfere with** personal liberty.
「身分証明書の義務化は個人の自由を侵害するだろう」

> Don't interfere in Tony's marriage.
> トニーの結婚に口出しするな。

547 dawned 〔やや難〕

解説 ~ dawn on (人) 「~が(人)に(徐々に)わかってくる」

dawn は「夜明け」という意味なので、dawn on (人) は「(人)の上(on)に日が差してくる(dawn)」→「(人)に徐々にわかってくる」となります。主に「もっと早くに気づくべきだったことが徐々にわかってくる」という文脈で使います。設問文のように形式上の it を用いて、It dawns on (人) that S V「S V ということが(人)にわかってくる」という形になることが多いです。

> It slowly dawned on Liz that Peter had told a lie to her.
> ピーターはうそをついていたということがリズには(徐々に)わかってきた。

548 lean 〔標準〕

解説 lean against ~ 「(人、物が)~にもたれる」

lean は「傾く」がもとの意味で、そこから「寄りかかる」という意味になります。
例 **lean against** one's shoulder「~の肩に寄りかかる」
主語は「物」でも可能です。　例 A huge mirror **was leaning against** the wall.「大きな鏡が壁に立てかけてあった」　参 **lean forward**「前のめりになる」

> Don't lean against the wall.
> 壁にもたれかかるな。

Lesson 28

549 brush（touch も可能） 〔標準〕

解説 **brush up (on) *one*'s ~**　「(忘れかけていた外国語など)を勉強し直す」

brush ~は「(ブラシなどで)~をゴシゴシこする」の意味です。そこに「完了」の意味の up がつきました。「ゴシゴシこする」→「(知識など)を磨き直す」という意味から、~には「まったく勉強したことないもの」ではなく、「過去に勉強したもの」が置かれます。

> I spent a few years in the U.K., but now I need to brush up my English.
> イギリスには数年いたが、今や、英語を勉強し直す必要がある。

550 granted 〔標準〕

解説 **take A for granted**　「A(の存在)を当然と思う」

grant は「~を認める」という意味なので、**直訳すると「(世間で)認められた(granted)ものとして(for)受け取る(take)」**→**「A を当然と思う」**となります。また、その意味から発展して「A を軽視している、A のありがたみがわからない」という意味にもなります。
A が that 節の場合には、設問文のように形式上の it を用いて take it for granted that S V「S V ということを当然と思う」という形にします。受動態は、It is taken for granted that S V となります。

> We take it for granted that men and women have equal rights.
> 私たちは男女が平等の権利を持っていることを当然だと思っている。

551 crossed 〔やや難〕

解説 **~ cross *one*'s mind**　「~が頭をよぎる」

cross は名詞だと「十字形」の意味なので、そこから動詞は「横切る」という意味になります。よって、cross *one*'s mind は**直訳すると「頭を横切る」**です。「ほんの一瞬だけ思い浮かぶ」という意味で、「流れ星がサッと夜空をよぎるように、ある考えが一瞬、頭をよぎる」という感じです。

> The thought crossed my mind while I was studying, but then I forgot all about it.
> 勉強中にその考えが頭をよぎったけれど、その後すっかり忘れてしまった。

552 dozed 〔標準〕

解説 **doze off**　「うたた寝する」

doze は「少し眠る」の意味で、この off は「((頭の)電池が)切れてしまう」感じです。よって、doze off は**「(頭の電池が切れて)うっかり眠ってしまう」**という意味になります。
例 I dozed off watching TV.「テレビを見ながらうたた寝した」

> Kelly had dozed off in her chair and was snoring.
> ケリーは椅子でうたた寝して、いびきをかいていた。

Lesson 28

553 deal 　　　　　　　　　　　　　　　　　　　　　標準

解説 ▶ **deal with ～** 「～を扱う、処理する」

主に、問題のある「物」や「人」を「扱う」場合に使います。deal の活用変化は deal-dealt-dealt です。dealt[delt] の発音にも注意しましょう。　**例** Alice is not very good at **dealing with** customers.「アリスは客のあしらい[応対]があまりうまくないね」

> How should I **deal with** the problem?
> その問題はどう処理すればいいですか。

554 identify 　　　　　　　　　　　　　　　　　　　標準

解説 ▶ **identify with ～** 「～に感情移入[共感]する」

identify A with B は「A が(ぴったり)B と同じであると確認する」の意味で、**identify with ～**は identify *one*self with ～「自らを～と同一視する」→「感情移入する」から *one*self が省略された形だと考えましょう。「子どもたちがテレビのヒーローに感情移入する[なりきる]」などの文脈で使われます。　**参** identification card「ID カード、身分証明書」

> Whenever I watch a movie, I **identify with** the main character.
> 私は映画を見るといつも主人公に感情移入してしまう。

555 suffering 　　　　　　　　　　　　　　　　　　 標準

解説 ▶ **suffer from ～** 「～で苦しむ」

「～」には例えば insomnia「不眠症」、the flu「インフルエンザ」、a water shortage「水不足」、hay fever「花粉症」、heavy taxes「重税」など**「病気」や「間接的に害を与えるもの」**が置かれます。
なお、heavy losses「大きな損害」、a slight injury「浅い傷」などの「直接の損害、傷」が目的語になる場合は、他動詞の suffer ～「(傷)を受ける、(損害)をこうむる」を用います。

> Many children in the world **are suffering from** lack of food.
> 世界中の多くの子どもが食糧不足で苦しんでいる。

556 burst 　　　　　　　　　　　　　　　　　　　　標準

解説 ▶ **burst out laughing** 「(突然こらえきれないように)笑い出す」

burst は「(タイヤ、風船などが)破裂する」の意味です。そこから **burst out (V)ing**「突然(爆発するように)V し出す」という意味になりました。　**例** burst out crying「突然泣き出す」
なお、「変化の結果」を表す into を用いた burst into laughter[tears]「突然笑い[泣き]出す」という表現もあります。

> As soon as we heard the story, we **burst out laughing**.
> その話を聞いたとたんに、私たちはどっと笑い出した。

Lesson 28

557 dispense　やや難

解説 **dispense with ~**　「~なしで済ます」

この表現は dispense の「(宗教的な義務を)免除する」という意味から発展しました。主語には「人」や「企業」などが置かれ、**do without ~**「~なしで済ます」よりも堅い文脈で使います。
参 **indispensable**「なしでは済まない」→「不可欠な」
例 Water is **indispensable** to life.「水は生命にとって不可欠だ」

> We have to **dispense with** the party after the school festival this year.
> 今年は文化祭後のパーティーはなしで済まさなれければならない。

558 stick　標準

解説 **stick to ~**　「~に固執する」

stick は「(棒で)突き刺す」→「刺さってくっつく」から「固執する」の意味になると考えればよいでしょう。　例 **stick to** *one*'s diet「意地になってダイエットを続ける」、**stick to** *one*'s opinions「(自分の考えに固執する→)自説を曲げない」、**stick to** formalities「格式にこだわる」

> When I was a child, I could not **stick to** anything for long.
> 子どものころ、私は何事においても長く続かなかった(→三日坊主だった)。

559 searched　標準

解説 **search ＋ (場所) ＋ for ~**　「~を探して(場所)を見る」

search の目的語には「探すもの」ではなくて「探す場所」が置かれます。
例 **search** the house **for** the papers「書類を探して家の中を見る」、**search** him **for** drugs「麻薬を所持していないか彼の身体検査をする」また、自動詞として、**search for ~**「~を捜索する、~を探す」の形でも使われます。　例 **search for** the document「その書類を探す」

> I **searched** the fridge **for** something as a late-night snack.
> 夜食がないかと冷蔵庫の中を探した。

560 expressed　標準

解説 **express** *one*'s thanks to ~　「~に感謝の気持ちを表す」

express は ex-「外に」＋ -press「押す」から「外に押す」→「表現する」という意味です。「気持ちを言う[表現する]」と言う場合、say を用いないように注意しましょう。　例 **express**[× say] *one*'s feelings「気持ちを表現する」、**express**[× say] *one*'s ideas[thoughts]「考えを表現する[述べる]」、**express**[× say] *one*self「自分の気持ちや意見を表現する[述べる]」、**express**[× say] *one*'s opinion「意見を表現する[述べる]」

> The school principal **expressed his thanks to** the teachers for all their hard work.
> 校長先生は教師たちに、そのすべての激務に対して感謝の気持ちを表現した。

Lesson 29 動詞の意味をよく知ろう (6)

561 lasts 〈標準〉

解説 last ＋（期間）「（～の期間）長持ちする［続く］」

「続く」という意味では後ろに「期間」を示す語句を必ず伴いますが、「長持ちする」という意味では、必ずしも伴いません。**例** The conference **lasted** longer than a week.「会議は1週間以上続いた」 If this fine weather **lasts**, …「もし、このよい天気がもったら、」
なお、同じく「続く」を表す continue は「期間」を示す語句を伴わなくても使えます。

> My laptop's battery lasts for ten hours.
> 僕のノートパソコンのバッテリーは 10 時間もつ。

562 fit 〈基本〉

解説 ～（服など）fit ＋（人）「～（のサイズ）が（人）に合う」

fit は「（サイズ・型が）合う」という意味です。「とても（合う）」と強調する場合は、very well「とてもよく」や perfectly「ぴったり」などを伴います。また、fit (人) like a glove「（人）にぴったり合う」という表現もあります。 **例** These clothes would **fit** you like a glove.「この服は君にサイズがぴったりだろう」 **参** a fitting room「試着室」、one-size-fits-all「フリーサイズ」、This is not my size.「これは私のサイズに合わない」

> These trousers don't fit me. Do you have those in a larger size?
> このズボンは私にはサイズが合いません。もっと大きいサイズはありますか。

563 suits 〈標準〉

解説 ～（服装や色など）suit ＋（人・物）「～は（人・物）に似合う［合う］」

suit は「（服装、色などが）（人）に似合う」、「（椅子や机が）（部屋）に合う」などの意味です。強調する場合は、well「よく」、very well「とてもよく」などを伴います。また、What time would **suit** you?「何時が都合がいいですか」という表現もあります。

> Blue suits you better than red.
> 君は赤より青のほうがよく似合う。

564 share 〈標準〉

解説 share ～（with …）「（…と）～を共有する、分担する」

share は「共有する」という意味で、さまざまな場面で使える動詞です。
例 **share** a table with other customers「ほかの客と相席になる」、**share** the gift with him「その贈り物を彼におすそわけする」、**share** *one*'s umbrella「相合い傘をする」、Could you **share** your view about this matter with me?「この件に関するあなたの見解をお聞かせ願えますか」

> Since both of my parents work, we share the household chores.
> 私の両親は共働きなので、私たちは家事を分担している。

565 persuaded 〔標準〕

解説 persuade ＋（人）＋ to（V） 「（人）を説得して V させる」

「説得した結果それをやらせる」という意味であることに注意しましょう。単に「説得する」だけなら try to persuade とします。convince もこの意味で使うことがあります。
例 I tried to persuade Yuji to give up his plan.
「私はユウジに彼の計画をあきらめるように説得した」（ユウジがあきらめたかどうかは不明）

> I finally persuaded my mother to buy me a new smartphone.
> ついに、母を説得して新しいスマートフォンを買ってもらうことになった。

566 attributed 〔やや難〕

解説 attribute A to B 「A の原因は B だと考える」

attribute は「押しつける」というイメージなので、attribute A to B は「A を B に押しつける」→「A の原因は B だと考える」となります。　例 We attributed his success to hard work.「私たちは彼の成功は努力によるものだと考えた」　また、通例、受動態で A is attributed to B「A には B という性質(性格)があると考えられる」「A の作者は B だと考えられる」などの形でも用いられます。
例 This picture is attributed to Gogh.「この絵はゴッホの作品だと考えられている」

> The car accident is attributed to drunk driving.
> その自動車事故は飲酒運転が原因とされている。

567 counts（matters も可能）〔やや難〕

解説 It is ～ that counts[matters] 「大切なのは～だ」

動詞の count は「数える」→「数に入れる」から「重要である」という意味になります。この表現は count を用いた強調構文です。設問文のように It is B that counts[matters], not A. あるいは It is not A but B that counts[matters].「大切なのは A ではなく B である」という形にもなります。なお、It is the thought that counts. は「そのご厚意だけで結構です(＝大切なのは気持ちだ)」という意味です。

> It is ability that counts, not educational background.
> 大切なのは学歴ではなく能力です。

568 Hang 〔標準〕

解説 hang up (the phone) 「電話を切る」

hang ～ は「～を掛ける」の意味で、up は「完了」を表します。昔は、電話は壁にとりつけてあり、受話器は「掛ける」ものだったことから、「((話が終わって))電話を掛ける」→「(電話)を切る」となり、この表現ができました。　参 hold[hang] on「(電話を切らずに)待つ」(→482)

> Eric, it's time for dinner. Hang up the phone and come downstairs.
> エリック、晩ご飯よ。電話を切って降りていらっしゃい。

Lesson 29

569 develop[improve]（enhance も可能） 〈標準〉

解説 develop[improve] *one*'s ability to (V)　「V する能力を養う」

develop は「発達させる」の意味です。英作文でよく使う表現です。
例 This curriculum helps students **develop their ability to** speak English.
「このカリキュラムは学生が英語を話す力を養うのに役立つ」

> By reading the classics, you can develop your ability to think clearly.
> 古典を読むことで、明晰に考える能力を養うことができる。

570 deserves（ought も可能） 〈やや難〉

解説 S deserve + to (V)　「V するに値する、V するのは当然だ」

deserve は「〜に値する」という意味で、後ろには to (V) のほかに動詞の名詞形（attention「注目」、praise「賞賛」、criticism「批判」、punishment「罰」など）や(V)ing が置かれることもあります。
例 Tom **deserves** a promotion.「トムが昇進するのは当然だ」
　You **deserve** it.「あなたはそれに値する」→「それは当然だよ（よい状況にも悪い状況にも）」

> Considering what George did, he deserves to be scolded.
> ジョージがしたことを考えれば、しかられるのは当然だ。

571 devoting 〈標準〉

解説 devote A to B　「A を B に捧げる」

devote はもとの「強く誓う」から「捧げる」という意味になりました。よって、devote A to B は「A を B に捧げる」となり、主に「（何か大切なことに）長時間没頭する」という文脈で使われます。　例 You should **devote** yourself **to** your studies.「あなたは（自身を勉強に捧げるべきだ→）勉強に専念すべきだ」　A には *one*self のほかに、たとえば、his whole life「彼の人生のすべて」、all my energy「私のすべてのエネルギー」などが置かれます。to は前置詞なので、B に動詞を置く場合、設問文のように動名詞にしなければなりません。

> Josh is now devoting all his energy to studying English.
> ジョシュは今、すべてのエネルギーを英語の勉強に注いでいる。

572 dates 〈標準〉

解説 date back to 〜　「〜にさかのぼる」

date は名詞では「（ある特定の）日付」の意味ですが（例 my **date** of birth「私の生年月日」）、この表現では動詞として用いられます。例 The Ig Nobel Prizes **date back to** 1991, when Marc Abraham organized an event.「イグノーベル賞はマーク・エイブラハムがある催しを主催した1991年にさかのぼる」 ＊イグノーベル賞…「人々を笑わせ、そして考えさせてくれる研究」に対して与えられる賞

> This rock painting dates back to about 3,000 B.C.
> この岩絵は紀元前 3,000 年ごろに（さかのぼる→）描かれたものだ。

Lesson 29

573 exposed 〔標準〕

解説 **expose A to B** 「A を B にさらす」

expose は ex-「外に」+ -pose「置く」→「さらす」という意味です。「～を(雨風や日光などに)さらす」といった文脈で使います。 **例** expose your skin to strong sunshine「肌を強い太陽光線にさらす」、be exposed to rain「雨ざらしになる」

> This dye in this cloth fades when exposed to the sun.
> この布の染料は日に当てると色があせる。

574 prohibits（bans も可能）〔標準〕

解説 **prohibit A from B**「(法律などが)A が B(すること)を禁止する」

prohibit は「禁止する」という意味で、多くの場合、法律などにより「(公的に)禁止する」という文脈で使われます。「(個人が)禁止する」場合には forbid O to (V)「O が V することを禁止する」と表現します。なお、「禁止する」、「妨げる」、「止めさせる」といった表現には、この表現のように「～から遠ざける」イメージの from が使われます（forbid O to (V)は例外的）
参 prevent[keep] O from (V)ing「O が V するのを妨げる」（→**197**）

> The law prohibits teenagers from drinking alcohol.
> 法は 10 代の若者が飲酒することを禁じている。

575 associate 〔標準〕

解説 **associate A with B**「A と B を結びつける、A から B を連想する」

associate「連想する」は society「社会」と語源が同じで、associate A with B は「A と B を同じ社会に入れる」→「A と B を結びつける」という意味です。また、自動詞の associate with ～は「～とつきあう」という意味で、～には、通例、「好ましくない人」が置かれます。
例 If you associate with such people, you will get into trouble some day.
「あんな連中とつきあっていると、いつか困ったことになりますよ」

> Some foreigners tend to associate Japan with Mt. Fuji.
> 日本と聞くと富士山を連想しがちな外国人もいる。

576 involved 〔標準〕

解説 **be involved in ～**「(事件など)に関わっている、巻き込まれる」

報道などで使われる堅い表現です。involve は in-[中に] + volve[回転する]→「巻き込む」です。よって、be involved in ～ は直訳すると「～の中に(in)巻き込まれる(be involved)」となりますが、「積極的に関わる」と「巻き込まれる」のどちらの場合にも使えます。～には、たとえば、the scandal「スキャンダル」、kidnapping「誘拐」、a traffic accident「交通事故」などが置かれます。

> Bill was involved in smuggling rare animals.
> ビルは希少動物の密輸に関わっていた。

Lesson 29

577 denied 〔難〕

解説 deny + (人) + ~ 「(人)に~を与えない」

deny は「~を否定する」が基本の意味ですが、**この「与えない」という意味にも注意しましょう**。(人)が長い場合は〈deny ~ to (人)〉の形が好まれます。なお、反は give + (人) + ~ です。

> The scientist has been denied the necessary information for his research.
> その科学者は研究のために必要な情報を与えられなかった。

578 dwell 〔やや難〕

解説 dwell on ~ 「~についてくよくよ考える」

dwell は「ある所に留まる」がもとの意味で、a city dweller「都会の住人」、dwell in a city「都会に住む」などでも使います。dwell on ~はこれに「接触」を表す on がついた表現です。**「(悲しいこと[嫌なこと])をくよくよと考える」**という意味です。しばしば、「くよくよするなよ！」という文脈で使われます。　例 Don't **dwell on** the past.「過去のことでくよくよするなよ」

> I tend to dwell on trivial things.
> 私はつまらないことをくよくよ考えるたちだ。

579 withdraw (get も可能) 〔標準〕

解説 withdraw money 「(銀行の口座から)お金を引き出す」

withdraw は「引き離す」がもとの意味で、そこから**「引き出す」「撤回する」**となります。
例 **withdraw** one's previous remark「前言を撤回する」、**withdraw** the troops「軍隊を撤退させる」　また、自動詞として、**withdraw** from the market「市場から撤退する」などの形でも使います。

> Harry went to the bank to withdraw some money.
> ハリーはお金を引き出しに銀行へ行った。

580 resorts 〔やや難〕

解説 resort to ~ 「~に訴える」

a resort「リゾート地」は、人が「行くところ」なので、resort to ~「~へ行く」→「(最後の)手段として~まで行く」→「~(することに)訴える、頼る」と考えればよいでしょう。設問文の force のように通例、目的語には「好ましくないもの」が置かれます。
例 **resort to** drinking「酒に頼る」、**resort to** violence「暴力に訴える」

> The group often resorts to force to resolve a situation.
> その集団はしばしば状況を解決するために、暴力に訴える。

Lesson 30 形容詞を中心とした表現を学ぼう (1)

581 similar 〔標準〕

解説 be similar (in ...) to ~ 「(…において)~と似ている」

similar「似ている」の simi- は same と同系列で「同じ」の意味です。また、ここでの in は「範囲・限定」を表し「…において」という意味です。参 be rich in ~(→651)
「相似形」の記号「∽」は similar「~とよく似た」の名詞形 similarity「類似、相似」の頭文字 s を横にしたものです。
なお、設問文の that は前出の the brain を指す代名詞です。参 that of ~(→306)

> The brain of Neanderthal man was similar in size to that of modern humans.
> ネアンデルタール人の脳は現生人類のものと大きさが似ていた。

582 responsible 〔標準〕

解説 S + be responsible for ~ 「~に対して責任がある、~の原因は S にある」

responsible は response「反応」＋ -able「できる」→「反応できる」がもとの意味で、「(私がやりましたと)はっきり反応できる」→「責任をもって返答できる」という意味合いです。
名詞形 responsibility「責任」もよく使われます。
例 Tom has a strong sense of **responsibility**.「トムは責任感が強い」

> Scott is responsible for the release of the news to the press.
> マスコミにそのニュースが流れたのはスコットの責任だ。

583 innocent 〔標準〕

解説 be innocent of ~ 「~に関して無実である」

innocent「無実の」が of と結びつくことに注意しましょう。
この of は「~に関しては」という意味です。
なお、反は be guilty of ~「~に関して有罪である」です。

> I am sure that Joe is innocent of the crime.
> ジョーはその犯罪に関して無実だと私は確信しています。

584 crazy 〔標準〕

解説 be crazy about ~ 「(人・物事)に夢中だ」

口語的な表現で、直訳すると「~に関して気が狂っている」→「(抑えられないぐらい)~に夢中だ」となります。
イギリス英語では mad「気が狂った」を用いて be mad about ~「~に夢中だ」とも表現します。

> Jonah is crazy about basketball. He practices it all day.
> ジョナはバスケットボールに夢中だ。1 日中練習している。

Lesson 30

585　ready（prepared, happy も可能） 〔標準〕

解説　be ready to (V)　「V する覚悟ができている、喜んで V する」

①「V する(物理的な)準備ができている」と②「V する(精神的な)準備ができている」→「喜んで V する」の 2 通りの意味があります。なお、be willing to (V)は「(積極的ではないけれど)嫌がらずに V する」という意味なので、設問文のような文脈では適切とは言えません。

> Greg is ready to work hard to improve his skills.
> グレッグはスキルアップのためには(喜んで努力する→)努力することをいとわない。

586　content（happy も可能） 〔標準〕

解説　be content（with 〜）　「（〜で）満足している」

「〜という現状や結果に不満はなく、満ち足りた気持ち」を表します。なお、似た表現の be satisfied with 〜(→123)は「(ある基準を満たしているため)〜に満足している」という意味で、満足の度合を強調する場合は、completely などを加えます。

> All Marshall needs is a good book to read and he is quite content.
> マーシャルが必要とするのは良書だけで、それだけでかなり満足だ。

587　capable 〔標準〕

解説　be capable of 〜　「〜する(潜在)能力を持っている」

capable は cap-「つかむ」＋ -able「できる」→「つかめる」、of は「〜に関して」の意味です。よって、「〜に関して(つかむことが)できる」→「〜する能力を持っている、〜できる」となります。同じく「〜できる」を意味する be able to (V) よりも「潜在的に能力を持っている」という点に重点が置かれる表現です。否定的な意味でも使うことに注意しましょう。
例 That man is capable of murder.「あいつは人を殺しかねない」

> These turbines are capable of producing several hundred kilowatts of electricity.
> このタービンは数百キロワットの電力を生み出すことができる。

588　likely 〔標準〕

解説　be likely to (V)　「V する可能性が高い、V しそうだ」

probably「おそらく」と同じ意味です。It is likely that ... でも同じ意味を表します。
例 Get on a train and it is likely that several people around you will be wearing earphones.「電車に乗ると、周りにイヤホンをしている人が何人かいるものだ」
likely は名詞の前に置いて「ありそうな〜」という意味でも使います。
例 the most likely cause of 〜「〜の最もありそうな原因」

> Men are said to be more likely to suffer a heart attack than women.
> 男性のほうが女性より心臓発作を起こす可能性は高いと言われている。

Lesson 30

589 true 〔標準〕

解説 be true of ～　「～に当てはまる」

ここでの of は「～に関して」を意味するので、**「～に関して正しい」→「～に当てはまる」**となります。apply to ～「～に当てはまる」、this[that] is the case with ～「(前文を受け)～に関し、それが事実だ」なども似た意味です。be true for ～「～に当てはまる」の形でも使われます。

> What is true of individuals often applies to countries.
> 個人に関して当てはまることは国に対しても当てはまることが多い。

590 used[accustomed] 〔標準〕

解説 get used to 名詞／(V)ing　「～に／V することに慣れる」

直訳すると「慣れている状態(used)になる(get)」→「慣れる」という動作を表します。〈be used to 名詞／(V)ing〉は「～に／V することに慣れている」という状態を表します。これらの表現の used の発音は [jú:st] で、to は前置詞のため後ろには名詞あるいは動名詞が置かれます。受動態の be used[jú:zd] to (V)「V するために使われる」とは区別しましょう。
例 In Japan, rice **is used to** make vinegar.「日本では酢を作るのに米が使われる」

> It took some time for me to get used to driving on the right.
> 右側運転に慣れるのには少し時間がかかった。

591 opposed 〔標準〕

解説 be opposed to ～　「～に反対している」

opposed は「～に反対して」という意味の形容詞です。be against ～ も同じ意味です。動詞の oppose ～ は「～に反対する、～を阻止するような行動に出る」という意味です。
参 an opposition party「野党」(⇔ the ruling party「与党」)

> Most people are opposed to the privatization of the city's public transport system.
> 大半の人々は、市の公共交通機関の民営化に反対している。

592 sensitive 〔標準〕

解説 be sensitive to ～　「～に敏感だ」

ここでの to は「方向」を表すので、「～に(対して)敏感だ」という意味です。～には通例 heat「熱」、light「光」、public opinion「世論」、allergens「アレルギー物質」など「(主語に)影響や被害を与えやすい物事」が置かれます。「～に関して過敏だ、～を気にする」と表現する場合は about を用いて、後ろには「(主語が)気にする対象」が置かれます。
例 Mike **is sensitive about** his looks.「マイクは外見を気にする」
なお、同じ sense の派生語である sensible「分別のある、賢明な」とは区別しましょう。

> I am sensitive to cold, so I never go outside in winter without wearing gloves.
> 寒さに弱い[敏感な]ので、冬場は手袋をせずに外出できない。

593 free

解説 be free from ～　「(心配事など)がない」

ここでの free は「(心配事や苦痛など)がない」ことを表し、～には care「気遣い」、worries「心配」、fault「欠点」など「持ちたくないもの」が置かれます。
I am free from ～ は I do not have ～ とほぼ同じ意味です。
be free of ～と表現することもあります。

> Alex is optimistic. He is free from care.
> アレックスは楽観的だ。彼には心配事などない。

594 subject

解説 be subject to ～　「～の支配を受けている、～の影響を受けやすい」

subject は sub-「下に」＋ -ject「投げられた」がもとの意味なので、「～の支配を受けている」となります。　例 be subject to strong winds「強風にさらされる」、be subject to the laws of nature「自然の法則に支配される」　～に動詞の名詞形が置かれる場合は、受動態のように訳します。　例 be subject to review「見直される」、be subject to abuse「虐待される」

> Owing to the blackout, all flights are subject to delay.
> 停電のせいで、すべての飛行機の便は遅れる模様だ(←遅延の影響を受けやすい)。

595 reluctant (unwilling も可能)

解説 be reluctant to (V)　「V するのを嫌がる」

「V するのを嫌がる、V したくない」という意味です。
例 Tom was reluctant to talk about his family.「トムは家族の話をするのを嫌がった」
過去形(「V するのを嫌がった」)の場合は「嫌だけどやった」ということを含意します。
なお、「嫌がったが、話した」と明確に表現するときは Tom reluctantly talked about his family.「トムはいやいや家族について話した」などとします。　参 talk about ～(→ 346)

> My sister is reluctant to show her emotions.
> 妹は感情(喜怒哀楽)を表したがらない。

596 particular

解説 be particular about ～
「(食べ物、着る物など)について好みがうるさい、～にこだわる」

particular は「ある特定の、個別の」の意味なので、「～に関してある特定のこだわりがある(好みがある)」というような意味を表します。

> Jill is particular about what she eats.
> ジルは食べ物にうるさい。

597 strict 〔標準〕

解説 be strict with (人) 「(人)に対して厳しい」

「厳しい」対象が(人)以外の場合、be strict about (物・事)となるので、注意しましょう。
例 Mr. McKinley is very strict about the way we talk to our clients.「マッキンリーさんはお客に対する言葉遣いに対してとても厳しい」 反 は be lenient with (人)「(人)に甘い」です。なお、同じく「厳しい」と訳す severe は severe weather「過酷な天候」、a severe pain「厳しい痛み」など「(天候や状況、痛みなどが)厳しい」ときに使います。

> Mr. McKinley is very strict with his students.
> マッキンリー先生は学生に対して非常に厳しい。

598 attached 〔やや難〕

解説 feel attached to ~ 「(人・物)に愛着を感じる」

attach A to B「A を B にくっつける」をもとにした表現で、直訳すると「~にくっついている(attached)と感じる(feel)」→「愛着を感じる」となります。
名詞の attachment は「愛着」のほかに「(E メールなどの)添付ファイル」の意味でも使います。
例 turn in one's manuscript as an attachment「原稿を添付ファイルで提出する」

> I still feel deeply attached to my ex-girlfriend.
> 今でも別れた彼女をこよなく愛している。

599 popular 〔基本〕

解説 be popular among[with] ~ 「~の間で人気がある」

日本語の「人気がある、ブームだ」は、popular を使って表現します。
popular は「(人に)人気がある」という意味なので、[×]popular among people とは言いません。among の後ろには young people「若者」など、より具体的に特定された集団が置かれます。common「よくある、普通の」とは区別しましょう。 例 This kind of error is common among young people.「この種の誤りは若者の間ではよくある」

> Walking is popular among middle-aged and elderly people.
> ウォーキングは中高年に人気がある。

600 superior 〔標準〕

解説 A be superior to B 「A は B よりも優れている」

superior は比較級の意味を含みますが、than は使いません。これは 反 A be inferior to B「A は B よりも劣っている」にも当てはまります。なお、アメリカ五大湖の「スペリオル湖」(Lake Superior)は superior のフランス語読みで、五大湖のうち最大の面積をもつ湖です。

> Some still say that men are superior to women.
> いまだに男性が女性より優れていると言う人もいる。

Lesson 31 形容詞を中心とした表現を学ぼう(2)

601 absent 〔基本〕

解説 be absent from ~ 「~を休む」

absent は「存在しない」という意味で、from は「~から遠ざかる」イメージなので、直訳すると「~から遠く離れていて(from)存在しない(absent)」→「~を休む」となります。
反は be present at ~ あるいは be at ~ です。
例 Betty **was present at** the meeting with new clients yesterday.
　「ベティーは昨日新しい依頼人との打ち合わせに出席した」

> Laura <u>was absent from</u> school because she had a stomachache.
> ローラは腹痛のため学校を休んだ。

602 afraid 〔基本〕

解説 be afraid of ~ 「~を恐れている」

この of は「~を恐れる」のように「形容詞が表す内容の対象」を示します。この表現のように〈be +(形容詞)+ of ~〉という形をとる場合、〈be +(形容詞)〉を動詞、〈of ~〉を目的語のように訳し、「~を(形容詞)」という意味になることが大半です。　例 I **am afraid of** heights.「(高いところを恐れる→)私は高所恐怖症だ」　なお、be afraid to (V)は「怖くて V できない」という意味ですが、実際には be afraid of (V)ing「V することを恐れている」の意味でも使われます。

> Jason <u>is</u> so <u>afraid of</u> darkness that he sleeps with the lights on.
> ジェイソンは暗闇がとても恐いので電気をつけて眠る。

603 susceptible 〔やや難〕

解説 be susceptible to ~ 「(病気など)にかかりやすい」

病気以外の場面でも「~に影響されやすい」という意味で使います。
例 Nancy **is susceptible to** flattery.「ナンシーはおだてに乗りやすい」

> Older people <u>are</u> more <u>susceptible to</u> infections.
> 年をとれば感染しやすくなる。

604 peculiar (unique も可能) 〔標準〕

解説 be peculiar[unique] to ~ 「~に特有の、~に独特な」

この to は、belong to ~「~に所属している」などと同じく「所属」を表します。
unique と peculiar はこの表現ではほぼ同じ意味で使われていますが、それぞれ単独では unique が「すばらしい」ということを、peculiar は「一風変わっていておもしろい[心配だ]」ということを暗示するので区別しましょう。

> The decline in birthrate <u>is</u> not <u>peculiar to</u> developed countries.
> 出生率の低下は先進国に特有のものではない。

Lesson 31

605 ready 〈基本〉

解説 **get ready**　「準備をする」

ここでの get は「(ある状態)になる」という意味なので、**get ready** は「準備ができている状態になる」→「準備する」という意味です。「〜の準備をする」という場合は for を用います。
例 Let's **get ready for** the party.「パーティーの準備をしよう」

> I need an hour to get ready, so how about 10:00?
> 準備するのに1時間かかるから、10時でどう？

606 anxious 〈標準〉

解説 **be anxious to (V)**　「V したい」

anxious は、もともと「(非常に)心配している」という意味で、be anxious to (V)は「(心配ながらも)〜したい」という意味でした。現在では「心配ながら」の意味合いは薄れ、**「〜したい(からとても努力している)」という意味で使うのが普通です**。be eager to (V)と同じ意味です。なお、be anxious about 〜「〜を心配している」(→384)には anxious のもとの意味が残っています。また、be anxious for 〜「〜を切望している」という表現もあります。
例 The slaves **were anxious for** freedom.「奴隷たちは自由を切望していた」

> Tim is anxious to gain his boss's approval.
> ティムは上司に認めてもらいたいと思っている。

607 jealous 〈標準〉

解説 **be jealous (of 〜)**　「(〜を)ねたんでいる」

この of は、be afraid of 〜(→602)などと同じく、「形容詞が表す内容の対象」を示します。なお、「ねたんでいる」(状態)に対して、「ねたむ」(動作)なら get jealous となります。

> Some fathers are jealous of the attention a new baby receives.
> 父親の中には赤ん坊が受ける関心をねたむ者もいる。

608 envious 〈やや難〉

解説 **be envious of 〜**　「〜のことをうらやましく思う」

「(人の持っているもの)が欲しくてしかたない」という感じです。
この of も、607などと同じく、「形容詞が表す内容の対象」を示します。
参 Tom has an envious look on his face.「トムはうらやましそうな表情を浮かべている」

> I feel envious of women with small faces.
> 小顔の女性がうらやましい。

Lesson 31

609 sure 〔標準〕

解説 S be sure to (V) 「S が V するのは確実だ、きっと S は V する」

「S が V する」と「確信」しているのは S ではなく、この文の「話者」です。
I am sure that S (will) V と同じ意味です。
例 Erika **is sure to** pass the entrance exam.
　「エリカはきっと入学試験に合格する（と私〔話者〕は確信している）」
なお、[×] It is sure that S V とは表現しないので注意しましょう。

> In Tokyo, construction is sure to be going on somewhere at any time.
> 東京ではいつでもどこかで必ず工事をしている。

610 bound (likely もやや弱いが可能) 〔標準〕

解説 be bound to (V) 「必ず（きっと）V する、V する義務がある」

bound は、bind「～を縛る」の過去分詞形です。**直訳すると「～するために縛られている」→「必ず（きっと）V する、V する義務がある」**となり、現在のことでも、未来のことでも使えます。日本語の「～にちがいない」は、未来のことでも使えますが、推量の must は、未来のことには使えないので注意しましょう。なお、be bound for ~は「～行きである」（→ **652**）の意味です。
例 The bullet train **is bound for** Tokyo.「その新幹線は東京行きだ」

> When you are dealing with so many patients, mistakes are bound to happen.
> そんなに多くの患者を相手にしていたら、必ずミスが起きるにちがいない。

611 indifferent 〔標準〕

解説 be indifferent to ~ 「～に無関心だ」

indifferent「無関心な」は different「違う、異なる」の否定形です。
例えば 2 つの意見があって「どちらの意見とも異ならない」とは結局「無関心」だということを意味します。なお、interest「興味、関心」を用いた表現の have no interest in ~も同じ意味です。
例 I **have no interest in** soccer.「私はサッカーに興味がない」

> A lot of young people are indifferent to politics.
> 多くの若者は政治に無関心だ。

612 free 〔標準〕

解説 feel free to (V) 「自由に V する」

(Please) feel free to (V)「ご遠慮なく V してください」という形でよく使われます。
例 If you have any questions, **feel free to** ask.
　「ご質問がありましたら、遠慮なく聞いてください」

> Feel free to use the computer if you need it.
> 必要ならご自由にコンピュータを使ってください。

613 effective （useful も可能） 標準

解説 ▶ **be effective in ～** 「～に効果がある」

ここでの in は「～の中で」→「～において」という意味で「分野・限定」を表します。なお、effective のもととなる effect「効果、効き目」を使った、be in effect「（法律や制度などが）有効だ」や take effect「（法律などが）発効する、（薬などが）効果を生じる」などの表現も覚えておきましょう。　**例** The system is still in effect.「その制度はいまだに有効だ」

> Green tea is effective in preventing various diseases.
> 緑茶はさまざまな病気の予防に効果がある。

614 true 標準

解説 ▶ **be true to ～** 「～に忠実な」

～には one's word「約束」、one's principles「原理」、the original「原作」など、**忠実である対象が置かれます**。be true to（人）なら「（人）に対して忠実だ」という意味になります。
また、true-to-life は「本物そっくりな、迫真の」という意味です。
なお、be true of ～は「～に当てはまる」（→ 589）という意味なので区別しましょう。

> The director tried to make a movie that is true to life in the 1920s.
> その映画監督は 1920 年代の生活に忠実な映画を製作しようと努めた。

615 keen やや難

解説 ▶ **be keen on[about] ～** 「～に凝っている、夢中だ」

イギリス英語の口語的な表現です。keen は「（刃物などが）鋭い、（考え・感情などが）激しい、（人が）頭が切れる」など「程度の激しさ」を表し、ここでの on は「接触」→「意識の集中」を意味します。よって、「～にとても激しく（keen）意識が集中している（on）」→「～に凝っている」という状態を表します。

> Harry is keen on fortune-telling these days.
> ハリーは最近占いに凝っている。

616 convenient 標準

解説 ▶ **it is convenient to (V)** 「V するのは都合がよい」

convenient は、日本語の「便利だ」ほど用途は広くありませんが、この表現はよく使われます。なお、if it is convenient to[for] you「あなたのご都合がよければ」を [×] if you are convenient とするのは典型的な間違いなので、注意しましょう。

> It is sometimes convenient to let your children watch TV.
> 子どもにテレビを見せておくのは都合がよいときもある。

Lesson 31

617 acquainted　標準

解説 get acquainted with ~　「(人)と知り合いになる、(物・事)を知る」

be acquainted with ~ は「(人)のことを(よくは知らないがある程度)知っている、(物・事)をよく知っている」(状態)という意味で、get acquainted with ~ なら「知る」(動作)という意味です。これらは堅い表現です。
例 I am well **acquainted with** classical music.「私はクラシック音楽についてよく知っている」

> Debbie is sociable and gets acquainted with total strangers easily.
> デビーは社交的でまったく見知らぬ人とでもすぐ知り合いになる。

618 unusual[uncommon]　標準

解説 it is not unusual[uncommon] (for ~) to (V)
「(~が)Vするのは珍しいことではない、よくあることだ」

英作文でよく使う表現です。It is not unusual that S V には普通しないので注意しましょう。
例 **It is not unusual to** see a woman wearing high heels to make herself look taller.
「女性が背を高くみせようとしてハイヒールを履いているのを見るのは珍しくない」

> It is not unusual to carry something to drink in a water bottle.
> 飲み物を水筒に入れて持ち歩くのは珍しくありません。

619 adjacent　やや難

解説 be adjacent to ~　「~に隣接している」

next to ~「~の隣の(に)」の堅い表現です。例 The company-owned housing **is adjacent to** the factory.「その社宅は工場に隣接している」　なお、adjacent は、名詞の前に置くこともあります。
例 Germany and other **adjacent** countries「ドイツとその近隣諸国」
　stay in **adjacent** rooms「隣同士の部屋に泊まる」

> The city built a new library adjacent to the park.
> 市は公園に隣接した新しい図書館を建てた。

620 allergic　標準

解説 be allergic to ~　「~アレルギーがある」

名詞形 allergy を使った have an allergy to ~ も同じ意味ですが、それほど一般的ではありません。なお、allergic[əlɚːrdʒɪk] は第2音節にアクセントがありますが、allergy[ǽlərdʒi] は第1音節にアクセントがあります。「(~に対して)アレルギーを起こす」は、develop an allergy (to ~)と表現します。　参 soy-bean allergy「大豆アレルギー」

> Amy must not eat peanuts because she is allergic to them.
> エイミーはピーナッツアレルギーがあるのでピーナッツを食べてはならない。

[コラム⑦] take part in は「参加する」？

目的語をとる？ とらない？

次の問題の答えは何でしょうか？

> The Olympic Games were a huge success because so many countries [　　].
> ① participated　② played in
> ③ represented　④ took part in

　答えは① participated「参加した」です(文の意味は「多くの国が参加したのでオリンピックは大成功だった」)。空所の後ろに目的語がないので、空所には目的語をとらない自動詞が置かれなくてはなりません。よって、①が正解となります。この問題では多くの生徒が④ took part in(→264)を選んでしまいます。take part in 〜 を目的語をとる表現として覚えていないからです。

　take part in 〜 のように〈動詞＋名詞＋前置詞〉の形の表現は１つの他動詞の働きをし、目的語をとります。take part in 〜 は和訳すると「参加する」ではなくて「〜に参加する」なのです。

　それでは、drop in「ひょっこり立ち寄る」(→180)はどうでしょうか？この drop は自動詞で、この in は副詞です。このように〈自動詞＋副詞〉の形の表現は、１つの自動詞の働きをするので目的語をとりません。

　英語表現を覚える際、目的語をとるかどうかを含めて覚えるのは面倒だと思うかもしれませんが、英語を運用するうえで非常に重要なことです。
　また、以下のようなルールを理解すれば、助けになるでしょう。

　　①〈動　詞＋前置詞〉→ **他動詞の働き(目的語をとる)**
　　②〈他動詞＋副　詞〉→ **他動詞の働き(目的語をとる)**
　　③〈自動詞＋副　詞〉→ **自動詞の働き(目的語をとらない)**
　　④〈動詞＋副詞＋前置詞〉→ **他動詞の働き(目的語をとる)**
　　⑤〈動詞＋名詞＋前置詞〉→ **他動詞の働き(目的語をとる)**

　〈動詞＋副詞〉の形(②，③)の場合はその動詞が自動詞か他動詞かによって、表現の働きが異なります。これらのルールを理解し、正しく英語を運用できるようになりましょう。

　なお、②〈他動詞＋副詞〉の表現は目的語が代名詞の場合、語順は普通〈他動詞＋代名詞＋副詞〉となります(例 bring it up)。よって、本書の解説では、bring up 〜 / bring 〜 up のように併記しています。

Lesson 32 前置詞を用いた表現を理解しよう (5)

621 in 　　　　　　　　　　　　　　　　　　　　　　　標準

解説 in a row 「1列に、連続して」

ここでの in は「形状」を表し、**直訳すると**「1列(a row)の形で(in)」→「1列に」となります。また、「1列に」から発展して「連続で」という意味でも使います。
例 The team had five wins **in a row**.「そのチームは5連勝した」

> Passengers were standing neatly in two rows.
> 乗客は2列にきちんと並んでいた。

622 on 　　　　　　　　　　　　　　　　　　　　　　　標準

解説 have a[an] ～ effect on A 「A に～な影響を与える」

この on は「接触」→「上からの圧力」の意味で、effect は主に「(薬や食べ物などの具体的な)影響」を意味します。影響の種類がさまざまであるならば、複数形 effects にすることもできます。
例 the **effects** (that) drinking **has on** the brain「飲酒が脳にもたらす影響」
「～にプラス[マイナス]の影響を持っている」は have a positive[negative] effect on ～ です。なお、effect より「影響」の度合いが強くなると、impact を用います。

> Everything you eat will have some effect on your body in the future.
> 食べた物すべてが将来体に何らかの影響を与える。

623 on 　　　　　　　　　　　　　　　　　　　　　　　標準

解説 have a[an] ～ influence on A 「A に～な影響を与える」

622 と同じく、ここでの on も「接触」→「上からの圧力」の意味です。**622** と同様に「影響」は与えても減らないので、日本語では「与える」でも英語では give ではなく、have を使います。また、influence は「(精神的な)影響」に関してもよく使われます。動詞の influence ～ も「～に影響を与える」です。
例 The smell of food **influences** appetite.「食べ物のにおいは食欲に影響を与える」

> Carbon dioxide emissions have a great influence on global warming.
> 二酸化炭素の排出量は地球温暖化に大きな影響を与える。

624 On 　　　　　　　　　　　　　　　　　　　　　　　標準

解説 on (the) average 「平均すると」

この on は「基盤・根拠」を示し、**直訳すると**「平均(average)に基づいて(on)」→「平均すると」となります。なお、on purpose「目的に基づいて」→「故意に」(→**277**)、on second thought(s)「2回目の思考に基づいて」→「考え直して」(→**60**)などの on も同じく「基盤」を示します。

> On average, I spend about 7,000 yen on gas each month.
> 平均すると、毎月のガソリン代は約7,000円だ。

Lesson 32

625 of

解説 **be made up of ~**　「~からできている」

この up は「完了」の意味で、of ~ は「材料」を表します。 consist of ~（→223）によって、直訳すると「~から(of)すっかり(up)作られている(made)」→「~からできている」となります。
例 The group **is made up of** volunteers living in the area.
　「そのグループは地域に住むボランティアで構成されている」

> All living things **are made up of** cells.
> すべての生物は細胞からできている。

626 on

解説 **a book on ~**　「~に関する本」

on は「接触」が基本的なイメージなので、a book on ~ は「~に密着した(on)本」→「~に関する本」となり、「~の専門書」のイメージです。a book about ~ も「~に関する本」と訳しますが、「~の周辺(about)の本」の意味なので、「専門書」のイメージは持ちません。a book on math は「数学の専門書」ですが、a book about math は「数学のことを書いた本」といった意味になるので、区別しましょう。

> This **book on** web page design has a lot of useful tips.
> ホームページの作り方に関するこの本は、ためになる情報がたくさん載っている。

627 to

解説 **an alternative to ~**　「~に代わるもの」

ここでの to は「~に対する」という意味で、直訳すると「~に対して(to)代わるもの(alternative)」です。「肉食中心のメニュー」に対して「ベジタリアン専用のメニュー」などのように「~に代わるもの」の意味で使います。

> There is no **alternative to** his proposal.
> 彼の提案に代わるものがない。

628 with （making, completing も可能）

解説 **be busy with ~**　「~で忙しい」

ここでの with ~ は「~といっしょに」という意味なので、直訳すると「~といっしょにいて(with)忙しい(busy)」→「~で忙しい」となります。~に (V)ing が置かれる場合は、with は置かず、be busy (V)ing となります。　例 Koji **has been busy preparing** for the trip.「コウジは旅行の準備でずっと忙しい」　なお、a busy street は「にぎやかな通り，繁華街」の意味です。

> We **are busy with** the final preparations for our wedding.
> 私たちは結婚式の最後の準備で忙しい。

Lesson 32

629 for　　　　　　　　　　　　　　　　　　　　標準

解説 make up for ～　「(遅れなど)を取り戻す」

この for は「交換」の for で、make up は「何とか作りだす」です。類似表現に compensate for ～ がありますが、compensate for には「(法律的な手段などで)～の補償をする」という意味もあります。　参 a makeup lesson「補講(補習授業)」

> I studied all day on Sunday to <u>make up for</u> lost time.
> 失った時間を<u>取り戻す</u>ために日曜日は丸 1 日勉強をした。

630 with　　　　　　　　　　　　　　　　　　　　標準

解説 with *one*'s arms folded　「腕を組んで」

この with は、「付帯状況」の with と呼ばれているもので、**しばしば〈with ＋名詞＋～〉の形で用いられ、「(名詞)が～の状態で」を意味します**。fold は「～を折りたたむ」の意味です。例 fold ～ in half「～を半分に折る」　よって、直訳は「腕(*one*'s arms)が折りたたまれた(folded)状態で(with)」→「腕を組んで」となります。

> George lay on the sofa <u>with his arms folded</u>.
> ジョージは<u>腕を組んで</u>ソファーで横になった。

631 behind　　　　　　　　　　　　　　　　　　　基本

解説 (時間) behind schedule　「予定より(時間)遅れて」

behind ～ は「～の後ろに」→「(時間・時代・進度)に遅れて」という意味に発展するので、behind schedule は「予定(schedule)より遅れて(behind)」という意味になります。
反は (時間) ahead of schedule「予定より(時間)早く」です。なお、「予定どおり」は on schedule です。
類例 behind the times「時代に遅れて」、behind the rest of the class「クラスのほかの者に遅れて」

> The bus left five minutes <u>behind schedule</u>.
> バスは<u>予定より</u> 5 <u>分遅れて</u>出発した。

632 on　　　　　　　　　　　　　　　　　　　　　標準

解説 look down on ～　「～を見下す」

この on は「上からの圧力」を表すので、look down on は、「(成績や身分などに関して、上の者が下にいる者を)見下す」という意味です。類似表現の despise ～「～を軽蔑する」は、「(下の者が上の者を)軽蔑する」ことも十分にありうるので、look down on ～とは使われる場面が異なります。なお、反 の look up to ～「～を尊敬する」は、respect に比べるとあまり使われません。

> Some city dwellers <u>look down on</u> people in the country.
> 都会に住む人々には田舎の人を<u>見下す</u>人もいる。

Lesson 32

633 with 〔標準〕

解説 do away with ～ 「(規則・法律・制度など)を廃止する」

この with は deal with ～「～を扱う」(→**553**)、part with ～「～を手放す」(→**654**)などの with と同じく、「処理の対象」を表し、直訳すると「遠くで(away)処理を(with)する(do)」→「廃止する」となります。～には例えば the death penalty「死刑」、weapons of mass destruction「大量破壊兵器」などが置かれます。abolish とほぼ同じ意味です。

> I hear that school is going to do away with student uniforms.
> あの学校では制服を廃止するそうだ。

634 on 〔標準〕

解説 keep an eye on ～ 「(かばん、子どもなど)を見張る」

on の基本的なイメージは「接触」なので、直訳すると「～に目(an eye)をつけた(on)状態を保つ(keep)」→「～を見張る」となります。
この an eye は「1つの目」ではなく、「見ること」を表しており、単数で使われます。
ただし、同じ意味の keep *one*'s eye(s) on ～「～を見張る」の場合は複数でも使われます。
参 can't take *one*'s eyes off ～「～から目が離せない」

> Would you mind keeping an eye on my luggage for a while?
> しばらくの間、私の荷物を見ておいてもらえませんか。

635 for 〔標準〕

解説 mistake A for B 「AをBと間違える」

この for は「交換」を表します。動詞の mistake は普通「ミスをする」という意味では使いません。mis-[間違って]＋take[取る]から「思い違いをする、間違える」という意味となります。
「ミスをする」は通例、make a mistake で表現します。
例 I made a mistake on that question. 「あの問題でミスをした」

> I was often mistaken for my brother when we were young.
> 若いときは、よく兄と間違えられた。

636 of 〔標準〕

解説 (just) out of (curiosity) 「(好奇心)から」

out of ＋「感情、心持ちを示す名詞」で「(感情などが)心の中から外へ」→「(感情など)から」の意味になります。なお curious と curiosity のつづりの違いに注意しましょう。
類例 out of kindness「親切心から、老婆心から」、out of necessity「必要に迫られて」、out of mischief「いたずら心で」

> The other day I went into the new bookstore, just out of curiosity.
> 先日、ちょっとした好奇心からその新しい本屋に入ってみた。

Lesson 32

637 on（まれだが over も可能） 〈基本〉

解説 ▶ **talk on the phone** 「電話で話す」

この on は「接触」→「継続」に意味が発展したものです。直訳すると「電話(the phone)をかけた状態で(on)話す(talk)」→「電話で話す」になります。なお、by phone「電話で」という表現もあります。

> Talking on the phone while driving can cause a traffic accident.
> 運転中の通話は交通事故につながりかねない。

638 in 〈標準〉

解説 ▶ **〜 in diameter** 「直径〜」

ここでの in は「場所（〜の中に）」→「〜において」を意味し、**直訳すると「直径(diameter)において(in)」→「直径〜」となります**。two meters high「高さ2メートル」や fifty centimeters deep「奥行き(深さ)50センチ」などは〈数字＋(形容詞)〉の形で表現されますが、diameter は形容詞形にならないので、その形はとらず、〜 in diameter で表現します。また、同様の in を使った表現には、This is twenty feet **in depth**.「これは深さが20フィートです」などがあります。
參 a circle with a radius of ten centimeters「半径10センチの円」

> Find the circumference of a circle ten centimeters in diameter.
> 直径10センチの円の円周を求めなさい。

639 on 〈標準〉

解説 ▶ **play a trick on 〜** 「〜にいたずらをする」

「（笑わせることを目的に）いたずらをする」という意味です。**この on は「上からの圧力」を表します**。參 look down on 〜（→ 632）
參 a mischievous child「いたずら好きな子ども」、a practical joke「悪ふざけ」、play a dirty trick「汚い手を使う」

> I thought Rachel was playing a trick on me.
> 私は、レイチェルは私に悪ふざけしているのだと思った。

640 in 〈標準〉

解説 ▶ **in great demand** 「需要が高い」

ここでの in は「状態」を表すので、**直訳すると「高い需要(great demand)の状態で(in)」→「需要が高い」となります**。設問文は There will be a greater demand for oil in China than before. とも言うことができます。なお、日本語では「需要と供給」と表現しますが、英語では[×] demand and supply とは言わず、[○] supply and demand と表現するので注意しましょう。

> Oil will be in greater demand in China than before.
> 中国では以前より石油の需要が高まるだろう。

Lesson 33 前置詞を用いた表現を理解しよう(6)

641 for　　　標準

解説　**account for ～**　「(割合)を占める」

account は count「数える」から派生した単語です。この for は「方向性」を表すので、account for ～は**「数えた(account)結果～に(for)向かう」→「～を占める」**というイメージです。統計を述べた英文では頻繁に用いられる表現です。なお、「説明する」という意味でも使います。
例 There is no **accounting for** taste.「たで食う虫も好き好き」(→788)

> Bicycle collisions account for about twenty percent of all traffic accidents.
> 自転車の衝突事故は、すべての交通事故の約 20% を占めている。

642 of　　　標準

解説　**regardless of ～**　「～とは関係なく」

regard ～のもとの意味は「～を見る」で、-less は「否定」、of は「形容詞が表す内容の対象」を示す働きです。よって、**直訳すると「～を(of)見ない(regardless)で」→「～とは関係なく」**となります。regardless of の後ろには age「年齢」、religion「宗教」、nationality「国籍」などの名詞が〈one's＋名詞〉の形で置かれるほか、疑問詞節や whether 節なども置かれます。
例 **regardless of** whether the system is used or not「そのシステムの使用の有無にかかわらず」

> Everyone is welcome, regardless of age or sex.
> 年齢、性別に関係なく、だれでも歓迎します。

643 into　　　標準

解説　**come into existence[being]**　「(国や組織、生命などが)生まれる、誕生する」

この into は「変化の結果」を表す前置詞です。直訳すると「存在(existence)の状態へ(into)来る(come)」→「生まれる」となります。簡単な英語に言い換えると、be born や start to exist となります。　例 Darwin's theory of evolution explains how different species **came into being**.「ダーウィンの進化論はさまざまな種がどのように誕生したかを説明している」

> The Republic of South Africa came into existence in 1961.
> 南アフリカ共和国は 1961 年に誕生した。

644 but　　　標準

解説　**anything but ～**　「～では決してない、～からはほど遠い」

口語的な表現です。前置詞の but は「～以外に」という意味なので、**直訳すると「～以外の(but)何でも(anything)だ」→「～では決してない」**となります。～には形容詞や名詞が置かれます。Joe is anything but a gentleman. なら「ジョーは紳士以外の何でもだ」→「ジョーは紳士では決してない」という意味です。　参 nothing but ～(→218)

> Our trip to Izu was anything but pleasant. It rained every day.
> 伊豆への旅は快適からはほど遠いものだった。毎日雨が降った。

Lesson 33

645 but　　標準

解説 **all but**　「ほとんど」

直訳すると「～以外の(but)すべて(all)」です。All but Tom came here. は「トム以外のすべての人がここに来た」です。これが「(トム以外の人→)ほとんどの人がここに来た」となり、ここから all but が almost と同じような意味になったと考えるとよいでしょう。現在では、設問文のように、動詞や形容詞の前に all but が置かれることもあります。

> The movie theater was **all but** empty.
> 映画館はガラガラだった（←ほとんど空っぽだった）。

646 by　　基本

解説 **little by little**　「少しずつ」

by は「差」を表します。
類例 step by step「1歩ずつ、順序よく」、day by day「1日ずつ、日に日に」
例 Our class increased **by** one to twenty-one.「私たちのクラスは1人増えて、21人になった」

> The price of gas is going up **little by little**.
> ガソリンの値段が少しずつ上がっている。

647 for　　標準

解説 **except for ～**　「～を除いて、～以外に」

except for ～ と except ～ の違いに注意しましょう。前置詞の except ～「～を除いて」は、主に文中に～に対応する名詞が存在する場合に用いられます。例えば、Everyone is here except Tom.「トム以外はみんなここにいる」という文では Everyone と Tom が対応しています。一方、except for ～「～を除いて、～以外に」は、設問文のように～に対応する名詞がない場合に使われます。設問文では、its white legs と対応するものが文中にないため、except for が使われています。ただし、except ～ と except for ～ が区別なく使われる場合もあるので、注意しましょう。

> Lina's dog is brown all over **except for** its white legs.
> リナの犬は白い足を除けば全身茶色です。

648 Beside　　標準

解説 **beside *one*self（with ～）**　「（激しい感情で）我を忘れて」

直訳すると「～を持って(with)自分(*one*self)のそばに(beside)いる」→「～で我を忘れて」となります。「（怒りなどのため）自分の精神が体から離れて、自分のそばで浮遊している」イメージです。～には excitement「興奮」や、joy「喜び」など激しい感情が置かれます。

> **Beside himself with** jealousy, Jerry couldn't sleep last night.
> しっと心に我を忘れて、ジェリーは昨晩眠れなかった。

Lesson 33

649 beyond 〔標準〕

解説 beyond *one*'s understanding 「(まったく)理解できない」

beyond ~ は「(位置、時間、範囲)をはるかに超えて」という意味なので、**直訳すると、「私が理解できるレベル(*one*'s understanding)を(はるかに)超えて(beyond)」→「(まったく)理解できない」**となります。beyond me, beyond my power, beyond my comprehension なども同様に「(まったく)理解できない」の意味を表します。また、beyond を用いた表現には、beyond repair「とても修理できない」、beyond description「言葉にならない」などもあります。

> The lecture in Greek was beyond my understanding.
> そのギリシャ語での講義は私にはさっぱりわからなかった。

650 on 〔標準〕

解説 be based on ~ 「~に基づいている」

この on は「基盤」→「根拠」を表します。日本語では「~がベースになっている」と、名詞「ベース」を用いた言い方をしますが、英語では形容詞の based「基づいて」を用いることに注意しましょう。

> My calculations are based on the assumption.
> 私の計算はその仮定に基づいている。

651 in 〔標準〕

解説 be rich[abundant] in ~ 「~に富む」

この in は「範囲」を表し、**直訳すると「~において(in)富んで(rich)いる」→「~に富む」**となります。　例 Canada **is rich in** natural resources.「カナダは天然資源が豊かだ」
なお、反 は be poor in ~「~に乏しい」です。(→ p.136 コラム②)
例 Japan is a country **poor in** natural resources.「日本は天然資源に乏しい国だ」

> *Natto* is very rich in nutrients and good for your health.
> 納豆はとても栄養が豊富で、健康によい。

652 for 〔標準〕

解説 bound for ~ 「~行きで」

電車や飛行機に対して「~行きで」という場合は「方向」を表す for を用います。
be bound for ~「~のほうへ縛られている」がもとの意味で、the train bound for Nagoya なら「名古屋のほうへ(for)縛られている(bound)電車」→「名古屋行きの電車」となります。
なお、bound を省略した形も可能ですが、その場合には for と to のいずれも可能です。
例 Flight 747 **for**[**to**] Hamburg「ハンブルグ行きの747便」

> This is the gate for Flight 557 bound for Singapore at 5:00 p.m.
> こちらは午後5時発シンガポール行きの557便のゲートです。

Lesson 33

653 by 〔標準〕

解説 by the hour 「時間単位で」

この by は「単位」を表します。the は種類全体をひとまとめにして、「〜というもの」と「総称」にする働きがあるので、the hour で「1時間(60分)というもの」の意味になります。よって、**直訳すると「時間というもの(the hour)を単位として(by)」→「時間単位で」**になります。
類例 At the shop they sell eggs by the dozen. 「その店では卵を1ダース単位で販売している」

> We get paid by the hour.
> 私たちは時間給です。

654 with 〔標準〕

解説 part with 〜 「〜を手放す」

この with は「処理の対象」を表し、part は「別れる」という意味なので、**直訳すると「〜を処理して(with)別れる(part)」→「〜を手放す」**となります。「自分の大切な所有物を他人に譲る」ときに使います。「不要な物を処分する」なら get rid of 〜です(→**157**)。なお、part from (人)「(人)と別れる」もいっしょに覚えておきましょう。
例 Nancy has **parted from** her boyfriend. 「ナンシーはボーイフレンドと別れた」

> I don't want to part with any of my precious books.
> 私の貴重な本のどれひとつとして手放したくない。

655 through 〔標準〕

解説 go through 〜 「(困難、苦労、手術など)を経験する」

この表現は「マイナスの経験」に対して使うのが普通です。直訳すると「〜を通り抜ける」です。
例 We **went through** the forest. 「我々は森を通り抜けた」
直訳から発展して、**「〜を通り抜ける」→「〜を経験する」**となります。
参 get through 〜「〜をやり遂げる」、be through with 〜「〜を終えている」(→**495**)

> I hope I never have to go through such an experience again.
> 2度とあんな経験をしたくない。

656 in 〔標準〕

解説 in person 「(代理や手紙ではなく)本人自ら」

この in は「形状」を表し、**直訳すると、「人間(person)の形で(in)」→「本人自ら」**となります。person の前に冠詞はつかないので注意しましょう。**反** は in place of 〜 / on[in] behalf of 〜「〜の代わりに」(→**322**)などです。(→ p.157 コラム③)

> The fans came to the theater to meet the actor in person.
> ファンの人たちはその俳優本人に直接会うために劇場へ来た。

657 into

解説 talk（人）into ~ 「（人）を説得して~させる」

into は「~の中に」という意味なので、**直訳すると「（人）と話して(talk)~という状況の中に(into)入れる」→「（人）を説得して~させる」**となります。persuade（人）to (V)「（人）を説得してVさせる」もほぼ同じ意味ですが、talk（人）into ~ は主に「やりたくないと思っている人」を対象とします。talk は通例、自動詞ですが、この表現では他動詞として使われます。
なお、反は talk（人）out of ~「（人）を説得して~するのをやめさせる」です。
例 I **talked** Keiko **out of** quitting her job.「私はケイコを説得して、退職するのをやめさせた」

> I didn't really want to go to the horse races, but Jack talked me into it.
> 本当は競馬には行きたくなかったけど、ジャックに説得されたんだ。

658 off

解説 keep off ~ 「~に入らない」

この off は「~から離れて」の意味の前置詞で、この表現は keep *one*self off ~「自ら(*one*self)を~から離れた(off)所に保つ(keep)」→「~に入らない」から *one*self が省略された形と考えるとわかりやすいでしょう。~には the grass「芝生」のほかに the premises「構内」や、the religious issue「宗教に関する問題」なども置かれます。

> Didn't you see the sign warning you to keep off the grass?
> 芝生に入らないように警告する表示が目に入らなかったのですか。

659 on

解説 on strike 「ストライキ中」

ここでの on は「継続」を表すので、**直訳すると「ストライキ(strike)のままで(on)」→「ストライキ中」**となります。アメリカ英語では on a strike となることもあります。なお、be on strike なら「ストライキ中で」で、go on strike なら「ストライキに突入する」、The strike was called off. なら「ストライキが解除された（中止になった）」（参 call off → 540）となります。

> The employees went on strike for higher wages.
> 社員は昇給を求めてストに突入した。

660 around

解説 show（人）around ~ 「（人）に~を案内する」

around ~ は①「~の周りを」と②「~の中をあちこち」という意味を持つ前置詞（→ 240）で、この表現は後者の意味です。**直訳すると「（人）に~の中をあちこち(around)見せる(show)」→「（人）に~を案内する」**となります。「（人）といっしょについて回る」イメージです。

> During my stay, Mike showed me around the city.
> 私の滞在中、マイクは街を案内してくれた。

Lesson 34 前置詞を用いた表現を理解しよう(7)

661 behind 〔基本〕

解説 behind *one*'s back 「〜の陰で、〜のいないところで」

直訳すると「〜の背中(back)の後ろで(behind)」→「〜の陰で、〜のいないところで」となります。say bad things about 〜 behind *one*'s back(s)は「陰で〜の悪口を言う」という意味です。

> Sally agrees with her boss to his face, but criticizes him behind his back.
> サリーは上司の前では同意するが、陰で批判している。

662 for 〔標準〕

解説 for *one*'s age 「年の割には」

ここでの for は「交換」を表し、「**年齢(*one*'s age)と引き換えに(for)、(考えてみると)**」→「**年の割には**」と考えればよいでしょう。
なお、比較級(younger)を用いる場合、[×]She looks younger for her age. とは言わず、[○]She looks younger than she really is.「彼女は実際(の年齢)よりも若く見える」とします。

> Grace is in her forties, but she looks young for her age.
> グレイスは40代だが、年の割には若く見える。

663 of 〔標準〕

解説 out of place 「(人、物が)場違いで」

直訳すると「**本来の場所(place)から外れて(out of)**」→「**場違いで**」となります。「(何かほかと違うため)その場の雰囲気から浮いてしまっている」状態で、inappropriate「不適切な」と似た意味の表現です。　参 out of order「故障中だ」(→383)、out of date「時代遅れだ」(→496)

> I felt slightly out of place at the formal party.
> 正式なパーティーで私は少し場違いな感じがした。

664 To 〔標準〕

解説 to *one*'s ＋(感情を示す動詞の名詞形) 「〜が…したことに」

ここでの to は「結果」を表し、**直訳すると「結果として(to)…(の感情)になって」**です。
例 to my (great) surprise「私が(とても)驚いたことに」、to my (great) disappointment「(ひどく)がっかりしたことに」〈to the ＋(感情を示す動詞の名詞形)＋ of (人)〉の形で使うこともあります。　例 to the surprise of the teachers「先生たちが驚いたことに」

> To my regret, I failed to visit Niagara Falls.
> 残念ながら、ナイアガラの滝には行けなかった。

Lesson 34

665 in 〔標準〕

解説 名詞＋in question 「問題となっている～」「当該の～」

ここでの in は「状態」を表し、**直訳すると「問題(question)となっている状態(in)～」**です。
例 the person **in question**「問題となっている当人」、the matter **in question**「係争中の問題」

> The money **in question** doesn't belong to you.
> 問題となっているお金は君のものではない。

---

666 of 〔標準〕

解説 approve of ～ 「～を承認する」

ここでの of は「～に関して」の意味で、「～に関して同意する、よいと認める」という意味です。
堅い文では approve ～ 「～を承認する、認可する」という他動詞で使います。
例 The medicine has not been **approved** yet.「その薬はまだ認可されていない」

> My father never **approved of** my studying abroad.
> 父は私が留学することに決して賛成しなかった。

---

667 among 〔基本〕

解説 S is among ～ 「S は～の1つだ」

among ～ は「（3つ以上の要素）の中に」が基本的な意味ですが、S is among ～ は、**S is one of ～「S は～の1つだ」**と同じ意味で使うことができます。
また、同じ意味で amongst という前置詞もありますが、使われる頻度は低いです。

> Osaka **is among** the largest cities in Japan.
> 大阪は日本最大の都市の1つである。

---

668 in 〔基本〕

解説 in public 「人前で」

本来、public は形容詞で「公の」という意味です。　例 **public** transportation「公共交通機関」
よって、in public は本来は in public places「公の場所の中で」→「人前で」から places が省略された形だと考えられます。反は in private「内密に」です。（→ p.157 コラム③）
類例 in general (situations)「一般の状況では」→「一般に、（名詞の後で）一般の」

> Michelle is so shy. She rarely speaks **in public**.
> ミッシェルは内気だ。人前ではまず話さない。

Lesson 34

669 to 〔やや難〕

解説 turn to ~ (for ...) 「(…を求めて)~に頼る」

turn oneself to ~「自ら(oneself)を~のほう(to)へ回す(turn)」→「~のほうを向く」→「~に頼る」から oneself が省略された形だと考えるとわかりやすいでしょう。「(人が助け〔慰め、同情〕を求めて)頼る」という意味です。

> Eventually Karen turned to an organization that helps poor people.
> 最終的に、カレンは貧しい人を助ける組織に頼った。

670 to 〔標準〕

解説 a clue to ~ 「~の手がかり」

to の基本的なイメージは「到達点」なので、「~へ至る(to)手がかり(clue)」→「~の手がかり」となります。「~への手がかり」と考え、to を使うことに注意しましょう。
類例 a key to my apartment「アパートのかぎ」、a solution to the problem「その問題の解決(策)」

> Unexplained weight loss may be a clue to a health problem.
> 原因不明の体重減は健康問題の手がかりかもしれない。

671 for 〔標準〕

解説 run for ~ 「~に立候補する」

主にアメリカ英語で用いられます。ここでの for は「~を求めて」を表し、**直訳すると**「~を求めて(for)走る(run)」→「~に立候補する」となります。イギリス英語では普通 stand for ~(→242)が使われます。設問文でも用いられている run for office「選挙に出る」という表現もいっしょに覚えておきましょう。~にはほかに、president「大統領」、the city council「市議会」、student council president「生徒会の会長」などが置かれます。

> Daniel is considering running for office next year.
> ダニエルは来年の選挙に立候補することを考えている。

672 on 〔標準〕

解説 put ~ on display 「~を展示する」

ここでの on は on duty「勤務中で」(→211)などと同じく、「継続」を表します。**直訳すると**「~を展示(display)されている状態(on)に置く(put)」→「~を展示する」となります。
なお、display は名詞も動詞も同じ形で、アクセントはともに -a- の位置にあります([dɪspléɪ])。

> Some vegetables are being put on display.
> 野菜が並べられているところだ。

Lesson 34

673 on 　　　　　　　　　　　　　　　　　　　　　　　標準

解説 （ある特別な日）fall on a（曜日）「～は…（曜日）にあたる」

「（記念日など）が（曜日）に（on）落ちてくる（fall）」といったイメージです。
例 Christmas **falls on** a Sunday this year.「今年はクリスマスが日曜日だ」
また、「（単語の強勢の位置が）…にある」という場合にも使えます。　例 The accent of the word "biology" **falls on** the second syllable.「"biology" という語のアクセントは第 2 音節だ」

> My birthday falls on a Friday this year.
> 私の誕生日は今年は（金曜日にあたる→）金曜日だ。

674 from 　　　　　　　　　　　　　　　　　　　　　標準

解説 distinguish A from B 「(A を中心に考えて)A を B と区別する」

この from は「遠ざける」イメージで、**直訳すると「A を B から遠ざけて(from)区別する(distinguish)」→「A を B と区別する」となります**。can tell ～「～がわかる」を用いた can tell A from B も同じ意味ですが、こちらは否定文もしくは疑問文で使われることが多く、また口語的な表現という点で異なります。(→ p.136 コラム②)
例 Can you **tell** Japanese rice **from** American rice?「日本の米とアメリカの米を区別できますか」

> Infants soon learn to distinguish their mother's face from other adults' faces.
> 幼児は母親の顔とほかの大人の顔をすぐに区別できるようになる。

675 from 　　　　　　　　　　　　　　　　　　　　　標準

解説 discourage A from (V)ing 「A が V するのを思い止まらせる」

この from も 674 と同じく「遠ざける」イメージで、**直訳すると「A を V することから遠ざけて(from)あきらめさせる(discourage)」→「A が V するのを思い止まらせる」となります**。
反 は encourage「励ます」を用いた encourage O to (V)「O に V するよう促す」です。

> Higher cigarette prices tend to discourage people from smoking.
> タバコ価格の上昇が人々に喫煙を思い止まらせる傾向がある。

676 of 　　　　　　　　　　　　　　　　　　　　　　標準

解説 clear A of B 「A から B を取り除く」

この of は deprive（人）of ～（→ 172）、rob（人）of ～（→ 367）と同じく「～から離れて」の意味です。**直訳すると「A を片づけて(clear)B から離れさせる(of)」→「A から B を取り除く」となります**。clear B from A の形も可能です。　例 We **cleared** the street **of** snow. ≒ We **cleared** snow **from** the street.（前者は snow に重点があり、後者は street に重点があります）
参 cure（人）of（病気）「（人）から病気を治す」→「（人）の病気を治す」も同じ形です。

> Most of the major roads have been cleared of snow.
> 主要な道路の大半は（雪を取り除かれた→）除雪された。

Lesson 34

677 for 〈標準〉

解説 substitute A for B 「Bの代わりにAを用いる」

ここでの for は「交換」を表します。
自動詞としても使えます。　例 I'll **substitute for** him.「私が彼の代役をやります」
substitute は名詞も同じ形です。　例 a **substitute for** sugar「砂糖の代用品」
また、形容詞としても使えます。　例 a **substitute** holiday「振り替え休日」、a **substitute** teacher「代用教員」、a **substitute** player「補欠選手」

> The recipe says that you can <u>substitute</u> margarine <u>for</u> butter.
> レシピには、バターの代わりにマーガリンを使っても可と書いてある。

678 on 〈やや難〉

解説 blame ～ on (人)「(ミス、責任など)を(人)に押しつける」

ここでの on は「方向性」+「上からの圧力」を表します。「理由」を表す for を用いた表現 blame (人) for ～「～を(人)の責任だとする」とは区別しましょう。同じ意味の on を用いた表現には、impose[force] A on B「AをBに押しつける」(→**693**)などがあります。

> David has no shame, <u>blaming</u> his own mistakes <u>on</u> his little brother.
> 自分のミスを弟に押しつけるなんてデイビッドは恥知らずなやつだ。

679 for 〈標準〉

解説 make for ～ ①「(方向を示して足早に)～に向かう」②「～に貢献する」

①は head for ～「～に向かう」(→**252**)と同じ意味です。make *one*'s way for ～「～に向かって道を作る」→「～に向かって進む」から *one*'s way が省略された形だと考えればよいでしょう。
例 As I **made for** the door, I slipped and fell.「ドアに向かうとき、滑って転んだ」
②は「～に向かって進む」→「～に貢献する、～を生み出す」と意味が発展します。

> I believe that this discovery will <u>make for</u> a better world.
> この発見が世界をよりよくすることに貢献すると信じている。

680 at 〈基本〉

解説 be at *one*'s best 「最高の状態で」

山の頂上のように最上級も「点」のイメージがあるため、「最高の状態で」は「点」を示す at を用いると考えればよいでしょう。類似表現に at the height of ～「～の絶頂にあって」があります。
例 Paul is **at the height of** his powers now.「ポールは今働き盛りだ(←力の絶頂期だ)」
類例 at most「最大の点で」→「せいぜい」、at least「最小の点で」→「少なくとも」、at the latest「一番遅くで」→「遅くとも」(→**446**)(→ p.136 コラム②)

> The cherry blossoms here are <u>at their best</u> in late March.
> ここの桜は3月の下旬が<u>一番の見ごろ[最高の状態]</u>です。

Lesson 35 前置詞を用いた表現を理解しよう (8)

681 on 〈標準〉

解説 call on A to (V) 「A に V するように求める」

on の基本イメージは「接触」なので、**直訳は「A にくっついて(on) V するように叫ぶ(call)」** → 「A に V するように求める」となります。英字新聞でよく見られるやや堅い表現です。口語的な表現では ask A to (V)「A に V するように頼む」となります。
例 I **asked** Jim **to** open the door.「私はジムにドアを開けるように頼んだ」
なお、call on (人)「(短時間の間)(人)を訪れる」(→180) という表現もあります。

> Milton <u>was called on to</u> testify in court.
> ミルトンは法廷で証言するように求められた。

682 with 〈標準〉

解説 cope with 〜 「(問題など)に(うまく)対処する」

ここでの with は「処理の対象」を表します。単に「扱う」だけでなく、**deal successfully with 〜「〜をうまく処理する」と同じ意味です。**参 deal with 〜 (→553)
しばしば、「(対処するのが)困難だ」という否定的な文脈で使われます。

> We were finding it hard to <u>cope with</u> his antisocial behavior.
> 彼の反社会的な行動に対処するのが難しくなっていった。

683 on[upon] 〈標準〉

解説 look on O as C 「O を C とみなす」

look on 〜 は「〜にくっついて(on) 見る(look)」→「〜を傍観する」という意味です。この as は前置詞で「〜として」の意味なので、look on O as C を**直訳すると「O を C であるものとして傍観する」→「O を C とみなす」となります。**regard O as C / think of O as C などと同じ意味です。

> My parents <u>look on</u> watching TV <u>as</u> a waste of time.
> 両親はテレビを見ることを時間の無駄だと思っている。

684 with 〈やや難〉

解説 make do with 〜 「〜で済ませる」

この with は「処理の対象」を表し、make *one*self do with 〜「自らが〜を処理する[済ませる]のを強制する」から *one*self が省略された形だと考えましょう。「(どうしようもないから)〜で済ます」という意味です。
例 Let's **make do with** leftovers for dinner.「夕食は残り物で済ませようね」

> John will be late, so we'll just have to <u>make do with</u> ten players.
> ジョンは遅刻だ。10人の選手で間に合わせるしかない。

Lesson 35

685 for 〔標準〕

解説 A call for B 「A には B が必要だ」

ここでの for は「〜を求めて」の意味なので、**直訳すると「B を求めて (for) 叫ぶ (call)」→「B を必要とする」**となります。基本的には A require B「A は B を必要とする」と同じ意味ですが、A には「困難なこと」、B には「(解決に必要な) 資質や行動」が置かれることが多い表現です。

> The construction of the library calls for a lot of money.
> 図書館の建設には多くのお金が必要だ。

686 on 〔標準〕

解説 work on 〜 「〜に取り組む」

この on は「接触」→「(気持ちが) 〜にくっついている」→「意識の集中」に意味が発展したものです。「〜に意識を集中して (on) 働く (work)」→「〜に取り組む」というイメージです。〜にはプロジェクトや問題など、「達成」「解決」するものや、「作成」「修理」するものなどが置かれます。
例 My father was **working on** his car.「父は車と格闘 (を修理) していた」

> My father has been working on dam projects in Africa recently.
> 父は最近、アフリカでダムのプロジェクトに取り組んでいる。

687 by 〔標準〕

解説 take (人) by surprise 「(人) を驚かせる」

ここでの by は「〜のそばに」から発展して「媒介」を表すので、**直訳すると「驚き (surprise) を介して (by)、(人) をつかむ (take)」→「(人) を驚かせる」**となります。「(予期せぬことで)、(人) を驚かせる」といった状況で使われることが多い表現です。類例 take (人) by the arm「腕を (介して)、(人) をつかむ」

> His sudden retirement took everyone by surprise.
> 彼の突然の引退は皆を驚かせた。

688 For 〔標準〕

解説 for all 〜 「〜にもかかわらず」

ここでの for は for one's age「年の割には」(→662) と同じく、「交換」から発展した「〜の割には」という意味で、**直訳すると「あれほどの (all) 〜の割には (for)」→「〜にもかかわらず」**となります。なお、S may [can] V for all I care で「私が気にかけるにもかかわらず S は V する」→「S が V しようが私の知ったことではない」という意味です。
例 Helen may fail **for all** I care.「ヘレンが失敗しようと私の知ったことではない」

> For all his faults, Billy is a kind man.
> いろいろと欠点があるけれど、ビリーは心の優しい奴だ。

Lesson 35

689 out 　　　　　　　　　　　　　　　　　　　　　　　　　　標準

解説 **out of the question** 「論外で、まったく不可能で」

直訳すると「(是非を尋ねる)問いかけ(the question)の外にある(out of)」→「論外で」となります。
例 Going out in this storm is **out of the question**.「この嵐の中、外出するなんて不可能だ」

> Leaving a country without a passport is <u>out of the question</u>.
> パスポートを持たずに出国するなんて論外だ。

690 for 　　　　　　　　　　　　　　　　　　　　　　　　　　標準

解説 **change for the better** 「((主に肯定文で)状態や事態が)好転する」

この for は「方向」を表します。the は、「the ＋形容詞」で「〜なもの[こと]」という意味です。
例 the unknown「未知なるもの」　the better で「今よりよい状態」となります。よって、**直訳**すると「今よりよい状態(the better)の方向に(for)変化する(change)」→「好転する」となります。反は change for the worse「悪い方向へ向かう」です。

> Fortunately, the situation <u>is changing for the better</u>.
> 幸運にも、事態は好転している。

691 to 　　　　　　　　　　　　　　　　　　　　　　　　　　標準

解説 **live up to 〜** 「〜に添って生きる、〜にこたえる」

この up は to を強調する働きなので、up to 〜は「まさに(up)〜に至って(to)」となり、**live up to 〜**は「まさに〜に至って生きる」→「〜に添って生きる」です。
〜には one's expectations「期待」、one's belief「信念」、one's potential「可能性」、one's principle(s)「信念」などが置かれます。
例 It is hard to **live up to** my parents' expectations.「親の期待にこたえるのは難しい」

> Martin <u>lived up to</u> his reputation and arrived late.
> マーティンは噂どおり(←評判にたがわず)、遅れて到着した。

692 with 　　　　　　　　　　　　　　　　　　　　　　　　　標準

解説 **with 〜 on** 「(ガス、水道、電気など)をつけたまま」

この with は「付帯状況」の with で、on は「接触」→「スイッチが入った状態」を表す副詞です。(→461)
例 The TV is **on**.「テレビがついている」　よって、**直訳**すると「〜がスイッチの入った(on)状態で(with)」→「〜をつけたまま」となります。
類 Kate always studies with Mozart playing in the background.「ケイトはいつも(モーツァルトが背景で演奏されている状態で→)モーツァルトを BGM にかけて勉強している」

> As I was tired yesterday, I fell asleep <u>with the light on</u> in my room.
> 昨日は疲れていたので、部屋の電気をつけたまま寝てしまった。

Lesson 35

693 on[upon] 〈標準〉

解説 force ～ on (人)　「(意見、考えなど)を(人)に押しつける」

ここでの on は「上からの圧力」を表し、force ～ on (人)で**「(意見、考えなど)を上からぐっと押しつける」**イメージです。impose ～ on (人)「(人)に～を押しつける」は、taxes「税金」、a ban「禁止」、a duty「義務」、economic sanctions「経済制裁」といったものを「押しつける」ときに使うので区別しましょう。

> I don't want to force my opinion on you.
> 自分の考えを君に押しつける気はない。

694 by 〈標準〉

解説 come by ～　「(珍しいもの、入手困難なもの)を手に入れる」

by の基本的な意味は「～のそばに」なので、**直訳すると「～のそばに(by)来る(come)」→「～を手に入れる」**となります。入手が困難なものに用います。(→ p.115 コラム①)
主に①How did you come by ～?「どうやって～を手に入れたのですか」② ～ is difficult[hard] to come by.「～を手に入れるのは難しい」の２つで用いられます。なお、come by は「立ち寄る」という意味で使われることもあります。　**例** Next time you are in the neighborhood, please come by and see us.「今度お近くにいらしたときには、どうぞお立ち寄りください」

> How did you come by that beautiful picture on the wall?
> 壁にかけてあるあの美しい絵をどうやって手に入れたの？

695 with 〈基本〉

解説 with (＋冠詞) ＋(物)　「～で」

「～で」と道具を表す場合、実際に手に持って使う具体的な道具には、with を用います。**例** with a hammer「金づちで」、with a pen「ペンで」、with soap「石けんで」　道具以外にも with one's eyes「肉眼で」、with one's hands「自分の手で」などでも使います。なお、in ink「インクで」、through[under] a microscope「顕微鏡で」などの with を用いない表現にも注意しましょう。

> As we had no chopsticks, we tried eating our noodles with a fork.
> おはしがなかったのでうどんをフォークで食べてみた。

696 in 〈標準〉

解説 be absorbed in ～　「～に熱中する」

直訳すると「～の中に(in)(気持ちが)吸収されている(absorbed)」→「～に熱中している」となります。この表現は「一時的に熱中している」の意味で、「いつも熱中している」の意味ではないことに注意しましょう。「継続的に熱中している」は be (really) into ～(→ **399**)で表現します。

> Judith was so absorbed in her book that she didn't notice me.
> ジュディスは本に熱中していて私に気がつかなかった。

Lesson 35

697 to 　標準

解説 **add to ～**　「～を増やす、～を加える」

A add *one*self to ～「A が～に(to)自ら(*one*self)を加える(add)」」→「A の結果～が増える」→「A が～を増やす」から *one*self が省略された形だと考えましょう。「(感情や性質を)さらに強いものにする、より目立つものにする」という文脈で使います。increase ～のほうが使用範囲は広いです。　例 This musical will no doubt **add to** their good reputation.「このミュージカルは間違いなく彼らの評判を上げるだろう」　add A to B「A を B に加える」と混同しないように注意しましょう。　例 **Add** five **to** seven.「7 に 5 を加えなさい」

> Peter's magic tricks <u>added to</u> the fun of the end-of-year party.
> ピーターの手品が忘年会に興<u>を添えた</u>[加えた]。

698 about 　やや難

解説 **set about ～**　「(やっかいな仕事)に取りかかる」

set *one*self about ～「～の周りに(about)自ら(*one*self)を置く(set)」→「～に取りかかる」から *one*self が省略された形だと考えましょう。「(気合いを入れて、「さあやるぞ！」という感じで)仕事を始める」という意味です。

> In 2010, we <u>set about</u> the task with a great deal of energy.
> 2010 年に、私たちはかなりの精力を注ぎ、その仕事に<u>取りかかった</u>。

699 for 　標準

解説 **do not care for ～**　「～は苦手である」

for は「方向」を表すので、直訳すると「～のほうには(for)気が向かない(don't care)」→「～は苦手だ」となります。人から何か食べ物を勧められたときに「これ嫌い」というのは子どもっぽいので、やや遠回しにこの表現を用います。普通、否定文か疑問文で用います。

> Sorry, I <u>don't care for</u> cucumbers much.
> すみません。キュウリは<u>苦手</u>なんです。

700 of 　標準

解説 **go out of business**　「倒産する」

この go は「悪い状態への変化」を表します。例 **go** bad「腐る」　直訳すると「仕事(business)から外に出て(out of)しまう(go)」→「倒産する」となります。類似表現の go bankrupt「破産する」は、「組織」だけではなく「個人」も主語にすることができます。　例 Norton has **gone bankrupt** due to gambling.「ノートンはギャンブルが原因で破産した」　参 due to(→776)

> Mike's restaurant <u>went out of business</u> due to his careless management.
> マイクのレストランは彼の放漫な経営が原因で<u>倒産した</u>。

[コラム⑧] 昔のなごりがある熟語

1．without fail「必ず」の歴史

　日本では昔「分、寸、尺」という単位が使われていました。メートル法に変更された後でも「一寸の虫にも五分の魂」とかテレビの業界用語の「尺（放送時間や録画された素材の長さのこと）」などの表現に残っています。英語も同じで、熟語になってしまった場合、たとえ、その単語自体が変化しても、もとの形が熟語として残っていくことがあります。

　たとえば、fail は現在では動詞の用法しかありませんが、もとは名詞と動詞が同形で、その当時にできた熟語が without fail「必ず」(→ **47**) です。その後、fail の名詞形は failure に変化したので、理論上は without failure になるべきなのですが、熟語のほうは昔の形をとどめています。同様に、by virtue of ～「～によって」(→ **743**) は、virtue の意味が「男の持つべき能力＝力」であった時代にできた熟語で、直訳すると「～(の力)によって」です。

2．on foot の foot は単数形？

　「歩いて、徒歩で」は on foot で表現します。しかし、普通、「歩く」ためには「両足」を使うので、本来は on feet と複数形になるはずです。それではなぜ on foot と表現されるのかというと、実はこの foot は単数形の foot ではなく、foot の複数形が前置詞の後ろに置かれたときの昔の形 fotum が変形したものなのです。

　また、Congratulations!「おめでとう」(→ **419**) や、thanks to ～「～のおかげで」(→ **762**) が複数形なのは、もともと意味を強調するために複数形が使われていたからです。このように、単数形や複数形にもいろいろな歴史があるようです。

3．現在進行形のルーツ

　on の基本的なイメージは「接触」です。on time (→ **201**) は「時間にぴったりくっついて(接触して)」→「時間どおりに」となります。また、on は「接触」→「継続」へと意味が発展します。on duty「勤務中で」(→ **211**) はこの「継続」の意味です。on the increase「増加して」、on sale「バーゲン中で」(→ **222**) なども同様です。

　実は、現在進行形も、昔はこのような前置詞 on を伴った be on (V)ing という形でした。この on が省略されて現在の形になったのです。

Lesson 36　名詞・代名詞の意味に注目しよう (5)

701　search　［標準］

解説　**in search of ～**　「～を捜索して、～を探して」

この表現は search for ～「～を捜索する、～を探す」を名詞化したものですが（search は動詞と名詞が同じ形）、**名詞化すると、for の代わりに of を用いるので、注意しましょう**。ただし、in *one*'s search for ～の形をとる場合には for が使われます。　例 Fred has gone on a trip **in his search for** the meaning of life.「フレッドは人生の意味を探しに旅に出た」

> The rescue party went into the mountains **in search of** the missing man.
> その救援隊は行方不明の男性を捜しに山中へ入った。

702　way　［標準］

解説　**push *one*'s way**　「押し分けて進む」

make *one*'s way「自分の道を作る」→「努力をして進む」から派生した表現です。
類例 feel *one*'s way「手探りで進む」、elbow *one*'s way「ひじでかき分けて進む」
参 have [go] *one*'s (own) way「独自の道を行く」→「自分の思いどおりにする」(→730)

> We **pushed our way** through the crowd to the bargain counter.
> 私たちは人混みを押し分けてバーゲン会場にたどり着いた。

703　touch　［標準］

解説　**keep in touch with ～**　「～と連絡を取り合う」

touch は「接触」の意味なので、in touch は「接触の中で」→「連絡(接触)して」となります。よって、keep in touch with ～は**直訳すると「～と(with)連絡している(in touch)状態を保つ(keep)」**→「**連絡を取り合う**」となります。手紙や会話の終わりにあいさつとして Keep in touch.「またね。これからも連絡を取り合おう」という表現をよく用います。
参 get in touch with ～「～と(久しぶりに)連絡を取る」

> I'm going to use email to **keep in touch with** my friends in New Zealand.
> ニュージーランドの友だちと連絡を取り合うために E メールを使うつもりだ。

704　hold　［標準］

解説　**get hold of ～**　「～に連絡を取る」

この hold は名詞で「つかむこと」の意味です。よって「～を(of)つかむこと(hold)を得る(get)」→「～に連絡を取る」となります。また、この表現は「(入手困難なもの)を手に入れる」という意味でも使います。　例 Do you know where I can **get hold of** a ticket?「チケットはどこで手に入るか知っている？」

> I'm trying to **get hold of** Jim. Do you know where he is?
> ジムに連絡してみるよ。どこにいるか知っている？

Lesson 36

705 room　［標準］

解説 **make room for ～**　「～のためにスペースを作る、つめる」

この room は不可算名詞で「余地、空間」という意味です。よって、**直訳すると「～のために(for)空間(room)を作る(make)」** となります。なお、「(だれかが座るために)席をつめる」は make room for ～で表現しますが、「席を譲る」は give up *one*'s seat で表します。

> We made room for them around the fire.
> 私たちは彼らのために火の周りにスペースを作った。

706 fault　［標準］

解説 **find fault with ～**　「～のあら探しをする、～にけちをつける」

fault は「欠点」の意味では普通、可算名詞ですが、この表現では不可算名詞として扱われます。**直訳すると「～に関する(with)欠点(fault)を見つける(find)」→「～のあら探しをする」** となります。criticize ～「～を批判する」とは異なり、主にささいなことに対して文句を言う場合に使います。

> My mother is always finding fault with everything I do.
> 母はいつも私のすることに何でもけちをつける。

707 mind　［標準］

解説 **keep ～ in mind**　「～を心に留めておく」

この表現では、**mind に冠詞などがつかないので注意しましょう**。
～に that 節が置かれる場合には、設問文のように〈keep in mind that S V〉まれに〈keep it in mind that S V〉の形になります。また、bear ～ in mind と表現する場合もあります。

> Please keep in mind that the weather here is very changeable.
> ここの天気はとても変わりやすいということを覚えておいてください。

708 account　［標準］

解説 **take account of ～**　「～を考慮に入れる」

account は count「数える」から派生した単語で「～を数え上げる(計算する)」がもとの意味です。
参 account for ～「(割合)を占める」（→**641**）
よって、**直訳すると「～についての計算(account)をする(take)」→「～を考慮に入れる」** となります。take ～ into account という形をとることもあります。

例 You're always making decisions without **taking** my feelings **into account**.
「あなたは私の気持ちなんて考慮せずにいつも決めてしまう」

> These figures do not take account of the tax increases.
> この数字は増税を考慮に入れていない。

Lesson 36

709 age

解説 **come of age** 「成人になる」

直訳すると「(法律上の義務と権利を有する)年齢になる」→「成人になる」となります。成人の年齢は、日本では20歳ですが、国によってさまざまです。参 Coming of Age Day「成人の日」日常的には become an adult「大人になる」などと表現します。
なお、法律用語では次のように表現します。reach *one*'s majority「成人に達する」、lower the age of majority to 18「成人年齢を18歳に引き下げる」、be in *one*'s minority「未成年だ」

> Now that you have come of age, you have to take responsibility for your actions.
> 成人した以上は自分の行動に責任を持ちなさい。

710 terms

解説 **come to terms with ~** 「~を受け入れる」

a term の基本的な意味は「枠」です。**もとの形は、A come to terms.「A が枠の中に入る」**です。この文の主語に「人」が置かれ、主語だった A が with A となり、後ろに置かれました。「(受け入れたくない現実)を受け入れる」という意味です。
(→ p.230 コラム⑥)

> It took me years to come to terms with my grandfather's death.
> 祖父の死を受け入れるのに何年もかかった。

711 will

解説 **against *one*'s will** 「意志に反して、不本意ながら」

名詞の will は「意志」の意味です。参 Where there is a will, there is a way.(→ 789)
なお、この表現は reluctantly「いやいやながら」と同じ意味で、反 は at will「思いどおりに」です。
例 My boss takes days off at will.「私の上司は(思いどおりに→)好きなときに休みをとる」
参 take + (期間) + off「~(期間)の休みをとる」(→ 527)

> The refugees were sent back to their home country against their will.
> その難民たちはいやいや[意志に反して]本国へ送り返された。

712 use

解説 **put ~ to (...) use** 「~を(…に)使う」

直訳すると「~を(…な)使用(use)に置く(put)」→「~を…に使う」となります。put ~ to good use「~を有効に使う」を日常的な表現で言い換えると、use ~ wisely「~を賢く使う」です。
類例 put ~ to a vote「~を投票に置く」→「~を投票で選ぶ、採決をとる」

> The question is not how to make money but how to put it to good use.
> 問題はどうやって金を稼ぐかではなく、それをいかに有効に使うかだ。

Lesson 36

713 trouble

解説 take the trouble to (V) 「手間をかけて V する、わざわざ V する」

ここでの trouble は「手間、面倒なこと」を表し、take ~は「(積極的に)~を取る」という意味です。よって、**直訳すると「V するのに手間(trouble)を取る」→「手間をかけて V する」**となります。「手間をかける価値のあることをする」場合に使います。

> Take the trouble to learn all of the English words on the list.
> 手間をかけてでもリストに載っている英単語はすべて覚えなさい。

714 rule

解説 as a (general) rule 「原則として、普通は」

ここでの rule は「規則」という意味です。
直訳すると「(一般的な)規則としては」→「(例外もあるが)いつもは」となり、generally, usually, normally などと言い換え可能です。 **参** as a result「結果として」(→ 775)

> As a rule, police officers work in three shifts.
> 原則として、警察官は3交代制で勤務する。

715 effect

解説 take effect 「(薬が)効く、(法律などが)効力を持つ」

普通、effect「効果」は可算名詞で、have a good **effect**「よい効果がある」(→ 622)のように冠詞などを伴いますが、この表現では**冠詞が省略されるので注意しましょう**。
なお、「(法律などが)効力を持つ」の意味では come into effect とも表現します。

> The medicine took effect almost immediately.
> その薬は、あっという間に効いた。

716 advantage

解説 take advantage of ~ 「~を利用する」

advantage は「有利な点」の意味で、**直訳すると「~の有利な点(advantage)を取る(take)」**→「~を利用する」となります。~には「人の弱み」や「好機」などが置かれます。
例 I don't want to **take advantage of** Nancy's good nature.
「ナンシーの気立てのよさにつけ込みたくはない」

> The store made a profit by taking advantage of the current situation.
> その店は時局に便乗して利益を上げた。

717 pride 〔標準〕

解説 take pride in ~ 「~に誇りを持つ」

直訳すると「~の中に(in)誇り(pride)を取る(take)」→「~に誇りを持つ」となります。
単に「プライドを持つ」だけではなく、「(~に関して)高い水準に保とうとする努力」を示唆します。
~には動名詞が置かれることもあります。
例 I take pride in being Japanese.「私は日本人であることに誇りを持っている」

> Jill seems to take pride in her school record these days.
> ジルはこのごろ、自分の学校の成績にプライドを持っているようだ。

718 excuses 〔標準〕

解説 make an excuse for ~ 「~に対する言い訳をする」

excuse「言い訳」の前に形容詞が置かれることもあります。 例 make a good[poor] excuse
「うまい[へたな]言い訳をする」 参 justify oneself「自らを正当化する」

> You're always making excuses for not keeping your promises.
> 君は約束を守らないことでいつも言い訳ばかりしているね。

719 practice 〔標準〕

解説 put ~ into practice 「(考え、計画など)を実行に移す」

practice は「実践」の意味なので、直訳すると「~を実践(practice)の中に(into)置く(put)」
→「~を実行に移す」となります。なお、practice「実践」の反は theory「理論」です。
参 in practice「実際は」↔ in theory「理論上は」

> Henry will have a chance to put his ideas into practice next year.
> ヘンリーは来年、彼の考えを実行に移す機会に恵まれるだろう。

720 ends 〔標準〕

解説 make ends meet 「家計をやりくりする、収支を合わせる」

〈make + O +(V)の原形〉「O に V させる」を用いた表現です。end は「端」の意味で、直訳すると
「(収入の)端(end)と(支出の)端(end)を合わ(meet)せる」→「家計をやりくりする」となります。「端」と「端」なので ends と複数形になります。また、まれですが、make both ends meet
という形にもなります。

> Things are so expensive these days that it is very difficult to make ends meet.
> 近ごろはものがとても高くて家計をやりくりするのが非常に大変だ。

Lesson 37 名詞・代名詞の意味に注目しよう (6)

721 presence　　　　　　　　　　　　　　　　　　　　　　　　　標準

解説 in the presence of ～　「～のいるところで、～の前で」

present は、名詞の前に置くと①「現在の」という意味ですが、〈S＋be＋present〉の形では②「Sがある[いる]」となります。例 Nina was **present** at the meeting.「ニーナはその会議に出席していた」（→601）　in the presence of ～ は、②の意味の present を名詞形にした表現です。**直訳すると「～の(of)いる(the presence)中で(in)」→「～の前で」となります。**

> Japanese people rarely open gifts in the presence of the givers.
> 日本人は贈り物を、その贈り主がいるところではめったに開けません。

722 expense（cost も可能）　　　　　　　　　　　　　　　　　　標準

解説 at the expense of ～　「(物・人)を犠牲にして」

expense は「費用」の意味なので、**直訳すると「～という費用(expense)で」→「～を犠牲にして」となります。**類似表現の at the cost of ～「～を犠牲にして」は、～に *one*'s life「人の命」、*one*'s job「人の仕事」など、重要なもののみが置かれます。　例 Tony made a fortune **at the cost of** his marriage.「トニーは結婚を犠牲にしてひと財産を成した」

> They continue to pursue profit at the expense of their health.
> 彼らは自らの健康を犠牲にして利潤を追求し続けている。

723 deal　　　　　　　　　　　　　　　　　　　　　　　　　　やや難

解説 S is no big deal.　「S はたいしたことはない」

deal は「取引」の意味なので、**直訳すると「たいした取引ではない」→「重要ではない」となります。**口語的な表現で、「(周りの人は心配しているけど)大丈夫だよ」という文脈で使われます。なお、a good deal は「お買い得な値段[申し出・取り決め]」などの意味です。
例 Kate got **a good deal** on the watch.「ケイトはお買い得な値段でその時計を手に入れた」

> I slipped on the ice and sprained my ankle, but it's no big deal.
> 氷の上で滑って足首をくじいたけど、たいしたことないよ。

724 means　　　　　　　　　　　　　　　　　　　　　　　　　　標準

解説 by no means ～　「決して～ない」

means は「手段」を意味する名詞で、**直訳すると「何の手段(means)にもよらないで(by no)」→「決して～ない」となります。**mean ～「～を意味する」の名詞形の meaning「意味」と means「手段」を混同しないように注意しましょう。参 by means of ～「～(の手段)によって」
例 We communicate with each other **by means of** language.
　「私たちは言語によってお互いに意思を伝える」

> Tom is by no means unintelligent. He's just lazy.
> トムは頭が悪いなんてことは決してない。怠けているだけだ。

Lesson 37

725 leave 〈やや難〉

解説 take childcare leave 「育児休暇を取る」

この leave は「許可」の意味の名詞で、そこから「(不在の)許可」→「休暇」という意味になりました。　参 maternity leave「出産休暇」、paid leave「有給休暇」(→527)

> More and more husbands are taking childcare leave.
> 育児休暇を取る夫が増えている。

726 damage 〈標準〉

解説 do[cause] ～ damage to ... 「...に～の被害を与える」

damage は不可算名詞なので、形容詞が前に置かれても a[an] はつきません。
日本語では「被害を与える」ですが give を使わないことに注意しましょう。
参 do ～ good[harm]「～に利益[害]を与える」(→89)

> The typhoon did serious damage to Kyushu.
> その台風は九州地方に大きな被害を与えた。

727 purposes 〈標準〉

解説 for ～ purpose / for the purpose of ～ 「～の目的のために」

purpose は「目的」の意味なので、直訳すると「～の目的(purpose)に向かって[のために](for)」です。また、「目的」を示す表現にはほかに、to (V) や in order to (V), so that S V などもあります。

> Don't use a company car for private purposes.
> 会社の車を(私的な目的で→)私用で使ってはいけません。

728 turn 〈やや難〉

解説 in turn 「次に、今度は」

turn は「回転」がもとの意味なので、直訳すると「**向きを変え(turn)て(in)**」→「**次に**」となります。「ある事が起きて、その結果、別の事が(連鎖反応的に)起こる」場合に使います。
例 Public transportation has developed, and this in turn creates other problems.
「公共交通が発達して、次に、このことがほかの問題を作り出している」

> Interest rates were cut and, in turn, share prices rose.
> 利率がカットされた。そして次に株価が上がった。

Lesson 37

729 better　やや難

解説 **get the better of(人)**　「(感情や願望など)が(人)に打ち勝つ」

直訳すると「(人)からよいほうのもの(the better)を取る(get)」です。「悪いほう」を取れば「負け」になるという解釈から「よいほうを取る」→「(打ち)勝つ」となります。

> Curiosity finally got the better of me, and I opened the door.
> ついに好奇心に負けて(←好奇心が私に打ち勝って)、ドアを開けた。

730 way　標準

解説 **have *one*'s own way**　「自分の思いどおりにする」

直訳すると「自分自身のやり方(*one*'s own way)を持っている(have)」→「自分の思いどおりにする」となります。have everything (in) *one*'s own way とも表現します。

> Pamela always has her own way when we decide something.
> 何かを決めるとき、パメラはいつも自分の思いどおりにする。

731 shoes[place]　やや難

解説 **put *one*self in someone's shoes[place]**　「〜の立場に立つ」

直訳すると「〜の靴(shoes)の中に自分自身(*one*self)を入れる(put)」→「〜の立場に立つ」となります。in *one*'s shoes だけでも使います。
例 If I were in your shoes, I would refuse the offer.
「私が君の立場なら、その申し出を断ります」

> Don't get angry with Mick. Try to put yourself in his shoes.
> ミックのことを怒ってはいけない。彼の立場になってやれ。

732 risk　標準

解説 **take the risk of 〜**　「(自らの意志で)〜という危険を冒す」

直訳すると「〜という(of)危険(the risk)を取る(take)」→「〜という危険を冒す」となり、「危険を承知でやってみる」という文脈で使われます。なお、run the risk of 〜は「(自分の意志にかかわらず)〜という危険がある」という意味です。例 Men run a greater risk of dying from heart disease than women.「男性のほうが女性より心臓病で死亡する危険が大きい」

> I do not want to take the risk of losing all my money on gambling.
> ギャンブルで全財産を失うような危険を冒したくない。

733 content 〔標準〕

解説 to one's heart's content 「心ゆくまで」

この content は「満足」の意味の名詞で、**直訳すると**「〜の心(*one*'s heart)が満足(content)するまで(to)」→「(〜の)心ゆくまで」となります。堅い表現です。
例 Yoko enjoyed the chocolate **to her heart's content**.
「ヨウコはチョコレートを心ゆくまでたんのうした」
参 be content with 〜「〜で満足している」(→ 586)

> Jimmy played on the swings **to his heart's content**.
> ジミーは心ゆくまでブランコで遊んだ。

734 stake 〔やや難〕

解説 at stake 「危険にさらされて」

stake は「杭(くい)」「火刑柱」の意味で、die at the stake で「火あぶりで死ぬ」という意味になります。そこからできた表現が at stake「危険にさらされて」です。また、stake は「賭け金」の意味もあり、at stake は「賭けられて」という意味にもなります。(→ p.157 コラム③)
例 Our pride is **at stake** in this game.
「我々の威信はこの試合に賭けられている」→「これは我々の威信を賭けた試合だ」

> My job may be **at stake** if my sales figures don't improve.
> 営業成績が上がらないと(私の仕事が危険にさらされる→)私の首が危ないかもしれない。

735 want[lack] 〔標準〕

解説 for want[lack] of 〜 「〜の不足のため」

名詞の want には「不足」の意味があり、主にこの表現で用いられます。
例 The crops are dying **for want of** rain. 「雨不足で作物が枯れかけている」 なお、この want の「不足(欠けている)」という意味から「必要である」→「欲しい」に意味が発展しました。

> The art gallery closed down **for want of** funding.
> そのアートギャラリーは資金不足のため閉鎖した。

736 research 〔標準〕

解説 conduct[do / carry out] research on 〜 「〜の研究をする」

research は普通、動詞より名詞として使います。また、**不可算名詞なので a はつきません**。
例 We **conducted** market research last month.「先月、市場調査を行いました」
なお、「〜に関する」という研究・調査の「対象」は、設問文のように前置詞 on(into も可能)を用いて示します。 参 a book on Japan「日本に関する本」(→ 626)

> Paul devoted his whole life to **conducting research on** penguins.
> ポールはペンギンの研究(をするの)に全生涯を捧げた。

Lesson 37

737 earnest　　やや難

解説 in earnest 「本気で、真剣に」

この earnest は「本気」という意味の名詞で、**直訳すると「本気(earnest)の状態で(in)」**です。強調して in good earnest や in real earnest「真剣に」とすることもあります。
例 study in good earnest「真剣に勉強する」
He is in earnest. は He means what he is saying.「彼は本気で言っている」の意味です。

> Greg spoke softly, but it was obvious that he was very much in earnest.
> グレッグはやんわりと言っていたが、かなり本気なのは明らかだった。

738 noises　　標準

解説 make a noise 「音を立てる」

「音」は普通 sound ですが、**「雑音」という意味では noise を使います。**
設問文のように「(特定の)音」を表す場合、noise は可算名詞として扱われますが、make too much noise「あまりに大きな音を立てる」のように「(不特定の)音」を表す場合、noise は不可算名詞として扱われます。　例 without making any noise「音を立てずに」、There was a lot of noise outside.「外は騒々しかった」

> It is bad manners to make noises when you eat soup.
> スープを飲むとき、音を立てるのは不作法です。

739 face　　やや難

解説 make a face[faces] 「顔をしかめる」

直訳すると「(わざと)ある顔(a face)を作る(make)」→「顔をしかめる」となります。
また、make a funny face「(笑わせようと)変な顔をする」の意味で使うこともあります。
参 lose face「恥をかく」、save face「面目を保つ」　これらの face は比喩的に「体面、面目」を表します。

> After being scolded, Dan made a face and stuck his tongue out.
> ダンはしかられた後、顔をしかめて舌を出した。

740 ages　　標準

解説 for ages 「長い間」

ages は主にイギリス英語で使われる a long time の口語的な表現です。It's (been) ages since 〜.「〜からずいぶんたつ」という形でも使います。
例 It's ages since I saw you last.「(最後にあなたと会ってからずいぶんたつ→)久しぶりだね」
　 This puzzle takes ages to solve.「このパズルは解くのにずいぶんと時間がかかる」

> Mike, you're late. I've been waiting for you for ages.
> マイク、遅いじゃないか。ずいぶんと待ったよ。

Lesson 38 名詞・代名詞の意味に注目しよう (7)

741 trial　　　　　　　　　　　　　　　　　　　　　　　標準

解説 **through trial and error**　「試行錯誤の上」

trial は「試み」、error は「誤り」なので、**直訳すると「試み(trial)と誤り(error)を通して(through)」** → **「試行錯誤の上」となります**。by trial and error も同じ意味です。なお、「試行錯誤を重ねて」は through lots of trial and error、「長期にわたる試行錯誤が必要だ」なら A long period of trial and error is needed. と表現します。(trial and error でひとかたまりの名詞ととらえ、単数扱いとなっている)

> I found out through trial and error which plants could survive the dry conditions.
> 試行錯誤の上どちらの植物のほうが乾燥に強いかがわかった。

742 ride (lift も可能)　　　　　　　　　　　　　　　　　標準

解説 **give (人) a ride to ～**　「～まで(人)を車で送る」

a ride だけなら「車に乗ること」以外にも、自転車・タクシー・馬などさまざまな乗り物に「乗る(乗せる)こと」を意味しますが、**この表現の場合は「車に乗ること」に限定されます**。なお、イギリス英語では ride の代わりに lift を使います。

> My aunt gave me a ride from her house to the station.
> おばさんが家から駅まで私を車で送ってくれた。

743 virtue　　　　　　　　　　　　　　　　　　　　　　やや難

解説 **by virtue of ～**　「～によって、～の結果として」

virtue「美徳、長所」のもとの意味は「男らしさ」で、「強さ」→「美徳、長所」に意味が発展しました。by virtue of ～ は virtue のもとの意味の「強さ、力」からできた表現で、「～(の力(virtue))によって(by)」という意味です。(→ p.272 コラム⑧)
by means of ～「～によって」や as a result of ～「～の結果として」の堅い表現です。

> Eva became an Australian resident by virtue of her marriage.
> エバは結婚によってオーストラリアの住人になった。

744 issue　　　　　　　　　　　　　　　　　　　　　　標準

解説 **at issue**　「問題となっている、係争中で」

issue は「(主に政治的、経済的な)問題」の意味です。よって、**at issue は「問題(issue)となっている状態で(at)」という意味**です。a problem at issue「論争中の問題」などのように名詞の直後に置いて使われたり、設問文のように倒置形(At issue is ～「問題となっているのは～だ」)の形で使います。

> At issue here are concepts like freedom of speech.
> ここで問題となっているのは言論の自由といった概念だ。

Lesson 38

745 basis 〔やや難〕

解説 on a ～ basis 「～という基準で」「～的に」

直訳すると「～を基礎(basis)にして(on)」→「～という基準で」となります。～の部分に置かれた形容詞の意味をもとに副詞句を作る表現と覚えておくのがいいでしょう。 例 compete on an equal basis「対等に競争する」、be paid on an hourly basis「時給で働いている」
なお、on the basis of ～ は「～を基礎として」→「～に基づいて」と訳すとよいでしょう。 例 on the basis of my experience「私の経験に基づいて」

> It is important to take good care of yourself on a daily basis.
> 日常的に十分な健康管理をすることが重要だ。

746 hand 〔標準〕

解説 second hand ①「間接的に」②「中古で」

hand には「所有」という意味があります。 例 The house has changed hands twice in the last five years.「その家はこの5年間で持ち主が2回変わった」 よって、(at) second hand は直訳すると「2番目の所有で」→ ①「間接的に」②「中古で」となります。反は (at) first hand「直接」です。 例 This is a good opportunity to watch at first hand the wild animals.「これは野生動物を直接見るよい機会だ」

> I'm not sure if this news is true. I only heard it second hand.
> このニュースが本当かどうかわかりません。間接的に聞いただけですから。

747 way 〔標準〕

解説 by way of ～ 「～経由で」

直訳すると「～の道(way)によって(by)」→「～経由で」となります。way に冠詞がつかないことに注意しましょう。via ～「～経由で」と同じ意味です。

> We are going to fly back to California by way of Hawaii.
> 私たちはハワイ経由でカリフォルニアへ戻る予定だ。

748 word (chat, talk も可能) 〔やや難〕

解説 have a word with ～ 「～とちょっと話をする」

「～とちょっと話をする」という意味で、口語的な表現です。a word なので「ひと言」のイメージです。have a quick word[a brief word] with ～「～と少し話をする」と表現することもあります。
例 Could I have a quick word with you?「少しお話がしたいのですが」
なお、have[exchange] words with ～ (about ...)と複数形になると、「～と(…のことで)言い争う」という意味になります。

> Can I have a word with you in private?
> ちょっと内密に相談があるんだけど。

Lesson 38

749 visit 〔標準〕

解説 **pay a visit to (人・場所)** 「(人・場所)を訪れる」

この visit は名詞で「訪問」の意味です。①「(たまたま近くにいるので)ちょっと訪れる」、②「(用があって)訪れる」の 2 つの意味があります。設問文は①の例で、次は②の例です。　**例** You look pale. You should **pay a visit to** the doctor.「顔色が悪いね。医者に行ったほうがいい」

> When Carl went to Sydney on a business trip, he paid a visit to his grandparents.
> カールはシドニーに出張で行ったとき、祖父母を訪れた。

750 fight 〔標準〕

解説 **have a fight with ～** 「～とけんかをする」

この表現は主に「殴り合いのけんか」を表しますが、「口げんかをする」場合にも使います。特に殴り合いであることを強調するなら have a fist fight with ～「～と殴り合う」とします。have a quarrel with ～「～と口論する」という表現もあります。なお、「言い争い」ということを強調するなら、have an argument with ～「～と言い争う」と表現します。

> Amy had a fight with her boyfriend.
> エイミーはボーイフレンドとけんかした。

751 measures (steps も可能) 〔標準〕

解説 **take measures to (V)** 「V するために手段を講じる」

measure は「尺度」という意味で、「V するためにさまざまな尺度を取る」→「V するために手段を講じる」となります。
例 We have to **take** drastic [tough] **measures to** reduce traffic problems.
　「交通の問題を減らすために私たちは抜本的な[強硬な]対策を取る必要がある」
「政府などがある状況を改善したり、問題に対処するために必要な手を打つ」といった場面で使われることが多い表現です。

> We must take decisive measures to improve the situation.
> 事態を改善するために断固たる措置を取らねばならない。

752 waste 〔標準〕

解説 **a waste of time and money** 「時間とお金の無駄」

動詞の waste ～「～を無駄にする」を名詞化した表現で、この of は「目的関係を示す」of です。この表現での waste「無駄」には冠詞 a がつくので注意しましょう。なお、time や money 以外に labor「労力」、talent「才能」、effort「努力」なども置かれます。

> My mother says that gambling is a waste of time and money.
> ギャンブルは時間とお金の無駄だと母は言う。

Lesson 38

753 face 〔標準〕

解説 face to face 「面と向かって、直接」

「顔(face)が顔(face)のほうを(to)向いて」→「面と向かって」となります。①「面と向かって」②「(本人に)直接(会って)」の2つの意味で使われます。

例 ① Let's sit down **face to face** and talk about this.「面と向かってこの件について話し合おう」
② I have never met her **face to face**.「彼女には直接お目にかかったことがありません」

なお、日本語の「マンツーマンレッスン」は one-on-one lesson や private lesson と表現します。

> I wanted to talk with Emily **face to face**, so I visited her house.
> 私は直接エミリーと話したかったので、彼女の家まで行った。

754 pains 〔やや難〕

解説 take pains to (V) 「苦心してVする」

pain は普通「(肉体的、精神的)苦痛」を意味しますが、pains の場合には「労力、骨折り」の意味で使われます。よって、**直訳すると「Vするために骨を折る(take pains)」**となります。
また、take pains in (V)ing 「Vするのに苦労する」という表現もあります。
参 No pain(s), no gain(s).「骨折りなくして利得なし(ことわざ)」

> Gina **took pains to** make her dinner party a special occasion.
> ジーナは夕食のパーティーを特別なものにしようと苦心した。

755 spot 〔標準〕

解説 on the spot 「その場で」

spot は「場所、現場」の意味で、on は「接触」を表すので、**直訳すると「その現場で」**となります。「(何かを待つことなく)その場で」というイメージです。また、この意味が発展して、「即座に」の意味にもなりますが、一般的には immediately「ただちに、すぐに」のほうがよく使われます。

> Jeff made a decision about this matter **on the spot**.
> ジェフはこの件に関してその場で結論を下した。

756 point (habit も可能) 〔標準〕

解説 make a point of (V)ing 「Vすることにしている、必ずVする」

ここでの point は「要点・重点」の意味です。よって、直訳すると「Vするという要点(point)を作る(make)」→「(Vすることを必要だと考えて)Vすることにしている」となります。make (it) a point to (V)と言い換えることができます。

> Victor **makes a point of** taking notes while the teacher is speaking.
> ビクターは先生が話しているときはメモを取ることにしている。

Lesson 38

757 Scores (Lots も可能) 〔標準〕

解説 **scores of ~** 「多くの」

score は「20」の意味で、hundred や thousand と同様に数詞の後では単数形です。
例 a score of pens「20本のペン」、four **score** and seven years ago「87年前」（リンカーン大統領のゲティスバーグ演説より） 複数形の scores を用いた表現 scores of ~ は「多くの~」の意味になります。 類例 hundreds of ~「何百もの~」 参 a lot of ~「多くの~」（→ 345）

> Scores of people came to the airport to see me off.
> 多くの人が私を見送るために空港まで来てくれた。

758 lines 〔標準〕

解説 **read between the lines** 「行間を読む」

この line は「（本などの）行」という意味です。この表現では話題にあがっている「（特定の）行」を示すので、the がつきます。「本文には直接書かれていない筆者の真意を読み取る」という意味です。 参 drop a line「（人）に手紙を出す」（→ 295）

> In order to grasp the book's full meaning, you have to read between the lines.
> この本の意味を十分に理解するためには、行間を読まなければならない。

759 disposal 〔標準〕

解説 **have ~ at *one*'s disposal** 「~を自由に使うことができる」

disposal は、dispose of ~「（廃棄物、不要品など）を処分する」の dispose の名詞形です。よって、直訳すると「~を（自由に）処分できる場所に（at *one*'s disposal）持っている（have）」→「~を自由に使える」となります。My car is at your disposal.「君は私の車を自由に使っていいよ」という形でも使います。

> Tanner has a lot of cash at his disposal.
> タナーは多額の現金を自由に使うことができる。

760 feet 〔やや難〕

解説 **get to *one*'s feet** 「立ち上がる」

to *one*'s feet は「feet への移動」を表し、ここでの feet は「足」ではなく「立っている状態」になります。**直訳すると「立っている状態（*one*'s feet）に至る（get to）」→「立ち上がる」となります。** stand up「立ち上がる」と同じ意味です。なお、feet を用いた表現は動詞によってさまざまな意味になります。 例 rise to *one*'s feet「立ち上がる」、jump [leap / spring] to *one*'s feet「跳ぶように立ち上がる」、stagger to *one*'s feet「よろよろと立ち上がる」

> The old man got to his feet, supporting himself with the side of the table.
> その老人はテーブルの端で体を支えながら立ち上がった。

Lesson 39 論理展開を示す表現

761 According　　　　　　　　　　　　　　　　　　　標準

解説 according to ~ 「(報告・調査・人)~によれば」

According to Mr. Tanaka「田中さんによれば」は可能ですが、**me や my opinion には使えません**（[×]According to me）。**代わりに In my opinion や I think を用います**。
例 **In my opinion**, you should follow Kim's advice.「私の意見ではあなたはキムのアドバイスに従うべきです」　また、according to ~「~に応じて」という意味も覚えておきましょう。
例 I'll pay **according to** the amount of work you do.「給料は仕事量に応じて支払います」

> According to the weather forecast, it will snow tomorrow.
> 天気予報によると、明日は雪らしい。

762 to　　　　　　　　　　　　　　　　　　　　　　基本

解説 thanks to ~ 「~のおかげで」

「原因」を表す表現です。多くの場合、肯定的な意味で使いますが、まれに、日本語の「~のおかげで」と同様に、皮肉を込めて使うこともあります。(→ p.272 コラム⑧)　例 **Thanks to** you, I have not eaten anything since yesterday.「君のせいで昨日から何も食べていない」

> Thanks to the Internet, you can buy books from home.
> インターネットのおかげで、家から本を購入できる。

763 addition　　　　　　　　　　　　　　　　　　　基本

解説 in addition to ~ 「~に加えて」

addition は、add「~を加える」の名詞形なので、**直訳すると「~に加えた状態で」です**。to ~ のない in addition「そのうえ、さらに」という表現もあります。
例 Aaron broke his leg the other day, and **in addition** he had an accident today.
　「アーロンは先日足を骨折した。そのうえ、今日、事故にあった」
besides ~ は in addition to ~ と同じ意味ですが、口語的な表現です。

> We'll have to pay $800 travel insurance in addition to the airfare.
> 航空運賃に加えて、(保険料が)800ドルの旅行保険に加入しなければならない。

764 fact　　　　　　　　　　　　　　　　　　　　　基本

解説 as a matter of fact 「実は」

新しい情報を付け加えて前言を補足する場合や、**相手が興味を持ちそうな、あるいは驚くような事実を述べるときに使います**。
in fact や actually もほぼ同じ意味です。

> As a matter of fact, Nancy teaches cooking classes.
> 実は、ナンシーは料理教室で教えているんだ。

Lesson 39

765 first 〔基本〕

解説 at first 「(あとで変化があるが)最初は」

at は「点、時刻」を示すので(例 at midnight「午前零時に」)、**直訳すると「最初の点では」です。**
「最初」と覚えないで「最初(のうち)は」と覚えておきましょう。
この表現の後ろにはよく but later「しかしあとでは」という表現が続きます。
「導入」を表す first (of all)「まず最初に」と混同しないように注意しましょう。
例 **First of all**, let me introduce myself. 「まず最初に自己紹介をさせてください」

> Your idea sounded good at first, but later I realized it was too impractical.
> 君の考えは最初はいいなと思ったんだけど、あとで非現実的すぎるとわかった。

766 for 〔標準〕

解説 as for ~ 「(人・物事)~に関しては」

何かの話題について話をしていて、それに関連して新たな情報を提供するときに使います。
例 You could ask Tom for advice, but **as for** me, I am a little busy right now.
「トムに相談するのもありだけど、私に関しては、今はちょっと忙しいからだめだよ」

> Many of my friends play soccer, but as for me, I prefer basketball.
> 友だちの多くはサッカーをしているが、私に関してはバスケットボールのほうが好きだ。

767 why 〔標準〕

解説 That[This] is why ... 「そう[こう]いうわけで…」

That[This] is the reason why ...「それ[これ]が…の理由です」から the reason が省略された形です。Therefore, ...「それゆえに、…」と同じ意味です。なお、ここでの That / This はどちらも前文を指していて、両者の意味に大きな違いはありません。

> Michael works very hard. That's why I respect him.
> マイケルは仕事熱心だ。だから私は彼のことを尊敬している。

768 spite 〔基本〕

解説 in spite of ~ 「~にもかかわらず」

同じ意味の though や although は接続詞なので、後ろには S V を含む節が置かれますが、in spite of ~や、despite ~は前置詞(句)なので、後ろに名詞(句)が置かれます。
なお、新聞などでは、in spite of ~より簡潔で堅い表現の despite ~が好まれます。
例 **Despite** the recession, the sales are increasing greatly.
「不況にもかかわらず、売り上げは大幅に増加している」

> In spite of the language barrier, we soon became friends.
> 言葉の壁にもかかわらず、私たちはすぐに友だちになった。

Lesson 39

769 instead 〔標準〕

解説 **instead of ~** 「~の代わりに」

not A but B「AではなくBだ」の変形で使われます。例えば、Instead of going out, I stayed home all day.「外出しないで、私は1日中家にいた」なら I did not go out, but stayed home all day. と言い換えることができます。
なお、without は同時進行可能の2つの動作のうち1つだけを行う場合に限られます。
例 Aimee left the building without being seen by anyone.
「エイミーはだれにも見られずにその建物を去った」(「去る」と「見られる」は同時に可能)

> To keep in shape, I walk up the stairs instead of taking the elevator.
> 健康維持のため、私はエレベーターに乗る代わりに階段を使っている。

770 account 〔標準〕

解説 **on account of ~** 「~のために、~が原因で」

account は「説明」を意味し、ここでの on は「根拠」を表すので、**直訳すると「~の説明を根拠に」**となります。「理由」を挙げる場合に使われます。because of ~のほうが使用範囲が広く、頻度も高いです。

> We had to move to Berlin on account of my job transfer.
> 転勤のためベルリンに引っ越さねばならなかった。

771 is 〔標準〕

解説 **that is (to say)** 「つまり」

直訳すると「それは~と言うことだ」で、「言い換え」を示す表現です。しばしば、to say は省略されます。
例 I will leave Japan in five days, that is (to say), next Sunday.
「5日後、つまり次の日曜日に日本を発ちます」

> They — that is my father and mother — are out now.
> 彼ら、つまり両親は今外出中です。

772 speaking 〔標準〕

解説 **Generally speaking** 「一般的に言って」

general「全般的な」は particular「個別の」の反であり、generally speaking は**「(個々の事例で見ればいくつかの例外があるかもしれないが)全体としては」**という意味です。
speaking を省略して Generally「一般に」としても同じ意味です。もう少し堅い表現では in general「一般に」となります。

> Generally speaking, it is a good idea to clean a fish tank once a week.
> 一般的に言って、水槽は週に1度洗うのがよい。

773 Frankly (Honestly も可能) 　　標準

解説 ▶ **Frankly speaking**　「率直に言って」

この表現は**相手にとって気に入らないかもしれないが、本心を言うときの前置きとして使うので、**だれもが納得するような内容には普通用いません。speaking を省いて Frankly「率直に言うと」としても同じ意味です。

> <u>Frankly speaking</u>, smartphones do children more harm than good.
> 率直に言って、スマートフォンは子どもにとって益より害のほうが多い。

774 truth 　　標準

解説 ▶ **to tell (you) the truth**　「実を言うと」

正直に自分の意見や気持ちを言う場合に使います。to be honest「正直に言うと」、to be frank「率直に言って」なども似た意味です。なお、次のような表現もあります。
例 Tell me the truth — does this dress make me look fat?
　「正直に答えてね。この服太って見えない？」

> <u>To tell you the truth</u>, I still have trouble with English.
> 実を言うと、私はまだ英語に問題があるんだ。

775 as 　　標準

解説 ▶ **as a result**　「結果として」

前文を受けて「その結果として」という意味で使います。
同じ意味の consequently や therefore のほうが堅い表現です。

> Diana got very busy, and <u>as a result</u>, she neglected her houseplants.
> ダイアナは多忙になり、その結果、室内用の鉢植えの手入れを怠ってしまった。

776 due (owing も可) 　　標準

解説 ▶ **due to ～**　「～が原因で」

due は「与えられて当然な」という意味の形容詞なので、A is due to B「B には A が与えられて当然だ」→「A は B が原因だ」となります。
例 The accident was due to his carelessness.「（彼の不注意には事故が与えられて当然だった→）その事故は彼の不注意が原因だった」
due to ～のほうが簡潔なので、新聞などでは because of ～より好んで使われます。
なお、同じ意味の owing to ～は公的な文書など堅い文で使われることが多いです。

> I had to make my article shorter <u>due to</u> lack of space in the newsletter.
> 会報のスペースが足りないので、記事を短くせざるをえなかった。

777 contrary 〔標準〕

解説 **on the contrary**　「それどころか」

逆接ではなく、**相手の発言や自分が直前に述べたことに強く反対して、意図を強調する表現**です。「逆に」と訳さないように注意しましょう。設問文では lost と won が対比されています。なお、to the contrary は直前の語句を修飾し、「それと反対の」という意味なので、区別しましょう。例 There is evidence **to the contrary**.「それとは反対の証拠がある」

> Did you lose the game? ― **On the contrary**, we won the championship.
> 試合に負けたの？ ― それどころか、優勝したよ。

778 In 〔標準〕

解説 **in other words**　「言い換えれば」

しばしば、よりわかりやすく正確に言うときに使われます。
この in は make a speech in English「英語でスピーチをする」の in と同じで、「ほかのことばで」と「手段」を表します。put「表現する、言う」を用いた to put it another way「別の言い方をすると」という表現も同じ意味です。

> John's mistake wasn't intentional. **In other words**, he didn't do it on purpose.
> ジョンのミスは意図的ではなかった。言い換えれば故意にやったのではない。

779 needless 〔標準〕

解説 **needless to say**　「言うまでもなく」

もとは It is needless to say that ...「…は言う必要がない」ですが、この形は現在ではあまり使われません。
例 Dave said something rude to Ann. **Needless to say**, she was angry.
「デイブはアンに失礼なことを言った。言うまでもなくアンは怒っていた」

> A famous chef is in charge of the kitchen, so, **needless to say**, the food is excellent.
> 有名なシェフがキッチンを担当しているので、言うまでもなく料理はすばらしい。

780 place 〔基本〕

解説 **in the first place**　「そもそも」「まず第1に」

設問文のように、ある状況の最初の時点で行うべき(だった)ことを表すときに使います。また、次の例のようにいくつかの要素がある中で「まず最初に(思い浮かぶものとして)」と列挙する場面でも使われます。
例 What is philosophy, **in the first place**?「まず第1に、哲学とは何でしょうか」

> If you doubt his ability, you shouldn't have hired him **in the first place**.
> 彼の能力を疑うのなら、そもそも彼を雇うべきではなかった。

Lesson 40 ことわざ・格言

781 feather 〔標準〕

解説 Birds of a feather flock together. 「類は友を呼ぶ」

直訳すると「同じ羽の鳥は群れる」で、**「似たタイプの人間は集まるものだ」**という意味です。flock は「(人、動物、鳥が) 群がる」の意味で、a feather の a は「1つの」→「1つの種類の」→「同じ」という意味です。

> Birds of a feather flock together.
> 類は友を呼ぶ。

782 perfect 〔基本〕

解説 Practice makes perfect. 「習うより慣れよ」

直訳すると「練習が完璧さを作り出す」で、Doing something many times improves *one*'s skill at it. の意味です。英会話はまさにこれが当てはまります。

> Practice makes perfect.
> 習うより慣れよ。

783 kill 〔標準〕

解説 kill two birds with one stone 「一石二鳥[一挙両得]となる」

主語は、「事柄」でも「人」でも可能です。
例 I killed two birds with one stone by (V)ing ... 「Vすることによって一挙両得だった」
この with は、with a knife (→695) などの with と同じく、「道具」を表す用法です。

> That will kill two birds with one stone.
> それは一石二鳥だね。

784 served 〔標準〕

解説 First come, first served. 「早いもの勝ち」

serve は「〜に奉仕する」を表し、Those who come first are served first.「最初に来た人が最初に応対される」の意味です。
例 accept a reservation on a **first-come-first-served** basis「予約を先着順で受け付ける」
参 on a 〜 basis「〜という基準で」「〜的に」(→745)

> First come, first served.
> 早いもの勝ち。

Lesson 40

785 before

解説 Look before you leap. 「転ばぬ先の杖」

leap「跳ぶ」は jump より堅い語で、jump より「力強く高く跳ぶ」の意味です。
直訳すると「跳ぶ前に見ろ」です。「何かの行動を始める前に、その行動についてよく考えてみよ」という意味です。　参 leap year「うるう年」

> Look before you leap.
> 転ばぬ先の杖。

786 built

解説 Rome was not built in a day. 「ローマは1日にして成らず」

直訳すると「ローマは1日で建てられたのではない」となります。
Great achievements are not accomplished overnight.「偉大な業績は一晩では達成されない」という意味です。

> Rome was not built in a day.
> ローマは1日にして成らず。

787 Strike

解説 Strike while the iron is hot. 「鉄は熱いうちに打て」

「好機を逃がさないようにすぐに行動せよ」という意味です。
grab[seize] the opportunity「好機をつかむ」が普通の言い方です。
また、似た意味のことわざに Make hay while the sun shines.「日の照るうちに干し草を作れ(→好機を逃がすな)」があります。

> Strike while the iron is hot.
> 鉄は熱いうちに打て。

788 taste

解説 There is no accounting for taste. 「たで食う虫も好き好き」

There is no (V)ing で「V することはできない」を意味します。
taste は「趣味、センス」の意味で、「人の趣味(好み)はそれぞれで、説明することはできない」という意味合いです。
「蓼(たで)」は茎や葉に苦みがある植物。それを好んで食べる虫がいることから、日本のこのことわざができました。　参 account for ~ (→641)

> There is no accounting for taste.
> たで食う虫も好き好き(←趣味を説明することはできない)。

Lesson 40

789 Where　　　　　　　　　　　　　　　　　　　　　　　標準

解説 ▸ **Where there is a will, there is a way.**　「意志ある所に道は通じる」

「しっかりした意志を持ってことを行えば道[→方法]が見つかる」という意味です。
この where は「〜の所に」という意味の接続詞で、このことわざ以外でもよく使われます。

> Where there is a will, there is a way.
> 意志ある所に道は通じる。

790 gained　　　　　　　　　　　　　　　　　　　　　　　標準

解説 ▸ **Nothing ventured, nothing gained.**　「虎穴に入らずんば虎児を得ず」

「危険を冒さなければ何も得られない」という意味です。省略のない文にすれば If nothing is ventured, nothing will be gained. となります。

> Nothing ventured, nothing gained.
> 虎穴に入らずんば虎児を得ず。

791 means　　　　　　　　　　　　　　　　　　　　　　　標準

解説 ▸ **The end justifies the means.**　「目的は手段を正当化する」

「目的を達成するためにはどのような手段を使っても許される」という意味です。
end「目的」と means「手段」は対句です。means は s がついていますが単複同形の名詞で、ここでは end と対になり、単数名詞として使われています。

> The end justifies the means.
> 目的は手段を正当化する。

792 pay　　　　　　　　　　　　　　　　　　　　　　　　標準

解説 ▸ **Honesty does not pay.**　「正直は割に合わない」

pay は「支払う」→「(支払いに)見合う」から「割に合う」という意味でも使います。
例 This profession does not **pay**.「この専門職は割に合わない」
pay を用いた口語的な表現で pay off「うまくいく」もあります。
例 The meeting **paid off**.「会議はうまくいった」

> Nowadays honesty does not pay.
> 今は正直者が馬鹿を見る時代だ。

Lesson 40

793 spilt 〔標準〕

解説 It is no use crying over spilt milk. 「覆水盆に返らず」

It is no use (V)ing... は「Vするのは無駄だ」という意味です。よって、**直訳すると「こぼしたミルクについて泣き叫ぶのは無駄である」**です。
この over は「〜について」を意味する前置詞で、「大げさに、繰り返し」という意味を示唆します。なお Don't cry over spilt milk. という形で使うこともあります。

> It is no use crying over spilt milk.
> 覆水盆に返らず。

794 chickens 〔標準〕

解説 Don't count your chickens before they are hatched. 「捕らぬ狸の皮算用」

hatch 〜は「(ひな)をふ化させる」の意味で、直訳すると「鶏がかえる前に鶏の数を数えてはならない」です。**「実際の結果が出る前に、それを見越して楽観的に計画を立ててはならない」**という意味です。

> Don't count your chickens before they are hatched.
> 捕らぬ狸の皮算用。

795 a 〔標準〕

解説 An apple a day keeps the doctor away. 「1日リンゴ1個で医者いらず」

直訳すると「1日につきリンゴ1つ(食べること)は、医者を遠くに保つ」です。Eating an apple every day helps a person to stay healthy.「毎日リンゴを1つ食べることは人が健康を保つのを助ける」という意味です。
apple は古くは「果実」の意味で、欧米の人々とリンゴの関わりは非常に深いものがあります。なお、ここでの a day は「1日につき」の意味です。

> An apple a day keeps the doctor away.
> 1日リンゴ1個で医者いらず。

796 too 〔標準〕

解説 You are never too old to learn. 「年を取り過ぎて学べないということは決してない」

never [not] too 〜 to (V) は「Vするのに(あまりにも)〜すぎるということはない」という意味で、**「何歳になっても学ぶことができる」**という意味のことわざです。

> You are never too old to learn.
> 年を取り過ぎて学べないということは決してない。

Lesson 40

797 wins 〔標準〕

解説 **Slow and steady wins the race.**　「急がば回れ」

直訳すると「ゆっくり着実なのがレースに勝つ」です。
slow and steady は形容詞ですが、このことわざでは名詞(主語)として扱われています。
A and B をひとまとまりのものとして考える場合、複数でも単数扱いになることがあります。ここでも「ゆっくりかつ着実」というひとまとまりの意味なので、動詞が wins となっています。

> Slow and steady wins the race.
> 急がば回れ。

798 those 〔標準〕

解説 **Heaven helps those who help themselves.**　「天は自ら助くる者を助く」

those who ~ は「~の人々」という意味です。〈those＋関係代名詞節〉の形で、those とあらかじめ言っておいて、あとで説明する形です。この場合、those は「あれらの」とは訳しません。

> "Heaven helps those who help themselves," said Benjamin Franklin.
> 「天は自ら助くる者を助く」とベンジャミン・フランクリンは言った。

799 company 〔標準〕

解説 **A man is known by the company he keeps.**
　　　「交わる友を見れば人柄がわかる」

「つき合う仲間を見れば、その人の人柄がわかる」という意味です。by は「~に基づいて」の意味で「判断の基準」を表します。company は「仲間、友だち」の意味では、これ自体で複数の意味を持つので複数形にはしません。
また company には「いっしょにいること」の意味もあります。　**例** in his **company**「彼といっしょにいると」、I enjoy her **company**.「彼女といっしょにいると楽しい」

> A man is known by the company he keeps.
> 交わる友を見れば人柄がわかる。

800 sword 〔標準〕

解説 **The pen is mightier than the sword.**　「ペンは剣より強し」

〈the ＋道具〉で、その道具が象徴する抽象概念を表すことがあります。
このことわざでは the pen が「報道、執筆、言論」、the sword が「武力」を表しています。「言論は武力に勝る」の意味です。**類例** the knife「メス」→「手術」、go under the knife「手術を受ける」
参 ノーベル平和賞を受賞したマララ・ユスフザイ(Malala Yousafzai)さんのスピーチ。
"One child, one teacher, one pen and one book can change the world."

> The pen is mightier than the sword.
> ペンは剣より強し。

●索　　引●

本書掲載の英語表現（800問＋各解説中に出てくる表現）を［日本語→英語］で調べることができます．和文英訳や自由英作文，英語でのスピーキングなどにおいて適切な英語表現を調べたいときにお使いください．
　　　　★ ⇒『必携英作文 Write to the Point』にも収録されている表現

［日本語→英語］索引

［数字は設問番号を、斜体の数字は設問文中の太字以外の表現であることを表す］

［あ］

間柄である	300
愛着、愛着を感じる	598
ID カード	554
★相手にする	*610*
あいにく	*204*
合う（サイズ、体質に）	200, 562
合う、似合う	563
仰向けになる	73
空き巣に入られる	245
★あきらめる	393, *541*
握手する	266, 293
アクセスする	326
憧れる	162
浅い傷	555
朝に	203
朝飯前のこと	299
足を引っ張る	400
足を踏む	*144*
値する	570
与えない	577
与える（食べ物を）	174
頭をよぎる	551
新しい仕事でうまくやる	464
（に）あたる	673
★あちこち	40, *240*
★扱う	143, *553*
当ててごらん	438
当てにする	246
当てはまる	140, 589
当てはめる	140
あとどれくらいで…ですか？	434
あのときやったこと	533
アパートのかぎ	670
あべこべに	33
甘い	597
甘い祖父母	177
★あまりに～だから V できない	441
★あまりにも～すぎるということはない	796
あらかじめ	289
あら探しをする	706
表す	242
現れる	463
ありえない	405
★ありがとう	*23*, *510*
ありそうな～	588
（に）ある	223
ある、A は B にある	138
ある意味では	325
ある程度	99
あるときには	207
★アルバイトをする	*203*
あるべき姿	52
荒れる（海が）	*49*
アレルギーがある	620
アレルギー物質	592
アレルギーを起こす	620
慌てふためく	*69*
暗記する	395
暗算する	*503*
案内する	385, 660

［い］

言い争う	748, 750
言い換えれば	778
いい考えだね	412
いいね	412
★言い張る	163, 191

言い訳(をする)	42, 202, 718
★言う	152, 398
言うまでもない	76
言うまでもなく	779
★家で食べる	7
言えば	169
〜以外では	30
★〜以外ない	218
〜以外の[に]	30, 644, 647
行きで(ある)	610, 652
異議を唱える	130
★育児休暇を取る	527, 725
★いくつかの	360, 396, *456*
意見が同じである[合わない]	200
意見では	90
意志ある所に道は通じる	789
★意識している	361
意志に反して	711
★意思の疎通をする	112
衣食住	219
以前のS(の姿)	52
★急いで	53, 276
★忙しい	628
急がば回れ	797
依存している	193
★依存する	354
いたずら心で	636
いたずら好きな子ども	639
いたずらをする	639
至るまで	496
いちいち	*303*
★1区画	345
1日中	5
1日ずつ	646
1日リンゴ1個で医者いらず	795
1番だ	25
1列に、連続して	621
1列に並ぶ	243
1週間[1か月、1年]ずっと	5
いっしょに	515
いっしょにいること	799
一石二鳥[一挙両得]となる	783
いったい全体…?	440
一致する	544
★いつでも	*609*
1等[2等、3等]になる	51

一般的に言って	169, 772
1歩ずつ、順序よく	646
移動する[させる]	168
いないところで	661
★田舎	370
田舎の	369
今のS(の姿)	52
今のところ順調だ	445
今のところは	100
今までのところは	445
今よりよい状態	690
意味ですか?	439
意味をなす	325
いやいやながら	711
嫌がらずにVする	585
★嫌がる	595
嫌だと感じる	130
★いらいらさせる	303
いらだたせる	542
★(〜の)いるところで	721
入れ替える	118
入れない、入れ忘れる	478
祝う	225, 419
いわゆる〜	92
★言われている、言われる	*186*, 374
インクで	695
飲酒運転(する)	212, *566*
引退する	*226*
インフルエンザにかかっている	534

[う]

飢え	239
受け入れる	710
うけない(冗談などが)	65
受ける、こうむる	555
動かない	383
★うそをつく	171
疑う、(だと)思う	135
うた寝する	552
打ち勝つ	729
撃つ	*235*
移す	168
訴える	580
うっとりとした目つきで	*178*
腕を組んで	630
促す	675

奪う	172, 367
うまくいく	366, 503, 792
うまくやっていく	488
★うまくやる	87, 464
生まれつき	64
★生まれる	643
裏返しに	31
うらやましく思う	608
売り物で	222
うるう年	785
売れる	166
上役の命令に従って行動する	251
うんざりだ	174
★運動する	366
運転中だ	204

[え]

★永遠に	388
映画化される	253
★影響を与える	622, 623
駅前の〜	349
エネルギー	571
選び出す	502
★選ぶ	199, 712
★得る	153
★延期する	469
円陣を組んで座る	186
遠慮なくVする	133, 612

[お]

おいおい	401
追いかけている、追いかける	70, 260
★追いつく	490
お祝いを申し上げます	419
応じて	761
応用する	140
終えている、終える	495
★多い人口	363
大きくする(ボリュームなどを)	461
大きな損害	555
★多く	345
★多くの〜	265, 345, 452, 757
★多くのストレスを抱える	72
大声で泣く[叫ぶ]	485
★覆われている	372

お買い得	97, 222, 723
お返しに	308
おかげだ	160
★おかげで	103, 762
お体を大切に	261
★起き上がる	365
起きている	6
送る	742
遅れずついていく	489
遅れないようにする	496
お元気ですか	431
怒っている	386
行われる	321
怒り出す	268
★怒る	386, *731*
起こる	55
抑えきれない	120
抑える	479
お先にどうぞ	260
収まる	483
押し入る	245
★教える	121, 385
押しつける	678, 693
押し分けて進む	702
★遅い	443
襲う	367
遅かれ早かれ	450
遅くとも	91, 680
遅くまで外出している	6
★おそらく	588
恐れて、Vしないように	286
恐れている	453, 602
★お互い	262, 284
落ち着く	475, 487
落ちる	254
★訪れる	180, 526, 749
劣っている	600
★大人になる	709
驚いたことに	664
驚かせる	687
音を立てずに	738
音を立てる	738
★同じ	17
同じであると確認する	554
お願いがあるのですが	435
お願いを聞いていただけますか	89

覚えている限りでは	90	★確実だ、きっとSはVする	609
★覚える、覚えている	395	確信している	184, 583
お前のことを誇りに思うよ	184	格闘する	185
お前の知ったことか	267	確認する	81, 83
おめでとうございます	419	革命	474
思い出させる	128	学歴	567
★思い出す	128	家計をやりくりする	720
★思いつく	42, 377	陰で	661
思いどおりに	711, 730	陰で〜の悪口を言う	661
思い止まらせる	675	賭けられて	734
思う、疑う	135	過酷な天候	597
重さが〜である	153	過言ではない	309
思わずVしてしまう	120	火災、火事	281, 474, 511
★降りる	187, 499	賢く使う	712
折る	630	貸す	350
折れる	518	稼ぐ	712
愚かではない	94	片づける	501
終わっている	41	価値がある	190
終わらせる	340	★がっかりさせる、がっかりする	497
終わる	470	★がっかりした	509
恩恵を得る	165	がっかりしたことに	664
		学校に遅くまで残る	113
[か]		学校の成績がよい	464
		学校へ行く途中	210
解決する	503	悲しみがいえる	457
外見	169	金づちで	695
外交上の圧力	127	必ず	47
外国人旅行者	125	★必ずVする	151, 610, 756
解雇する	498	★必ずSVになるようにする	81
開始時間	1	必ず見つかりますよ	406
★外出中に[である]	9	かなり多くの〜	452
外食産業	7	かなり長い間	388
★外食する	7	かなりの	698
階段から落ちる	254	可能性	691
回復する	155	★可能性が高い、Vしそうだ	588
★害を与える	89, 726	★可能にする、SのおかげでOはVできる	103
変える	250	過敏だ	592
顔をしかめる	739	花粉症	555
係で	298	構うものか	426
★かかりやすい(病気などに)	603	がまんする、に耐える	529, 542
★かかる(お金が)	115	から(好奇心)	636
★かかる(時間が)	511	からかう	330, 400
★かかる(病気に)	534	★から出てくる	459
★関わっている	576	借りている	160
かかわらず	313, 688, 768	★借りる	350
各駅列車、普通列車	369	過労	239
覚悟ができている、喜んでVする	585		

代わって	322	きずな		*323*
★代わりに	656, 769	犠牲にして		337, *722*
代わりにAを用いる	677	寄贈する		108
★代わりをする	335	期待		691
代わるもの	627	汚い手を使う		639
ガン	239	★気づいている		361
★考え	467	喫煙はお控えください 《掲示》		154
考え直して	60	気遣い		593
★考えれば	*570*	★きっと、十中八九		79, 609, 610
★関係がある[ない]	43	気にする		592
関係づける	132	★記入する		472, *520*
関係なく	642	気は		214
関しては	766	厳しい		597
★感謝する	225	希望して		116
感謝の気持ちを表す	560	希望する		116
観衆	363	君のねらいは何だ？		260
感情移入する	554	★奇妙な		10
干渉する	546	義務		693
関心を持っている	143	★決めている		*247*
関する	626	決める		537
関する限り	90	逆に［だ］		33
間接的に	746	急に〜し始める		245
簡単(なこと)	299	休養を十分にとる		*25*
完治に向かう	*50*	共感する		554
★観点から	270, 332	行間を読む		758
感動する	124	供給する		122
頑張れ、頑張って	13, 173	行儀よくする		2
感銘を受ける	124	凝視する		178
管理をする	368	競争する		543
関連している	132	強調する		319
		共通点を持つ		292
		郷土料理		369
[き]		★興味を持っている		143
議案	509	共有する		564
消える	*447*	行列を作って待つ		243
記憶力(が悪い)	*228*	局地的なにわか雨		369
★機会	296, *719*	拒絶する、きっぱりと断る		107
企画力	*138*	距離		307
聞き覚える	506	気楽にやる		487
聞き分ける	525	★切らす、切らしている		236
効く	715	ぎりぎりまで		69
危険がある	732	気をつける		98, 531
危険にさらされて	734	禁止		693
危険を冒す	732	禁止する		574
寄稿する(新聞に)	108	勤務中で		211
聞こえる	412			
基準で	745			

[く]

悔いはない	271
★偶然	192, 277
★偶然出会う[出くわす、見つける]	237, 238
空欄	472
腐る	700
苦心してVする	754
口癖	497
口コミで[の]	62
口出し(する)	267, 546
★口ぶり	66
口紅を塗る	545
ぐっすり眠っている	371
屈する	127, 518
くっつける	598
くつろいで	204
くつろぎを感じる	54
苦難を経験させる	519
★区別する	674
組み立てる	467
くよくよ考える	578
クラスのほかの者に遅れて	631
★苦しむ	555
苦労して	215
★苦労する[している]	287, 754
★加えて	763
加える	697
詳しい	352

[け]

敬意を表して	314
計画を実行する	519
経験させる	519
経験、経験する	169, 655
★傾向がある	315
警告[注意]する	179
経済制裁	693
経済発展	507
計算する	503
軽視している	550
係争中の問題	665
軽蔑する	632
経由で	747
ケースバイケース	414
けが	155

消す	461, 511
けちをつける	706
★結果〜になる[が始まる]	106, 110, 328
★結果として	743, 775
★結局	137, 149, 196, 504
★結婚する[している]	161
★決して〜(では)ない	206, 449, 724
決してない、〜からはほど遠い	644
傑出した	471
決心する	537
欠点	593
結論を下す	755
原因	234
★原因で、〜のために	700, 770, 776
(Aの)原因はBだと考える	566
原因はSにある	582
けんかをする	750
元気?[お元気ですか]	403, 431
元気出せよ	173
元気だよ	403
元気づける	173
言及する	156
研究をする	736
健康体でいる	50
健康を維持する、健康維持	366, 769
現在で、(日付)の時点で	77
現在まで	496
原作	614
★減少している	136
減少中で	210
原子力発電所	373
建設中で	212
減速	170
★原則として、普通は	714
現地時間〜時	369
現地通貨	250
顕微鏡で	695
★賢明な	592
原理	614

[こ]

★語彙	363
恋しいと思う、〜に憧れる	162
★故意に	277
こういうわけで…	767
★後悔している	541

★効果がある[を生じる]	613	★子どものころに[とき]	228
交換する	119	子どもを産む	12
好奇心	636	断る	509
★公共交通機関	668	★この間	74
好機をつかむ	787	好みがうるさい	596
貢献する	108, 679	拒む	107
工事中で	212	個別の	772
降順で	310	これください	415
構成されている	223	これは私のサイズに合わない	562
交代でVする	338	転ばぬ先の杖	785
★交通事故	576, 637, 641	怖くてVできない	602
好転する	690	壊れている	383
行動する	251	今度は	728
構内	658	★今日では	362
興奮	648	こんにちは、元気？	403, 431
こうむる	555	婚約している	136
交流する	112	婚約指輪	136

[さ]

効力を持つ	715	★〜歳以上[未満]の	39
考慮する	248	★最近(は)	362, 443, 447
★考慮すると	169	採決をとる	712
★考慮に入れる	708	再考する	60
口論する	750	最高の状態で	680
ご遠慮なくVしてください	612	在庫がない	26
コーヒーを飲みながら	347	在庫処分セール	157
コールドゲーム	540	★最後には	183
国籍	642	★最初は[に]	765
告発する	176	★最新の	91, 496
虎穴に入らずんば虎児を得ず	790	最新の髪型の流行	489
ここだけの話だけど、ないしょの話だけど	417	★最善を尽くす	271
心に留めておく	707	★最大限に活用する	296, 297
心は、気は	214	★才能	752
★試みる[努める]	159	★〜歳のときに	226
心ゆくまで	733	栽培する	536
心を入れ替える、生活を一新する	500	幸いです	420
ゴシゴシこする	549	★さえすればVできる、さえすればよい	520
★固執する	558	探して	701
故障する	465	探して…を見る	559
故障中で	383	★探す	244, 559
こたえる	691	さかのぼる	572
こだわる	596	★作為的に	199
ご都合がよければ	616	作者は〜だと考えられる	566
凝っている	615	探り出す	348
ごとに	44	避ける	131
言葉にならない	649	★捧げる	571
言葉を交わすような	300		
子ども好きだ	57		

さしあたっては、短期的に見ると	196	試験の成績が悪い	*225*
指す	156	試行錯誤の上	*741*
殺人をする・犯す	147	★仕事で	*195*
ざっと目を通す	476	しさえすればよい	*520*
さっぱりわからない	*21*	自殺をする	*147*
作法	331	時差ぼけ	*155*
★作法を教える	331	事実だ[ではない]	*324, 589*
★さまざまだ	148	★辞書を引く	*526*
★妨げる	197	しそうだ	*588*
左右逆に	33	★したい	*606*
左右されて	317	したい気分だ	*224*
さよなら	409	★次第だ	*414, 448*
★さらす	573	★時代	*489*
参加者	264	時代に	*226*
参加する	264	★時代に遅れて	*631*
参加申込書	*472*	従う	*251*
参照する	156	したことに	*664*
賛成である	200	したことを後悔している	*541*
★残念だ	78	親しくなる	*266*
残念だけどSV	356	下に行く、もぐる	*75*
残念ながら（Vする）	*534, 541*	試着室	*562*
残念ながらそうじゃないと思う	356	しっかりと	*175*
★散歩に出かける	279	失業した状態で	*311*
		失業に追いやる	*311*
[し]		実行する	*353*
		実行に移す	*719*
★死	155	実際は	*719*
幸せを願う	256	実践	*719*
支援する	242	★十中八九	*79*
★しかしない	218	知っていますか？	*17*
しがちだ	315	★知っている	*36, 230, 361, 617*
〜しかない	*378*	★じっと見つめている[見る]	*178*
しがみつく	158	★実は	*764*
しかめる	739	失敗する	*185, 464*
しかる	*176, 225*	失敗だと判明する	*149*
時間単位で	653	失敗に終わる	*495*
時間とお金の無駄	*752*	★失望させる、がっかりさせる	*497*
★時間どおりに	201	失明する	*316*
時間はありますか	408	実を言うと	*774*
時間をお聞きしてもいいですか？	408	★していただけませんか？	*423*
時間をかける価値がある	190	指摘しているように	*510*
時間を作る	16	★指摘する	*510*
時間をつぶす	16	してみたら？	*424*
時間を守る	46	★してもいい[よろしい]ですか？	*432*
市議会	671	視点から	*270*
死刑	633	時点で	*77*
事件	234		

視点を変える	270	終了時間	1
★しないように	286	宿題を写す	*176*
★しながら	14	趣旨の	318
★死ぬ	239, 380	★手段	791
支配を受けている	594	手段を講じる	751
★しばしば	444	術後の経過がよい	464
芝生	658	出産休暇	725
支払う	213	★出席している［する］	263, 601
★しばらくの間	*380, 634*	出発する	491
自分自身の（ものだ）	351	★趣味、センス	788
自分の思いどおりにする	730	需要が高い	640
自分の順番	304	需要と供給	640
自分のために	182	順序で	310
自分の手で	695	順序よく	646
自分の利益しか考えない	531	順調だ	445
しましょうか？	425	順番	304
しませんか？	421, 425, 433	準備ができている	585
始末をする	368	準備をする、準備が整っている	113, 605
★占める	641	消火器	511
★地元の	369	消火する	511
社員	194	状況で	333
★謝罪する	255	正気を失わせる	542
邪魔になって	34	上下逆さまで［に］	32
邪魔をする	400, 546	詳細に［な］	208
ジャンプしてフェンスを乗り越える	258	賞賛	570
宗教	642	賞賛する	294
宗教に関する問題	658	正直に言うと	774
従事している	136	正直は割に合わない	792
就職する	7, 311	昇順で	310
収支を合わせる	720	招待	107, 509
重税	555	状態がよい［悪い］	50
自由席	282	冗談でしょう	407
集団で	186	冗談を言う	65
★集中する	233	衝動的に行動する	251
重点が置かれる	319	衝突事故	*641*
重点を置いている	233	承認する	666
★自由にVする	612	情報を伝える	152
★自由に使うことができる	759	★正面に、〜の前に	349
自由に取る	82	★将来	*622*
収入	363	除外する、省く	478
収入で生計を立てる	327	食事制限	*111*
★十分な〜	442	食事中	204
週末に	203	食中毒	*210*
重要ではない	285	★食糧不足	*555*
修理中	212	所属している	194, 604
修理できない	649	★処分する	157, 759

処理する	368, 553
★知らせる、教える	121, *446*
★調べる	476, 526
知り合いになる	617
しりごみする	133
★知る	348, 617
知る限りでは	418
★四六時中	*346*
真剣に	737
★真剣に考える	373
★人口	363
進行中	212
信じている、信じる	109
人生のすべて	571
親戚、親戚関係にある	132
親切心から、老婆心から	636
心臓発作	239
身長順に	310
信念	691
心配	593
心配している	384, 606
★進歩をする	269
信頼する	354

[す]

ずいぶんたつ	740
姿	52
好きだ	139
好きなだけ与える	177
スキャンダル	576
～すぎる	441
すぐ怒り出す性格だ	268
★少なくとも	446
★すぐに	58, 181, 206, 375, *482*
すぐ目の前にある	37
優れている	600
すごくいい	10
少しずつ	646
少し話をする	748
筋を通す	251
進む	702
勧める	163
★ずっと	8
すっぽりと覆われている	372
捨てる	466
ストに突入する	659

ストライキが解除された(中止になった)	659
ストライキ中(で)	659
★ストレスの多い	72
★ストレスを与える	72
★ストレスを感じる[抱える]	72
すばらしい	10
スピードで	170
スピードを落とす[増す]	170
スペースを作る、つめる	705
ズボンに穴があいた	*100*
済ます、済ませる	379, 557, 684
★することにしている、必ずVする	756
することになっている	355
鋭い	615
すると思われている	355

[せ]

正確だ(時計が)	46
生活習慣病	132
生活の糧を稼ぐ	327
生活を一新する	500
成果をもたらす	96
世紀末には	183
税金	693
生計を立てる	327
★成功	185
★成功した	185
★成功する	185
性質	52, 66
性質[性格]があると考えられる	566
成人になる	709
成人の日(に)	203, 709
せいぜい	446, 680
成績がよい	464
成長する	536
(～の)せいで	*594*
静電気	*158*
正当化する	718
生徒会の会長	671
セールス関連の仕事	132
★世界中で[に]	447
世界の出来事	489
★席について	204
責任がある[だ]	134, 280, 582
責任だとする	678
せき払いをする	61

席を外している	413	卒業生	104
★席を譲る	705	率直に言う	485
積極的な	274	率直に言って	773, 774
接近する	326	添って生きる、～にこたえる	691
石けんで	695	外は騒々しかった	738
絶対～できない	458	外へ出す	538
絶対だめ	405	外を見る	259
絶頂にあって	680	備えて	281
★説得して～させる、説得する	565, 657	★そのうえ	763
説得して～するのをやめさせる	657	そのうちに	67
切望する[している]	162, 384, 606	その会社の者[社員]です	194
節約になる	117	その当時	362
設立する	528	その場で、即座に	755
是非	373	その問題の解決(策)	670
責める	176	そのようなときに[場合には]	45
★世話をする	261, 368	そもそも、まず第1に	780
選挙に出る	671	空模様	169
専攻科目、専攻学生	247	それぞれの	397
★専攻する	247	それどころか	777
前後逆	33	それと反対の	777
先日	74	それは～の単なる言い訳にすぎない	202
★先進国	604	それは君次第だ	448
センス	788	それはどういう意味ですか	439
★戦争	474	それは当然だよ	570
全体	35	それほど、そんなに	344
洗濯物を干す	56	それゆえに…	767
専念する	147	尊敬する	632
全般的な	772		

[そ]

[た]

★そういうわけで…	767	★～代	662
増加した結果が～	232	第1線の	274
増加中で	210	ダイエット中	145
相互に作用する	112	大学に入学する	188
捜索して、～を探して	701	～大学の学生です	194
捜索する、～を探す	559	たいした～ではない	48
相似	581	たいしたことはない	146, 723
増税	708	たいしたものだ	358
★そうだ	633	体質に合う	200
贈呈する	122	★体重が増える[減る]	153
疎遠な	300	体重計に乗る	153
即座に	755	大手術	155
速度を増す[落とす]	170	対処する	682
★育てる	536	大豆アレルギー	620
卒業式	104	★大切なのは～だ	567
★卒業する	104	大統領	671
		代表して、(人)に代わって	322

代役をする	677
代用教員	677
代用品	677
大量破壊兵器	633
耐えられない、耐える	529
高く評価している	294
★たくさん	345
多数の〜	360
たたき上げの人	92
ただで	189
立ち上がる	760
立場に立つ	731
立ち向かう	387, 532
★立ち寄る	180, 249, 694
脱税	176
たで食う虫も好き好き	788
たとえる	221
★楽しい	291
楽しみに待つ	521
楽しむ	142, 291
★頼む	681
タバコ	511
だまされる、だます	535
★たまたまVする	17
★ため	314, 323, 336, *530, 540, 758*, 770
ためになる	165
ためらう	133
多様性	148
頼りにする、信頼する	354
頼る	219, 669
★足りない	*776*
短期的に見ると	196
★誕生する	643
男女差別	*175*
団体で、集団で	186
担当して、〜の係	298, *779*

[ち]

チアリーダー	173
小さくする	461
違いがわかる	141
★近ごろ	362
近道する	37, 237
力になる、味方をする	257
力を注いでいる	147
★地球温暖化	*132, 623*

ちなんでつける	260
地方紙	369
着陸する	477
注意して	215
注意する	179, 339
★注意を払う［払わない］	263, 339
注意を引く	*61*
★中高年	*599*
中古で	746
忠実な［だ］	614
★中止(に)する	540
駐車場	345
★注目	570
調査する	234
調査中	212
調子が悪い［悪くなった］	18, 88, 383
直後に	*161*
直接	746, 753
直面して、〜にもかかわらず	313
★直面している、直面する	387
直径〜	638
ちょっとした〜	48
ちょっと話をする	748
ちらほらと	40
ちらりと見る	312

[つ]

ついに、とうとう	389
痛感される	522
通じる、Aの結果Bになる	110
通知する、報告する	152
★使う	105, 712
つかまる	482
つかむ	49, 687
疲れ切っている	*378*
つきあう	575
次々と	459
突き出ている	471
次に、今度は	728
つけたまま、つけて	*602*, 692
つける	461
都合がつき次第、できるだけ早く	420
都合がよい	563, 616
伝える	486, 523
伝わる、理解される	523
★続く	561

★続ける	378, 484, 512
慎む	154
つなぐ	519
つまり	771
つめる	705
★つもりである	144
強く要求する	191
つるす	56

[て]

〜で	695
出会う	*526*
手当たり次第	199
提案	505
提案する	163
定期購読する	492
定住する	475
★提出する	*476*, *481*, 505
手入れをする	368
手がかり	670
手紙を書く	*44*
手紙を出す	295
敵	127
適応する	111
出来事	55
★できた	357
できている	223, *625*
できない	151, *788*
的に	745
★できる	587
★できるぐらい〜	442
できるだけ早く	420
手探りで進む	702
手仕事	*106*
でたらめに	199
★手伝う	220, 275
でっちあげる	95
鉄は熱いうちに打て	787
★徹夜する	*6*
出て行く	499
★出てくる	*459*
手に入れる	326, *694*
★(A)ではなくBだ	769
手放す	633, *654*
手間をかけてVする、わざわざVする	713
出迎える	*74*

出る	188
テロ	127
手を貸す	275
手を伸ばす	145
天気が許せば、天気がよければ	416
★天気予報によると	*513*, *761*
転勤	*770*
転勤になる	168
点検中	*383*
転校する	168
転校生	168
伝言を承りましょうか？	413
展示する	672
転職する	293
電池が切れた	*118*
点で	227
伝統工芸	*136*
天は自ら助くる者を助く	798
添付ファイル	598
★電話で話す	637
電話で報告する	71
電話を切る	568

[と]

★ということにかけては	*27*
同意する	200, *661*
どういたしまして	404
どう思いますか？、どう思う？	429, 433
どうか確認する	83
どうかなさいましたか？	402
討議中	212
倒産する	700
当時	362
★どうしたの(何が起こったの)？	402, 431
当日券	289
当然だ	570
★当然と思う	550
当然ながら	320
到着時間	1
どうですか？	428
どうでもいい	376
とうとう	389
どうなったのか？	436
どうなる[する]の？	426
同年代	*488*
投票で選ぶ	712

当面の間	100	乏しい	651
どうやって〜を手に入れたのですか	694	止まる	499
★同様に	460	泊まる	3
当惑する	382	富む	651
遠くに	307	★止める	473
通して〜を見る	259	捕らぬ狸の皮算用	794
都会に住む	578	とりあえず	100
都会の	369	取り替える	118
都会の住人	578	取りかかる	475, 512, 698
★時折、時々	45, 207, 454, 455, 493	★取り組む	686
時がたつにつれて	457	取り除く	150, 676
時と場合によるね	414	取り計らう	98
得意である	86	取り乱す	465
★特に	288	★取り戻す	155, 629
特売で、バーゲンで	222	★努力	752
特有の、〜に独特な	604	★努力する	159, 273
★独立している	193	努力をして進む	702
★独力で	182, 358	取り寄せる	26
時計が〜分進む[遅れる]	46	★どれくらい時間がかかりますか？	422
時計が〜分進んでいる[遅れている]	46	どれも…ない	359
どこか調子が悪い[悪くなった]	18, 88	取れる（ボタンなどが）	514
ところがある	18		
〜どころかＳＶ	449	**[な]**	
★年の割には	662	★ない	218, 593
年を取り過ぎて学べないということは決してない	796	ないしょの話だけど	417
土壇場まで	69	内密に	668, 748
途中	198, 249	ないものねだりをする	244
どちらも…ない	359	★長い間	740
突然Ｖし出す	245	長い目で見れば（結局は）	196
突然思いつく	377	長く	558
突然に	447	仲直りする	95
突然笑い[泣き]出す	556	仲間、友だち	799
とっておく	539	★長持ちする、続く	561
取って代わられる	334	泣き出す	556
★取って代わる	118, 335, 517	★なくて寂しく思う	272
とても簡単なこと	299	★亡くなる	380
とても修理できない	649	殴り合う	750
届かない	68	★なしで済ます	379, 557
★隣の	57, 619	なすがままに（なって）	317
どの〜もすべて	397	★なぜ（…か）？	430
どのような手段で考えるか？	429	なぜそんなに急ぐの（ゆっくりやれば）	53
★どのようなもの[人]か	21	何かお伝えいたしましょうか？	413
跳ぶ	785	名前を言う	36
跳ぶように立ち上がる	760	涙をこらえる	154
途方に暮れている[暮れる]	305	習うより慣れよ	782
		なる	85, 146

鳴る	473
★慣れる、慣れている	590
何回…？	427
何回か［何度も］	207
何時が都合がいいですか	563
なんとか〜していただけませんか	423, 458
★なんとかVする	357
なんとしても	337
何度も何度も	451
なんにもならない	96
何のために（…）？	437
何百もの〜	757
難民	509
なんらかの成果をもたらす	96

[に]

似合う	563
苦手である	699
に関し、それが事実だ	589
★にぎやかな通り	628
肉眼で	695
逃げ切る	493
★逃げ出す	493
20	757
24時間営業［連続］の	63
24時間ぶっ通しで	63
日常的に	745
★似ている	381, 581
二度寝する	365
にもかかわらず	313, 688, 768
入院している	380
入学する	188
によって	724, 743
★によれば、〜に応じて	761
人気がある	599

[ぬ]

★脱ぐ	390, 477
盗まれた財布を取り戻す	155
★盗む	367
塗る	545

[ね]

ねぇ、なんだと思う？	438
願う	256
ねたんでいる、ねたむ	607
★熱	71, 592
熱中している［する］	696
根強く残っている	175
★寝てしまう	371, 692
寝に行く	365
寝坊する、寝過ごす	8, 276
眠る	371
ねらう	235
★〜年になる	470
年々	136
念のため	281
★年齢	642
年齢順に	310

[の]

能力を持っている	587
能力を養う	569
★逃す	272
★〜のこととなると	85
残り（時間・距離）	80
残り全部	343
除いて	647
のぞき込む	234
★望む	116
乗って	38
伸ばす	145
乗り越える	241
乗り込む	188
乗る	187

[は]

場合に備えて	281
バーゲンセールをする	222
バーゲンで	222
パーティーを開く［開催する］	394
廃止する	633
排除する	478, 508
入ってくる	499
はい、どうぞ	410
配布する	481

入らない	658	反対を唱える	*485*
入る	188	判断すると	169
図る	368	半分に折る	630
迫真の	614	★判明する	149, 504
爆発させる	491		
爆発する	473	**[ひ]**	
励ます	675		
破産する	700	火あぶりで死ぬ	734
はしかにかかる	534	★被害を与える	726
始まる	513	控える	154, 498
★初めて	24	★比較する	221
始める	484	光	592
柱を緑色に塗る	545	★引き起こす	328, 507
恥をかく	739	引き返す	252
恥ずかしく思う[感じる]	382	★引き出す	126, 579
恥ずべきものだ	382	ひく(車などが〜を)	258
場違いで	663	★久しぶり	24
罰	570	ひじでかき分けて進む	702
★はっきりと言う	485	非常口	*19*
★発見する	348	左の〜	19
初恋	128	ひっくり返す、めくる	500
発効する	613	日付	572
発車時間	1	★必死で	*490*
発する	480	必然的に	447
罰する	225	ぴったり合う	562
発生する	474	ぴったりくっつく	158
罰せられない	493	★必要とする、必要だ	685
発展途上国	*326*	必要に迫られて	636
★話をする	346, 748	否定する	577
放す、(ある感情など)を解き放つ	49	★人それぞれだ	148
母の日に	203	★1つだ	667
省く	478	人のことに口出ししない	267
はまる、はまっている	399	★1晩[1週間／1か月／1年]ずっと	5
早いもの勝ち	784	★人々	798
早くとも	91	★人前で	668
払う	189	一目見て	312
腹ばいになる	73	★ひとりで	182, 358
張り合う、競争する	543	日に日に	646
張り合えない	27	批判	570
はり付ける	140	批判する	706
はるばる	8	非番で	211
★繁華街	628	暇をつぶす	16
半径10センチの円	638	評価している	294
犯罪を犯す	147	病気	155
反対意見をはっきり述べる	485	病気で休むと電話をかける	71
反対している、反対する	130, 591	病気を治す	676
		表現する	560

ひょっこり立ち寄る	180	分割する	231
拾い上げる	506	分担する	564
敏感だ	592	分配する	199
ピンと来る	377	*分別のある、賢明な	592

[ふ]

[へ]

ファーストネームで呼ぶ	36	平均すると	624
夫婦	360	平日に	203
*増えている	725	平静を保つ	268
*増える	153, 232	閉店する[している]	494
*深く	175	*ベストを尽くす	271
*不可欠な	557	別の	342
ふ化させる	794	別にすれば	456
不可能で	689	別の言い方をすると	778
不吉な	10	別のものだ	342
覆水盆に返らず	793	*へとへとになる	4
副専攻科目	247	減らす	530
*腹痛	601	*減る	153, 232
ふける	177	変化	507
不作法	738	変化する	250
不足のため	735	便宜上	336
2つ[2人]のうちどちらも…ない	359	勉強し直す	549
*普通の	599	ペンで	695
*普通は	714	ペンは剣より強し	800
普通列車	369		
2日[3日／…]に1度、〜ごとに	44	[ほ]	
ぶつかる	238		
不適切な	663	傍観する	257
船酔いする	38	報告する	152
不本意ながら	711	奉仕する	784
増やす	697	暴動	474
不眠症	555	忘年会	697
プラスの影響を持っている	622	補欠選手	677
*ぶらつく	56, 240	補講(補習授業)	629
プラモデル	467	誇りに思う	184
ブランド	213	誇りを持つ	717
フリーサイズ	562	補償をする	629
振り替え休日	677	*勃発する、(火事などが)発生する	474
*振り返る	533	歩道橋を渡る	258
*ぶりで	24	ほど遠い	644
ふりをする	93	*ほとんど	28, 450, 645
プリント	481	ほとんど〜ない	443
古きよき時代	533	骨折りなくして利得なし	754
ブログを更新する	427	炎	511
フロントにかぎを返す	505	*褒める	225
文化祭	557	掘り出し物、お買い得品	222

本	626	間に合う、役に立つ		22
本気で	737	★間に合って	67,	201
本気で言っている	737	まぶたが重くなる		*58*
本質	66	まもなく、すぐに		58
本人自ら	656	守る、擁護する		532
本物そっくりな	614	迷う		15
翻訳家	253	丸暗記する		395
翻訳する	253	★満足している	123, *449*,	586
翻訳で読む	253			

[み]

		見失う		316
[ま]		見えてくる		302
マイナスの影響を持っている	622	見送る	524,	*757*
毎日[週／年]欠かさず	47	見覚えがある		36
前売り券	289	味方をする		257
前髪が伸びる	*34*	★右に出る者がいない		27
★前で[に]	349, *446*, 721	見下す		632
前のめりになる	548	自ら		656
前もって	289	自らを正当化する		718
★巻き込まれる	576	水不足		555
まして〜ではない	59	★ミスをする	272,	635
真面目に受け取る	373	未成年だ		709
真面目に考える	487	見せびらかす		468
交わる友を見れば人柄がわかる	799	未知なるもの		690
増す	506	★道に迷う		15
★まず…ない	*668*	道を教える		385
★まず最初に	765	見て		301
まず第1に	780	★みなす	129,	683
まだⅤしていない	516	★身につけている、身につける		390
またね。これからも連絡を取り合おう	703	★見張る		634
★間違う	272	身分証明書		554
間違える	635	魅了される、魅了する		167
★間違った〜	364	見[聞き]分ける		525
町をあちこちぶらつく	240			
★待つ	482, *483*	**[む]**		
まっすぐに見る	209	向かい側にある		20
まったく別のものだ	342	向かう	252,	679
まったくわからない	278	★迎えに行く		506
まで	448	向かっている最中で		198
★までずっと	341	★無関心だ		611
★までには	4, 341	向ける		235
的はずれで	29	無作為に		199
まとめる、組み立てる	467	無実である		583
まとわりつく	158	結びつける、連想する		575
的を射た	29	無駄だ		793
マナー違反だ	331			
マナーを知っている	331			

夢中だ[になる]	399, 584, 615
群がる	781

[め]

★名詞の反復を避けるための that	306
★命じられる	374
命令する	163
★目が覚める	365
目が離せない	634
恵まれない子ども	172
めくる	500
目覚まし時計を6時にセットする	473
目立つ、目立った	471
目立とうとする	468
★めったに〜ない	444, 454, *721*
目の届く範囲では	90
目の前にある	37
★目を覚まさせる	365
目をのぞき込む	209
★面倒を見る	261, 368
面と向かって	753
面目を保つ	739

[も]

もう1度繰り返してください	411
もう1度もう少しゆっくり話していただけませんか	411
申し上げにくいのですがSV	356
申込書	472
★申し込みをする、申し込む	140, 492
申し出	107
もう1つ	343
★もう1つの、別の	342
燃えている最中で	210
目的で	323
目的のために	727
目的は手段を正当化する	791
もぐる	75
★もたらす	507
もたれる、〜に寄りかかる	548
基づいて	650, 745
基づいている	650
基づいて行動する	251
求めて走る	671
求める	244, 681

★戻る	*9*
(〜の)もの	*665*
物語を話す	65
★ものもある	396
★もはや〜ない	453
★文句を言う	101
問題	234, 329
★問題となっている	665, 744
問題となっているのは〜だ	744
★問題を抱える、問題がある	329, *774*

[や]

やがて、そのうちに	67
約束	283, 614, *718*
役立つ	125
役に立つ	22, 205
役割を果たす	274
休みを取る	527
休む	601
野党	591
山の中を	392
山登りをする	392
山へハイキングに行く	392
★やり方で	227
やり遂げる	655
やりとりする	544
ヤンキースと契約を結ぶ	492

[ゆ]

誘拐	576
有給休暇	527, 725
有効だ	613
友好的な	300
有効に使う	712
有罪である	583
有名である[な]	216, 217
誘惑	127
行方不明の	*701*
ゆっくりやる	53
夢を見る	10
由来する	126
許す	202, 391

[よ]

よい間柄である	300
よい週末を	409
★容易に	215
要求、要求する	163, 164
擁護する	532
要領を得た	29
よぎる	551
★よくある、普通の	599
★よくあることだ	618
よくあることだが	324
よく売れる	166
よく知っている	230
よく知られている	229
★よく似た	581
横切って	237
横になる	171
よって	724, 743
四つんばいになる	73
予定どおり	631
予定より〜遅れて	631
予定より〜早く	631
与党	591
呼ぶ	156
余分に	115
予約をする[してある、取り消す、変更する]	282, 283
★余裕がある、Ｖする余裕がある	114
寄りかかる	548
★夜遅くまで起きている	6
よれば	761
★喜び	648
喜んでＶする	585
よろしく	23
よろよろと立ち上がる	760
世論	592

[ら]

落石	531
★らしい	51

[り]

利益になる、ためになる	165
利益を上げる	*716*
★利益[害]を与える	89, *726*
理解される	523
理解してもらう((外国語で)自分の発言を相手に)	86
理解できない	649
立候補する	242, 671
★留学する	11, *666*
★流ちょうに	215
★利用する	290, *716*
両方とも	460
★離陸する	477
理論	719
理論上は	719
隣接している	619

[る]

類似、相似	581
類は友を呼ぶ	781
★留守中に	9

[れ]

冷静になる[させる]	483
列車に乗る	187
列車を乗り換える	293
列をなして	243
連想する	575
連続して	621
連絡(手紙・電話・メール)がある	84
連絡を取り合う	703
★連絡をとる	84, 703, 704

[ろ]

ロウソクを吹き消す	511
老婆心から	636
ローマは１日にして成らず	786
労力	752
論外で	689
論争中の問題	744

[わ]

わかってくる	547
わからない	278
★わかる	141, 348, 377, 462, 504, 525
別れる	470, 654
わけないね	299
わざわざ	713
忘れる［忘れない］	102
私に関する限り	90
私の意見では	90
私の知る限りでは	418
私のすべてのエネルギー	571
笑い	474
笑い出す	556
割り勘にする	*425*
悪い	300
悪い方向へ向かう	690
悪口を言う	661
悪くない	403
悪ふざけ	639
我を忘れて	648

初版		
第1刷	2015年9月1日	発行
第2刷	2016年2月1日	発行
第3刷	2016年4月1日	発行
第4刷	2016年5月1日	発行
第5刷	2016年11月1日	発行
第6刷	2017年2月1日	発行
第7刷	2017年3月1日	発行
第8刷	2017年4月1日	発行
第9刷	2018年2月1日	発行
第10刷	2018年4月1日	発行
第11刷	2019年2月1日	発行
第12刷	2019年3月1日	発行
第13刷	2019年4月1日	発行
第14刷	2020年2月1日	発行
第15刷	2020年8月1日	発行
第16刷	2021年3月1日	発行
第17刷	2021年5月1日	発行
第18刷	2022年2月1日	発行

◆本書の基本例文の音声を弊社ホームページから ダウンロードできます。
下記のURLにアクセスしてください。
https://www.chart.co.jp/data/eigo/hikkeihyougen/
※ダウンロードには，メールアドレスの登録が必要 です。

必携英語表現集
Essential English Expressions

ISBN978-4-410-11231-7

著者　竹岡広信
編集　CHART INSTITUTE
発行者　星野泰也
発行所　数研出版株式会社

〒101-0052　東京都千代田区神田小川町2丁目3番地3
〔振替〕00140-4-118431
〒604-0861　京都市中京区烏丸通竹屋町上る大倉町205番地
〔電話〕代表　(075)231-0161
ホームページ　http://www.chart.co.jp/
印刷　寿印刷株式会社

乱丁本・落丁本はお取り替えいたします。　　210918
本書の一部または全部を許可なく複写・複製すること，
および本書の解説書，解答書ならびにこれに類するもの
を無断で作成することを禁じます。